『中国奇迹』20年

滴水湖会议实录

『中国奇迹』20年

滴水湖会议实录

陈昕　主编

格致出版社
上海人民出版社

2014年正值林毅夫、蔡昉、李周合著的《中国的奇迹：发展战略与经济改革》出版20周年，林毅夫为该书新一版撰写了2.5万字的长篇序言，系统地总结分析中国经济增长奇迹、存在的问题、解决的路径和未来发展的前景。上海世纪出版集团举办的“《中国的奇迹：发展战略与经济改革》新一版出版座谈会暨中国经济的改革与发展研讨会”亦于10月11—12日在上海临港地区滴水湖召开，称之为“滴水湖会议”。

与会学者名单（按姓氏拼音为序）

蔡　昉	中国社会科学院学部委员、副院长、研究员
陈　宪	上海交通大学安泰经济与管理学院经济学院执行院长、教授
陈　昕	上海世纪出版集团总裁、编审
陈　钊	复旦大学中国经济研究中心副主任、教授
付才辉	北京大学国家发展研究院博士后
胡必亮	北京师范大学新兴市场研究院院长兼发展研究院院长
胡汝银	上海证券交易所首席经济学家
华　生	东南大学教授
黄凯南	山东大学经济研究院副院长、教授
黄益平	北京大学国家发展研究院教授
金　煜	上海财经大学经济系主任
李　周	中国社会科学院农村发展研究所所长、研究员
林毅夫	世界银行前高级副行长、首席经济学家，全国工商联专职副主席，北京大学国家发展研究院名誉院长、教授

陆　铭　　上海交通大学安泰经济与管理学院教授
潘英丽　　上海交通大学安泰经济与管理学院教授
史正富　　复旦大学新政治经济学研究中心主任、教授
孙　涤　　加州州立大学（长堤）商学院教授
唐毅南　　复旦大学新政治经济学研究中心博士
韦　森　　复旦大学经济思想与经济史研究所所长、教授
徐朝阳　　对外经济贸易大学副教授
姚　洋　　北京大学国家发展研究院院长、教授
袁志刚　　复旦大学经济学院院长、教授
张　军　　复旦大学中国经济研究中心主任、教授
张曙光　　北京天则经济研究所学术委员会主席
张维为　　复旦大学中国发展模式研究中心主任、教授
张幼文　　上海社会科学院世界经济研究所研究员
周　文　　云南师范大学校长助理、教授
周八骏　　中国光大集团有限公司高级研究员
周其仁　　北京大学国家发展研究院教授
左学金　　上海社会科学院研究员

林毅夫与他的发展经济学理论（代序）

陈　昕

最早知道林毅夫这个名字，大约是在1988年。那时我在上海三联书店任总编辑，记得有一次去北京组稿，见到上海老乡周其仁，他告诉我：他所在的国务院农村发展研究中心发展研究所“新来了位副所长，叫林毅夫，刚从美国学成回国，在美期间曾师从诺贝尔经济学奖得主舒尔茨，获芝加哥大学经济学博士学位，后又在耶鲁大学经济发展中心做了一年的博士后。此人受过系统的现代经济学训练，有机会你可以向他组稿”。那时我正在策划主编“当代经济学系列丛书”，这套书的宗旨是为了全面地、系统地反映当代经济学的全貌及其进程，总结与挖掘当代经济学已有的和潜在的成果，展示当代经济学新的发展方向，试图在一个不太长的时期内，从研究范围、研究内容、研究方法、分析技术等方面完成中国经济学从传统向现代的转轨。从中国经济学现代化和国际标准化的角度看，林毅夫当然是这套丛书最理想也是最紧缺的作者。于是，利用参加学术研讨会的机会，我找到了林毅夫，向他介绍了“当代经济学系列丛书”的情况，并提出了约稿的请求。记得当时林毅夫很坦率地告诉我，目前他的研究领域在中国农业发展方面，但研究成果还未达到出版专著的程度，他还说一旦研究成果成熟，会找我商谈编辑出版事宜的。

从那以后，林毅夫的研究进展情况一直在我的牵挂之中。1991年初我去香港工作，担任三联书店（香港）有限公司的总编辑。那一年的夏天，林毅夫出访美国途经香港，打电话约我见面。到他下榻的酒店后，看到在座的还有他芝加哥大学经济学系的学长王于渐先生，王于渐当时在香港大学任教，后来担任了香港大学的副校长。林毅夫把王于渐与我约到一起，一个目的是为了介绍我们相识，帮我在香港打开学界的局面。这次见面，林毅夫向我介绍了他的研究工作，目前主要精力已放在研究中国的发展战略与经济改革上，前一阶段他关于中国农业发展与改革的研究有了成系列的成果，约有十来篇论文，并征求我的意见，是否愿意结集出版。这对我来说，当然是一个喜讯，在这之前，我已经知道他关于中国农业发展与改革的多篇论文刊发在国际一流经济学杂志上，并备受国际经济学界的关注。我们约定将这部书稿放在“当代经济学系列丛书”中。1991年年底，林毅夫将书稿寄至香港，那一段时间，每天晚上我在宿舍里做的功课就是编辑这部名为《制度、技术与中国农业发展》的著作。这部著作集中了林毅夫最初的发展经济学研究成果，10篇论文大多是关于中国农业发展和改革的经验实证分析，侧重于制度和技术对经济发展的影响及其变迁的原因。这本书当然是中国经济学当时最具国际规范的研究成果。但是，令我更感兴趣的是，书中所收的最后一篇题为“李约瑟之谜：工业革命为什么没有发源于中国”的论文，它使我对林毅夫有了一个全新的认识。李约瑟在其巨著《中国的科学与文明》中写到，除了最近的二或三个世纪之外，历史上中国在绝大多数主要的科学技术领域一直大大领先于西方世界。历史学家一般都承认，到14世纪，中国已经取得了巨大的技术和经济进步，具备了发生工业革命的几乎所有主要条件。但是，中国却没有再向前迈进，因此当18世纪中后期英国工业革命爆发后，被远远地甩在了后面。李约瑟将这样一个矛盾归纳为如下具有挑战性的两难问题：第一，为什么历史上中国科学技术一直领先于其他文明？第二，为什么到了现代，中国科学技术不再领先于其他文明？对于这样一个难题，历史学家、科技史专家都曾做出过不同的解释。作为经济学家的林毅夫居然也对这个难题感兴趣，这完全出乎我的预料。在这篇论文中，林毅夫不仅评述了前人的假说，而且还提出了自己独特的供给不足假说，并做出了颇具说服力的解释。我对林毅夫的全新认识主要在于，从这篇论文中我知道早在中学时代他就有强烈的报效民族和国家的愿望，后来从事经济学研究也是为了探索中国富强之路。他曾多次说过，只要中国坚持改革开放，完全可能在不久的将来，再度成为世界上最强大的国家，这样的话，中国“将成为世界上唯一的一个经历了由盛到衰，再由衰到盛的大国”，拳拳赤子之心跃然纸上。其实，细心的人们从林毅夫一系列著作和演讲中都可以读到他始终如一的报国之情。

跳出中国农业发展和改革的领域，在更广的范围研究中国的发展问题，据林毅夫自己说是从1988年下半年开始的。当时中国出现了新中国成立以来最严重的通货膨胀，政府高层和经济学家纷纷讨论通货膨胀的起因、形成机理和治理对策。林毅夫和蔡昉、李周一起参加到“中国经济如何走出困境”的课题研究中，试图解释中国传统计划体制的形成逻辑、改革中出现的“活乱”循环和旷日持久的难点问题，提出解决难题的改革路径和战略。他们三位的这项研究长达五六年之久，最终的成果就是他们合著的《中国的奇迹：发展战略与经济改革》一书。1994年初，林毅夫将书稿交我，希望放入“当代经济学系列丛书”出版。

《中国的奇迹：发展战略与经济改革》是林毅夫经济学家生涯中一部十分重要的著作。在这部著作中，林毅夫建立了其发展经济学理论的分析框架，核心就是他后来一直坚持的“比较优势”的概念与分析逻辑。这部著作试图回答这样几个问题：（1）为什么改革之前中国经济发展缓慢，而改革之后得到迅速发展，改革的经验在哪里；（2）为什么中国改革过程中会出现“活乱”循环，解决的路径又是什么；（3）中国的改革和发展势头能否持续，经济改革的逻辑方向是什么；（4）中国的改革的经验是否具有普遍意义。在我看来，这部著作的贡献在于这样几个方面：（1）首次作出了“中国的奇迹”的“观察”。20年前，人们热衷于讨论的是“东亚奇迹”，津津乐道于亚洲“四小龙”，而林毅夫他们在认真研究改革开放以来中国经济年均9.7%的增长实绩和改革成果的基础上，指出在一个人口众多、底子较薄、处于转型期的国家取得如此成绩在人类经济史上前所未有，堪称“中国奇迹”。（2）准确地预测了中国经济未来的增长速度和可能达到的规模。书中预测按PPP（购买力平价）计算，中国的经济规模会在2015年赶上美国，按当时的汇率计算，中国则会在2030年超过美国。世界银行和国际货币基金组织最近都曾公布统计结果，说中国的经济规模按PPP计算2014年已超过美国，成为全球第一大经济体。（3）分析了比较优势战略和赶超战略之间的成本差异，对中国前30年实行赶超战略时的经济政策给出一个符合新古典经济学的“理性”解释，让西方学术界耳目一新。（4）基于比较优势说的理论分析框架，从发展战略选择与资源禀赋之间的矛盾出发，分析了中国传统经济体制模式形成的逻辑，并将这种分析方法及其结论扩展到所有发展中国家和地区，指出发展战略的选择是否与资源禀赋的比较优势一致是决定经济体制模式进而决定经济发展绩效的根本原因。（5）按照中国经济改革自身所表现出的逻辑顺序总结了改革的阶段、历程和各个阶段的内容，提出了未来改革的路径和主要任务。20年来，中国经济改革的实际进程与这本著作提出的改革任务基本吻合，从中我们看到了系统功能耦合不可抗拒的力量。（6）对中国和苏东两种转型路径进行了科学的比较，指出渐进、双轨的改革比起休克疗法式的激进改革，有利于避免持续性的社会震荡，实现国民经济的高速增长、市场作用范围的扩大和经济效率的改善。

今天我们回过头来看这部20年前出版的著作，其基本理论、分析框架、分析逻辑、主要观点、政策建议乃至经济预测几乎都经得起历史的检验，这对一部社会科学研究著作来说是很少见的。不过，当年这部著作出版时，在学界引起的反响更多的是质疑，不仅认为提“中国奇迹”为时过早，经济预测过于乐观，更多的是对中国渐进——双轨式改革路径的否定，认为扭曲的体制会影响中国经济的未来发展。这在当年我们为这部著作举办的为期两天的出版座谈会上经济学家的争论中可见一斑。当然，当年争论影响最大的还是在国有企业的改革问题上，媒体上曾报道了林毅夫与张维迎之间的那场辩论，称之为“北大交火事件”。

张维迎也是改革开放以来涌现出来的极有社会影响力的经济学家，他长期从事现代企业理论的研究，强调企业剩余索取权和控制权对称安排的重要性，主张国企改革的出路在于民营化，将企业中的国有资本变成债权、非国有资本变成股权。张维迎的博士论文《企业的企业家—契约理论》也由我们出版，同样列入“当代经济学系列丛书”，其后我们还出版了他关于信息经济学和博弈论等方面的著作，并围绕其企业理论也召开过学术研讨会。

林毅夫认为，中国国有企业当时的主要问题在于承担了沉重的政策性负担，包括违反要素禀赋结构所决定的比较优势的战略性政策负担，以冗员解决就业问题和以企业负责职工养老的社会性政策负担。政府必须为政策性负担负责，因而产生了政策性补贴。由于政府作为所有者和企业作为经营者间存在信息不对称，使得企业能以政策性负担为借口，要政府为其包括由于经营不善和道德风险所导致的所有亏损埋单，从而有了预算软约束。林毅夫认为只要存在政策性负担，任何所有制形式的企业都会有预算软约束，也都不会有效率，因此，国有企业改革的方向是消除政策性负担，创造公平竞争的环境。片面强调“委托—代理人”之间的道德风险，不能解决国有企业，尤其是大型国有企业的问题。他认为，享有剩余索取权的所有者和经营者要统一起来，只有在股权集中的中小企业才能做到，股权分散的大型企业不管国有或民营都同样面临委托—代理问题。要解决代理人利用信息不对称产生道德风险，侵蚀所有者的利益，必须依靠公平竞争的市场使企业盈利状况成为企业经营好坏的充分信息，并据此来制定经理人员的奖惩，以使代理人和委托人的激励相容。因此，创造公平而充分竞争的市场环境比简单的私有化重要，有了这种外部市场环境，并改进企业内部的管理体制，国有企业也可以是有效率的。

《中国的奇迹：发展战略与经济改革》一书，受限于该书的主题，对国有企业改革的分析还不够深入，于是林毅夫、蔡昉、李周又合作了《充分信息与国有企业改革》一书，交我放入“当代经济学系列丛书”，于1997年初出版。严格来讲，林毅夫与张维迎是用不同的理论，从不同的角度切入对国有企业改革的研究的，就理论的内部逻辑而言，都能自圆其说。这种论辩只要是基于理性的而不是感情的，是有利于推动学术进步的。针对学界对《中国的奇迹：发展战略与经济改革》的讨论，以及改革实践的推进，他们三位又于1999年出版了该书的增订本，对一些重大理论问题和政策问题作了更深入的阐述，进一步完善他们的理论。

进入新世纪以后，林毅夫在继续关注中国现实经济问题的同时，把更多的精力投入到发展经济学理论层面的研究上。2006年我出差北京，林毅夫到亚洲大酒店来看我，介绍了他在发展经济学方面的研究进展，说及他接到了英国剑桥大学的邀请，将于2007年去做一年一度的马歇尔讲座。马歇尔讲座是世界上最重要的经济学家论坛，从1946年起每年邀请一位经济学家做讲座。林毅夫是第61位主讲者，在这之前的60位主讲者中有15位获得了诺贝尔经济学奖。谈话中，林毅夫向我详尽地介绍了他准备演讲的内容，打算以《中国的奇迹：发展战略与经济改革》中提出的经济体制内生于发展战略的理论框架为基础构建一个数理模型，用二战以来发展中国家的经验数据对这个理论模型的各个推论做经验检验。我意识到这标志着林毅夫的研究已经超越了以往的战略和政策层面，在基本理论方面取得了重大进展，当即向他组稿，希望将演讲稿的中文版交由我出版，林毅夫一口答应。以后我又多次催促林毅夫尽快交稿。2008年，林毅夫致电与我，告之因为北京大学领导一再要求他将此书放在北大出版社出版，他作为该校教授无法拒绝，希望我能对此事予以谅解。我虽觉得有点遗憾，但也认为在北大出版社出版是一个不错的选择。这本书的英文版在剑桥大学出版社出版，书名是《经济发展与转型：思潮、战略与自生能力》，共有5位诺贝尔经济学奖得主予以推荐，创下了剑桥大学出版社的纪录。2008年，林毅夫担任世界银行首席经济学家、高级副行长后，先后考察了数十个非洲、亚洲、拉丁美洲发展中国家，用他的理论分析框架来观察这些国家的发展转型过程，并结合这些国家经济发展转型的实践，在理论和政策的层面进行了进一步的探索，于2011年初正式亮出了“新结构经济学”的旗号，并把它视为发展经济学的第三波思潮。

发展经济学是二战结束后，为解决发展中国家转型与发展问题而建立的一门新的学科。发展经济学的第一波理论思潮以结构主义为基础，从市场失灵出发，主张政府干预，但并没有解决发展中国家的现代化问题，同时也暴露出计划经济体制的根本缺陷；发展经济学的第二波思潮，以新自由主义经济学为基础，从政府失灵出发，反对政府干预，主张自由市场经济，但也使发展中国家的现代化受阻，经济绩效下滑。新结构经济学认为，经济发展本质上是一个技术、产业不断创新，结构不断变化的过程，它的假设是：一个国家或地区，其在每个时点上的经济结构是由那个时点的资本、劳动、自然资源等要素禀赋及其结构决定的；对于特定的经济体，每个时点上的要素禀赋及其结构又是可变化的。新结构经济学的努力在于把早期经济学家关于比较优势贸易战略这一学说推广到发展中国家整个经济结构变化升级的全局考虑中，构造以符合自身比较优势的发展战略为核心的发展经济学。新结构经济学主张发展中国家根据自己的国情，把市场机制和政府作用有机结合起来，既把市场作为资源配置的决定性基础机制，又强调发挥政府因势利导的积极有为作用，以克服结构升级和转型中必然存在的市场失灵问题。为保证政府作用的有效性，新结构经济学还在政策的层面提出了发展中国家政府“增长甄别和因势利导”的六个步骤，作为制定产业政策的框架。最近七八年，林毅夫为创建新结构经济学，组织力量在理论、方法、工具等层面，做了大量基础性的工作。我们有幸在2012年出版了其主编的反映这方面研究成果的《新结构经济学文集》，又一次见证了林毅夫在发展经济学领域做出的新贡献。

新结构经济学产生以来，引起了国内外经济学界的重视和关注。有不少好评和赞誉，也不乏质疑和批评。国外的好评多于质疑，而且讨论多集中在理论的层面；国内的质疑多于好评，但大多集中在政策的层面。国外经济学家重视林毅夫的研究，一方面是因为在西方经济学的主流市场上，发展经济学在过去20年没有大的进展，经济学家对其的研究热情逐渐下降，而林毅夫的新结构经济学重新点燃了他们对这一领域的研究热情；另一方面是因为2008年金融危机爆发之后，西方发达国家普遍陷入严重的经济困境，使不少经济学家开始反思西方主流经济学的问题。国内经济学家的质疑主要表现在这样几个方面：

一是如何看待市场和政府的关系。新结构经济学提出了“有效市场，有为政府”的观点和理论，认为在坚持市场对资源配置起决定性作用的同时，应充分发挥政府的积极作用，以弥补市场的缺陷和失灵。对于政府在经济发展中应该扮演什么样的角色，国内经济学家之间存在重大分歧。不少经济学家认为，政府的作用就是英国古典经济学家亚当·斯密所说的“创造给人自由的环境、法治，包括产权制度的保证”，仅限于此。而林毅夫则认为，除此之外，政府还应在提供基础设施、公共服务等方面担当重要角色，在为符合比较优势的产业变成竞争优势方面发挥重要作用。其提出的政府“增长甄别和因势利导”的六个步骤，便是发展中国家政府可有为之处。

二是如何看待发展中国家的“后发优势”。新结构经济学认为，经济发展的本质是基于劳动生产力水平不断提高的技术不断创新和产业不断升级，发展中国家可以利用与发达国家的技术和产业水平的差距所形成的“后发优势”来加速经济发展。而对于那些过去违反比较优势、采取赶超战略的发展中国家，在改革的过程中，对那些资本密集、在竞争市场中缺乏自生能力的大型国有企业，可以双轨渐进的方式来实现转型。质疑新结构经济学的经济学家则采用杨小凯的“后发劣势”说，来反对“后发优势”说，认为如果发展中国家不先模仿西方国家进行宪政体制改革，仅在经济领域进行改革，虽然前期的发展速度会快一些，但长期来看会导致问题丛生，经济陷于困境。这些经济学家一般都用中国当前经济生活中出现的腐败问题和收入差距拉大现象来作为论据。对此，林毅夫认为，新结构经济学在强调发挥“后发优势”来加速发展经济的同时，也强调在经济发展过程中要创造条件，审时度势，推进制度改革，把旧体制中的各种扭曲消除掉，以建立完善、有效的市场。至于是不是因为没有进行西方式的宪政改革就必然会导致腐败和收入分配差距拉大，林毅夫引用世界银行的研究告诉我们，这些问题在前苏联、东欧等先行开展宪政改革的国家同样存在，甚至更加严重。他举例说，在这些国家，为了避免私有化以后的大型企业破产倒闭造成的大量失业问题，或是因为这些企业涉及国防安全等原因，在休克疗法消除了旧的补贴以后，又引进了新的更大、更隐蔽的补贴，其结果是寻租、腐败和收入分配不均的现象比中国更严重。

三是如何看待中国经济未来的增长。从新结构经济学的理论出发，林毅夫认为，经过30多年的高速增长之后，中国经济未来的增长潜力在8%左右。在中国经济连续十多个季度增长减速的背景下，林毅夫的这一预测引起了很大的争议。反对的经济学家认为，现在中国经济结构失衡、社会矛盾尖锐、生态环境恶化、市场机制受到抑制，这些阻碍了中国经济的发展速度，未来中国经济的降速不可避免。林毅夫认为，作为发展中、转型中的经济，中国固然存在许多体制、机制问题，但是，最近四年来的经济增长减速则是由外部性、周期性因素造成的，中国经济的内部仍然存在保持一个较高增长速度的潜力和条件。从后发优势的理论看，中国虽然经历了连续35年的高速增长，但由于我们与发达国家的产业、技术仍然存在较大的差距，因此保持较高发展速度的潜力还很大。人均收入水平是一个重要的指标，它反映了人均劳动生产率水平，人均劳动率水平反映的是平均的技术和平均的产业水平。以现在的人均收入水平，按照2008年的最新数字，我们只有美国的21%。同样是人均收入水平占美国21%时，日本、新加坡、韩国、中国台湾等经济体利用后发优势均实现了20年7.6%到9.2%的增长速度。林毅夫以此推论，从2008年起，中国有20年8%的增长潜力。当然，他同时强调从增长潜力变为增长现实，需要通过坚忍不拔的改革来实现。

四是如何理解经济发展的动力。美联储前主席伯南克在2008年金融危机期间，把金融危机的根源归于世界经济的“失衡”，他的“再平衡”政策，要求西方发达国家减少消费、增加投资，要求中国等发展中国家增加消费、减少投资。美国、日本和欧洲的发达国家推行伯南克的“再平衡”政策，纷纷陷入萧条和停滞的状态。西方大多数经济学家和国内不少经济学家在危机中均持与伯南克相似的观点。而林毅夫力排众议，从新结构经济学理论出发，主张中国继续用投资拉动增长，认为发达国家走出危机的办法则是增加对发展中国家基础设施的投资，通过对发展中国家的出口提高发达国家的需求。他在《从西潮到东风》一书中系统地阐述了他的这一看法。

从总体上说，现有的这些质疑并不构成对新结构经济学的颠覆，有的质疑多多少少还停留在西方主流经济学的价值观上，没有注意到国际潮流的新挑战。当然，作为一种新的发展理论，新结构经济学还有待进一步的拓展和完善。比如，新结构经济学的思想和政策颇为清晰，但方法论上还需提升。从理论上说，一个基于新古典经济学静态比较优势分析逻辑来演绎和处理经济结构演变升级和经济收敛的动态过程，还需要做更多的基础性工作。如张军所说，在现有的发展经济学领域，经济学家大都是去超越静态效率最优化的比较优势理论来解释结构动态变化和转型升级的经验现象，而新结构经济学基于比较优势的产业政策和发展战略的思维框架则是坚守而不是超越静态的比较优势学说。因此，在理论上如何把基于静态效率的比较优势理论，经由要素积累、禀赋结构变化，推演到整个产业结构变化升级的领域是一项非常重要的理论工作。又如，对中国经济增长潜力的研究，除了作一般的理论推论外，也有必要深入到人口条件、市场状况、自然环境、资源约束、资金积累、人力资本改善、创新激励等方面，以得出更深入和更坚实的预测。当然，这样来要求林毅夫显得太苛刻了点，这应该是中国经济学家共同来完成的工作。事实上，已故经济学家邓英陶关于国土整治、西部开发、水资源调配、新能源革命和生态建设所做的大规模调查研究就体现了中国经济学家在这方面的努力。再如，如何把增长潜力变为现实，这是一个比研究增长潜力更重要的问题。许多发展瓶颈需要通过持续不断的改革来加以克服，如何避免系统性风险的爆发，如何在危机后进行结构性改革，这对我们来说都是亟待研究的重大问题，新结构经济学在这方面的讨论还不够充分。许多国家，比如日本经济就是在高速增长后未能很好地克服系统性风险，并且在危机爆发后未能进行必要的结构性改革而陷入停滞的。

新结构经济学是至今为止中国经济学家基于中国经济改革与发展实践，对经济学理论尤其是发展经济学理论做出的重大贡献，代表了中国经济学的前沿水平，它也引起世界经济学界的重视，不少诺贝尔经济学奖得主都给予了积极的评价。中国经济学界很多人都认为，林毅夫是可以和诺贝尔经济学奖得主平等对话的中国经济学家，也是最接近又最有可能摘取诺贝尔经济学奖皇冠的中国经济学家。对于这一点，林毅夫则显得低调而坦诚。今年8月，我向他提及这一话题，并说在我看来他的研究成果，尤其是这些成果的重要意义，已经不低于有的诺贝尔经济学奖得主了。他回答说中国经济学家获得诺奖的条件还没有成熟，就学术环境而言，我们还缺乏具备国际影响力的经济学学术期刊，诺奖现有的学术评价的标准和体系以及投票机制，也还不利于中国经济学家完整地展现自己的研究成果，并得到公正的评价。这些都需要包括中国经济学家在内的方方面面持续不断的努力。我还在想，对于中国经济学家来说，应该重视诺贝尔经济学奖，但不能迷信它，要试图超越它。与林毅夫的谈话，让我感到他看重的不是新结构经济学能否获奖，而是能否对中华民族伟大复兴的“中国梦”的实现，以及所有发展中国家的共同发展、共同繁荣时代的到来，尽一个中国经济学家的责任和担当。

幼时，当中学语文老师的母亲常要我诵读《论语》，读到“子在川上曰……逝者如斯夫”时，颇为不解，为什么圣人要站在河边上发议论呢？如今，白发染鬓，方知历史就是一条长河，每个人既在长河之中，也在长河之上，你在书写历史，历史也在书写你。林毅夫有创见的发展经济学无疑是经济学发展历程中的一泓清流，当代经济史也会为他的思想理论记上浓浓的一笔。

目　录

《中国的奇迹：发展战略与经济改革》新一版出版座谈

主　持：陈　昕

陈　昕：见证“中国奇迹”概念的提出
林毅夫：贡献我们这一代知识分子的力量
蔡　昉：充分理解改革的逻辑
评　论

见证“中国奇迹”概念的提出

陈　昕

林毅夫、蔡昉、李周所著的《中国的奇迹：发展战略与经济改革》* 一书于 1994 年出版，到今年正好 20 年。围绕出版的图书开展学术讨论，是上海世纪出版集团的一个传统。从上世纪 80 年代末开始，我们曾经连续 7 年，以“当代经济学系列丛书”为平台，每年都召集全国一线的经济学家，汇聚在上海，就某一本书或者某一个问题进行学术讨论，深受大家的欢迎。多少年后，经常有经济学家向我提及当时热烈讨论和激烈交锋的美妙时光和许多难忘的回忆。初步算了一下，这些年来我们召开的大大小小的研讨会，也有数百次之多了。随着出版领域的扩大，讨论的形式和范围发生了一些变化，讨论的学科扩展到了经济学以外，举办的地点也扩展到了全国甚至海外。但不变的是，举办学术研讨会的目的是为了推动中国学术的进步和中国的改革发展，遵循的是基于学术背景和学术规范的认真讨论。希望这次研讨会能继续贯彻这一传统和做法，并结出丰硕的果实。

---

*　在本书正文中，该书简称“《中国的奇迹》”。

我先就会议讨论的原则讲一点意见。经过30多年的成长，中国经济学家已经日趋成熟，与二三十年前我们研讨时对于中国经济改革和发展达成的共识多于分歧有所不同，今天经济学家之间在关于中国经济改革与发展的一些重大问题上，呈现出多元复杂甚至完全不同的意见。对于学术研究而言，这本来是一个非常正常的现象，也是中国经济学进步的一种表现。学者的学术背景不同，观测的角度有异，掌握的材料有别，对现实问题作出的解释和提出的建议不同在所难免，需要通过认真的讨论和平和的切磋来消除误解，明确分歧，形成共识。这里我讲的不是“消除分歧”，而是“明确分歧”，并在此基础上完善各自的理论和观点，这是学术进步的必由之路。所以我们的讨论可能是“论”和“辩”的结合，当然我们更加希望这种讨论富有建设性，而不是基于个人左右倾向的立场争论。这就要求我们在论辩时对对方的观点和逻辑要有准确的把握，要从内部逻辑的自洽、逻辑的推论和所要解释的现象是否一致，实证经验的证据是否站得住脚，以及基于理论的政策建议在实践中是否取得预期的效果这些方面来评论对方的观点，并提出自己的见解。

大家都知道，20年前当人们还热衷于讨论“东亚奇迹”的时候，林毅夫、蔡昉、李周在认真地研究改革开放以来中国年均9.7%的增长和改革成果的基础上，首次提出了“中国奇迹”的概念，并从发展战略选择与资源禀赋之间的矛盾出发，分析了中国传统经济体制模式形成的逻辑，并且将这种分析方法及其结论扩展到所有其他国家和地区，指出发展战略的选择是否与资源禀赋的比较优势一致，是决定经济体制模式进而决定经济发展绩效的根本原因。他们用这一基于并拓展了的“比较优势说”的理论分析框架，既解释了中国传统经济体制形成的逻辑和绩效较差的原因，又论证了中国改革中出现的“活乱”循环、收入分配差距扩大、腐败现象恶化的机理，还勾画出进一步深化改革的方向和路径。之后，针对学界对此书的评论，以及改革实践的推进，三位作者于1997年出版了《充分信息与国有企业改革》一书，于1999年出版了《中国的奇迹》的增订本，对一些重大理论问题和政策问题作了更深入的阐述，进一步地完善了他们的理论，把他们对发展经济学和中国经济的研究继续向前推进。我作为这两本著作的出版人，见证了他们对发展经济学所作出的理论贡献。

进入新世纪后，林毅夫又不断地在理论和政策的层面完善和深化了他在发展经济学层面的研究。他于2008年出任世界银行高级副行长兼首席经济学家后，通过对数十个非洲、亚洲、拉丁美洲发展中国家的走访、考察，提出不仅发展经济学的第一波理论思潮——结构主义不能解决发展中国家的现代化问题，发展经济学的第二波思潮——新自由主义也束缚了发展中国家的现代化，导致经济绩效下滑。中国30多年卓有成效的改革实践，为新的发展经济学理论的产生创造了条件，由此林毅夫在以往研究的基础上对发展经济学的重大问题又作了进一步的梳理和探索，出版了《经济发展与转型——思潮、战略与自身能力》、《中国经济专题》、《解读中国经济》等著作，并于2011年初正式亮出了新结构经济学的旗号，并把它视为发展经济学的第三波思潮。近四年来林毅夫与他的团队在理论、方法、工具的层面对新结构经济学做了大量基础性的工作，我们也有幸在2012年出版了由林毅夫主编的《新结构经济学文集》，又一次见证了他在发展经济学领域作出的新的贡献。新结构经济学产生以来引起了国内外经济学的广泛重视，有不少的好评，但也不乏质疑和批评，特别是在如何看待政府和市场的关系上引发了广泛的争论。这是一个新的理论建立之初必然会发生的正常现象，也是一个新的理论得以完善和改进的必要条件。

正是基于这样的考虑，在《中国的奇迹》出版20年之际，我们建议林毅夫为这本书的新一版撰写一个长序，向学界和读者介绍一下当时写这本书的背景、主要的理论观点和他的最新的研究成果，尤其是新结构经济学的理论架构、基本内容和政策含义。林毅夫为此撰写了2.5万字的序言，置于新一版《中国的奇迹》卷首。

我主张对林毅夫、蔡昉、李周合著的《中国的奇迹》及其后林毅夫发展起来的新结构经济学给予较高的评价。因为其理论就内部逻辑来说是自洽的；其20年前对中国经济增长的预测是相当准确的，当时就预测到，按购买力平价（PPP）计算，中国的经济规模到2015年前后会赶上美国。其在理论上的贡献在于把早期经济学家关于比较优势贸易战略这一学说推广到发展中国家整个经济结构变化升级的现代化过程，从而初步构造了以符合自身比较优势的发展战略为核心的发展经济学；其提出的“有效市场，有为政府”的解释，也有助于我们在政策层面很好地处理市场与政府的关系，他认为政府的作用不仅在于“创造给人自由的环境、法治，包括产权制度的保证”，也不仅在于在提供基础设施、公共服务等方面担当重要角色，还在于在发现、诱导和促进符合比较优势的产业的发展方面具有重要作用，这在他提供的“增长甄别与因势利导”分析框架中有很好的分析。

当然，林毅夫的发展理论——新结构经济学还有待进一步的拓展和完善。从理论上说，基于新古典经济学静态比较优势分析逻辑来演绎和处理经济结构演变升级和经济收敛的动态过程，还需要做更多的基础性工作，希望林毅夫的新结构经济学能有新的突破和成果，这毕竟是中国经济学家最有可能对世界经济学在理论上作出的重要贡献。

贡献我们这一代知识分子的力量

林毅夫

今天来参加《中国的奇迹》一书出版20周年研讨会，我内心有不少感受，我们这一代可以说是中华民族近代史上最幸运的一代。首先，我和在座诸位不是经济学家就是与经济相关领域的工作者。经济学是社会科学中的显学，经济工作则是改革开放中最重要的领域，所以我们在这个领域工作得到社会最高的关注，最有可能影响社会的发展。而且，更重要的是，近代中国知识分子追求的是中国的现代化，中华民族的伟大复兴，都觉得“国家兴亡、匹夫有责”。在鸦片战争以后的一百六七十年里，现在是最接近实现中华民族伟大复兴梦想的时刻。尤其是改革开放以后这35年平均每年经济增长高达9.8%，在人类经济史上不曾有过。根据世界银行、国际货币基金组织等国际机构的最新研究，按购买力平价计算，今年中国将超过美国变成世界第一大经济体，这是中华民族伟大复兴的一个重要里程碑。改革开放以来，我们有幸作为参与者见证了这一时刻，我们是鸦片战争以来最幸运的一代。

当然，以购买力平价来计算，我们的人均收入还只不过是美国的1/4，按照市场汇率来计算我们的人均收入也就是美国的1/8。中华民族伟大复兴追求的并不只是总量超过美国，还希望每个人都可以过上幸福的、美好的、文明的、和谐的生活，人均收入水平也应该跟其他发达国家一样。目前和这个目标的距离相差还相当远，还需要克服国内国外的许多挑战才能实现。

从国内情况来讲，在经过改革开放30多年的高速增长以后，现在确实遭遇到了大家常讲的“三期叠加”的问题，增长速度很难再像过去那样以平均每年9.8%的高速增长，一定会往下调，从高速增长变成中高速增长的换挡期会有很多意想不到的挑战。其次是增长方式转变的问题。从一个农业社会进入到工业化社会，开始的时候收入水平低，可以利用大量的廉价的劳动力，慢慢地资本积累了，必须走向知识、资本密集的创新驱动的发展方式，这就需要很多新学习、新思维。在开放的经济中遭遇到外部冲击，必须采取一些反周期的稳定措施。但任何事情都有两面性，这些措施让中国经济克服了外部冲击，也会带来一些预计不到的后果。这种三期叠加的挑战是过去不曾有过的，但是，我们作为中等发达国家还有很多发展的机会。如何去克服各种矛盾挑战，抓住新的机会，这是未来发展的新问题。

从国外情况来讲，我们现在已经是世界第一大贸易国，同外国经济的“你中有我，我中有你”的紧密程度比过去高了很多。中国经济的发展会影响世界的经济发展，世界经济的发展也会反过来影响中国的经济发展。发达国家从2008年遭遇国际金融危机以后到现在实际上并没有真正复苏。美国的失业率固然降到6.3%，与危机前同一水平，但劳动参与率少了3个百分点。如果把这3个百分点作为失业加回去，分母变成分子，美国的失业率实际上是10%，甚至更高。美国的经济增长率也还没有恢复到长期的3%，更何况一般危机之后它应该会有6%、7%的增长反弹，但到现在一直还没出现。欧洲经济很可能会第三次探底，日本的安倍经济学已经是强弩之末。欧美日的经济总量加起来占世界经济将近50%，我们未来经济增长的外部环境是不利的。其次，中国经济变成全世界最大的经济体，国际经济、政治板块需要重组。在这个重组的过程中，守成大国与新兴大国之间的游戏规则要重新制定，会存在很多新的挑战。

所以说实现了中华民族伟大复兴的一个里程碑是值得庆幸的，但是，继续前进会有许多新的矛盾、冲突、机遇，需要我们这一代知识分子和过去的知识分子一样把国家社会的发展作为自己的责任来思考这些问题。今天的会议提供了这样一个机会，不仅讨论《中国的奇迹》这本书的成就，更重要的是讨论在这样一个新的时代，遇到新挑战、新机遇的时候，我们怎么来群策群力，贡献我们的力量。

就作为知识分子贡献力量而言，回顾过去的35年，正如我在这本书的长序里提到的，中国改革开放取得的成绩，并不是按照主流理论所主张的方案来进行的。主流理论认为计划经济不如市场经济，这是有目共睹的，所以要转型。转型的方式应该是按照“华盛顿共识”所主张的休克疗法，一次性地消除各种扭曲，建立起市场制度。我们走的则是渐进的双轨制方式。当时理论界的普遍看法是渐进双轨所导致的经济从体制到绩效会比原来的计划经济还糟。但是现在回过头来看，我们用这种被主流理论认为是最糟的转型方式取得的却是稳定和持续的快速发展。少数几个在转型过程中达到相对稳定和高速增长的国家，也都是采取主流理论所认为最糟的渐进双轨的体制，包括越南、柬埔寨、毛里求斯。相反地，按照主流理论所认为最好的方法来转型的国家，普遍面临的是经济的崩溃、停滞、危机不断，从增长的绩效或从经济的稳定性来看都比转型前还差。

回顾二战以后200个左右发展中经济体，真正能赶上发达国家的是极端少数。序言里面我提到了，从低收入变成中等收入再变成高收入的只有两个经济体，一个是中国台湾，一个是韩国。能够从中等收入进入到高收入的就有13个经济体，其中有8个是西欧周边的欧洲国家，本来差距就不大，其他5个是日本和亚洲“四小龙”。也就是说绝大多数的发展中国家长期陷入低收入陷阱或者是中等收入陷阱，它们的人均收入水平和发达国家的差距没有缩小，甚至还在扩大。少数几个成功的经济体，有一个特性，和转型一样，它们在追赶时期推行的政策从主流的理论来看是不正确的。当时主流的发展经济学认为发展中国家的收入水平要赶上发达国家，劳动生产率水平必须赶上，而劳动生产率水平要赶上，产业、技术的水平必须同发达国家一样。当时主流的发展经济学充满着赶超的思想，主张由政府主导，推行进口替代战略去发展现代化的大产业。少数几个成功的东亚经济体，推行的则是出口导向战略，从传统的劳动力密集型加工业开始逐步发展经济。这种政策在当时被认为是错误的，是永远不能赶上发达国家的，但它们赶上了。采取主流政策的国家则长期陷于低收入陷阱或中等收入陷阱。

反思起来，为什么按照主流理论来制定政策不能成功？我们都是在学界工作的，下述判断应该是大家都可以接受的，就是一个理论的适用性决定于理论的前提条件。因为理论是讲因果关系的，是前提条件的因导致理论所探讨的果。发达国家的主流理论本身是不断在变的。为什么？因为发达国家的条件本身也是不断在变的。在这种情况之下，如果说我们现在所接受的主流理论在发达国家都不是永恒不变的真理，那么拿到发展中国家来条件差异是不是更大？因此理论的适用性必然就更成问题。我想这就是为什么根据主流理论来制定政策的经济体，到目前还没有看到成功的例子。

这种情况下我们若想对中华民族伟大复兴、中国的现代化做贡献，固然不能够关起门来不了解世界，包括不能不了解国际上盛行的理论，但是我们倡导的政策建议若要真正有用，必须深入了解我们自己国家的现实，我们所面临的问题的本质和它的决定因素是什么。根据这种了解来形成我们的判断，了解它背后的因果，寻求自己的对策。关于这一点，我在 1995 年《经济研究》创刊 40 周年的时候写了一篇文章，强调本土化、规范化。《中国的奇迹》这本书就是这种本土化、规范化的研究导向的一个具体体现。

上世纪 80 年代末，蔡昉、李周我们三人开始研究中国在转型中面临的一系列矛盾问题，包括通货膨胀等。本着对本土问题的分析，了解它背后的机制，提出自己的判断。在研究的过程中，我们假设所有的参与者都是理性的，包括政府最高领导、政府官员、国有企业与民营企业的领导者、工人、农民等。研究他们在特定的限制条件下，要达到他们所追求的目标，会作出怎样的选择。这样形成的判断，和主流理论的判断经常相左，但是现在20年过去了，回过头来看对中国发展态势的判断，我们的判断是比较接近事实的。比如说我们在《中国的奇迹》第一版里做了一个预测，即到2015年中国的经济规模按照购买力平价计算会超过美国，现在实现了。对于中国在转型中会有哪些问题、那些问题背后的原因是什么，以及这些问题如果要消除在什么条件下消除，过去20年来中国总体的改革路径与这本书中的讨论也是基本一致的。

当然，《中国的奇迹》一书也仅是一家之言，包括后来在这本书的理论框架基础之上形成的对国有企业改革的看法、对金融体制改革的看法，以及对发展经济学总体的看法也都只能说是一家之言。理论工作总体来讲都是“瞎子摸象”，我们比较幸运似乎是摸到了“象”的主要部分，把我们的理解写成了书，发表了不少论文，呈现在各位面前。但是我们的理解肯定不是现象的全部，所以今天很高兴有这个机会，有这么多学界的朋友在这里，都是专家，都是理论研究者，我们希望听到各位的批评，听到这个理论、这个框架怎么样继续改进，甚至是希望各位能够提出更好的理论框架，把我们提出的理论框架替代掉。因为前面谈到，我们国家的发展、现代化目前又面临了一个关键的机遇和挑战期。一方面需要对问题、挑战有理性的思维；另一方面是要有理论来形成共识，凝聚社会的力量来贡献于中华民族伟大复兴的实现。所以，如果说有更好的理论框架把我们的理论框架替代掉，这也是对中华民族伟大复兴的应有之义。

最后非常感谢蔡昉、李周二人，我们三人从1988年开始合作研究，后来各自都很忙，但是基本上还都是沿着一个共同思路和抱负在做研究；也非常感谢各位学界的朋友在过去20年的勉励切磋；更感谢陈昕20年前帮我们出了这本书，20年里不断地给我们鼓励、关怀；也感谢理论界、出版界的朋友对我们的帮助。谢谢！

充分理解改革的逻辑

蔡　昉

这本书是20年前出的，这20年中国经济的变化不用说了，中国经济学家经历的变化也很大。整体上如此，眼前更有个很好的例子。林毅夫是留洋回来关注中国经济问题的学者，这20年来，他走向世界发展经济学的舞台，成为这个舞台聚光灯下的人物。我觉得这和他个人有关，也和我们国家有关。在这样的情况下，我们再看20年前写的这本书。这次再版本书一字未改。它的针对性是什么？是不是跟得上与时俱进的步伐？虽然今天大家不再怀疑“中国奇迹”这个说法了，但是大家对“中国奇迹”能不能延续，今后能不能保持这个奇迹，直到成就中华民族的伟大复兴，实现中国梦，即按照经济学的说法“稳定地进入高收入国家的行列中”，如今不同意见大概和当年对于“中国奇迹”这个说法的不同意见差不多，争论的各方逻辑也有很多相似之处。从这一点来说，我觉得今天讨论它、回顾历史、总结经验、展望未来还是有意义的。

当年我们讲中国奇迹，我们说2015年按购买力平价计算，中国将超过美国。现在正好快到年底了，按照国际货币基金组织的统计结果，情形正好如当年的预测。但是我仍然觉得，当初不是在做预测。虽然我们也做了一些数据，真正的说法应该是“预见”。预见的含义是什么？从经济逻辑本身来看这个事物，如果说我们按照什么样的逻辑进行改革，虽然这个逻辑并不会完美地得到坚持，但是总体上如果是按照这样的逻辑进行了改革，就会取得类似的成绩。所以说，是 2015 年还是 2024 年都不那么重要。所谓世界性的“大分流”和“李约瑟之谜”所讲的中国的落后，是以数百年时间计算的。我觉得这几百年当中，差上几年也不是太重要，关键是这个逻辑非常重要。林毅夫讲了“理论的适用性”和“自身条件的相似性”之间的关系。今天的讨论格外重要，我们要弄明白这个关系是怎样的逻辑。

中共十七届五中全会第一次提出“顶层设计”，以后在十八大报告和十八届三中全会都继续讲顶层设计。如果说原来不太强调顶层设计，更多的是“摸着石头过河”，那个逻辑是说我们在改革中可以一点一点地试错，错也是相对局部的错，可以像林毅夫所说从局部“摸象”，努力揣摩出大象的全貌；那么，进行顶层设计时没有搞明白“象”的整体结构，摸的只是局部就不行了。至少，我们必须对大象的整体结构有充分的理解，在每一个局部都能与整体建立联系。改革到了今天，的确需要顶层设计。而进行顶层设计的时候要对改革逻辑有充分的理解，才能使犯错的概率达到最小，犯错的成本也尽可能低。

评　论

周八骏：我提一个问题，再做一个评价，然后提出一个展望。第一，是问三位作者一个问题。我认真拜读了这次最新版本的再版序言，里面提出了一个理论就是新结构经济学。20 年前你们写这本书的时候，这个理论在毅夫的脑海里应该还是朦胧状态。20 年研究，逐步提炼、完善而形成一个学派。所以我的问题是，三位作者是不是共同认为新结构经济学是你们的理论框架？

第二，是对新结构经济学的评价。以一个学派的要件来判断，新结构经济学可以说是经济学的一个新流派。经济学是从西方形成和发展起来的。马克思经济理论也被西方认同是经济学发展的一个硕果。毅夫的新结构主义，是从亚当·斯密的基本方法出发，阐发中国改革开放以来经济增长所体现的经济规律。从他所使用的学术概念和分析方法看，有很深的西方经济学根底。然而，他所研究的是中国特色社会主义市场经济，于是，就产生一个重要问题：是不是可能或可以将西方经济理论中具“种子”性质的元素，移植于中国经济的土地，种一棵能够同西方经济学大树媲美、具中国和东方色彩的新的经济学大树？借用生物学术语，“中西结合”产生一个新的经济学

“品种”。果如此，新结构经济学就不仅属于西方经济学发展的一个阶段性成果，而且是中国人所创造的现代经济成果的一个理论概括，属于中华文明崛起的一种表现。

第三，是对新结构经济学的展望。新结构经济学作为中国改革以来经济发展的理论概括，固然是在开放条件下，却侧重于中国自己的因素。譬如，讲要素禀赋及其结构，是从一国出发。如果过去这样的分析框架大体成立，那么，面对正在急剧转变的全球金融经济政治格局，展望未来，是否应当重视国际因素？今年 8 月，奥巴马公开批评中国搭“便车”。这样的观点，前两年时任美国国务卿希拉里也说过。这是指中国过去 30 多年高速发展，是依托了美国守护的全球金融经济政治秩序，后者所展现的全球化为中国提供了巨大的发展机遇。这个机遇给予中国，是特殊的。相比较，过去 30 多年，绝大多数发展中国家是全球化不同程度的受害者。改革开放战略是与全球金融、经济、政治的条件相配合的，给中国带来巨大的正成果。我们不能同意奥巴马等人批评中国从全球条件中获益而未对全球经济做出贡献。然而，新结构经济学对于全球条件缺乏反映，需要顺应全球金融经济政治结构全面重整而予以弥补。众所周知，世界贸易组织多哈发展回合谈判陷入了绝境。2013 年 12 月，在印尼巴厘岛举行的世界贸易组织部长级会议，最后一刻达成一个局部的贸易投资便利化协议，但是，今年 7 月 31 日，因为印度等几个主要国家反对，没有完成国内相应立法，又一次夭折。全球经济秩序发生如此急剧深刻的变迁，不能不启发我们思考：新结构经济学所强调的“要素禀赋及其结构”是继续着眼于国家与国家的对比，还是应当引入外部条件约束？外部条件约束，扭曲以国家间比较而成立的“要素禀赋及其结构”，这是经济规律性表现，抑或是非经济规律性表现？中国经济学家的发展经济学，应该解答这一重大课题。

张曙光：毅夫、蔡昉、李周的《中国的奇迹》这本书，我当时写过一篇评论；他们的第二本书《充分信息与国有企业改革》，我也写过评论；毅夫的《新结构经济学》，2013年在北大开展讨论的时候，我也有个评论，所以毅夫他们的研究过程我很清楚。按照他们的理论，《中国的奇迹》对中国未来的发展做了一个预测，就是中国从2008年到未来的20年，还有每年8%的增长。但这里边有几个问题恐怕需要进一步思考。一个是整个世界形势的问题，刚才周八骏也讲了。这30年来，国际上的形势相当好，给中国提供了这么一个开放的、和平的环境。未来的20年里，世界的形势会怎么样？我觉得可能有些情况有目共睹，例如前20年中国和美国利益相对一致的方面多一些，现在中国强大了、发展了、腰杆子硬了，美国也感受到中国的威胁，摩擦可能会增多。目前的现实也说明了这方面的问题。

第二个问题，作者的依据是日本、韩国、新加坡和中国台湾达到我们这一人均水平以后，20年来的增长情况。我觉得这个问题也需要考虑。这几个国家和地区与中国内地的情况可能有很大的差异，这个差异会不会影响分析结论？举一个很简单的例子。我国台湾地区经济学的主流是自由主义经济学，进而主导了台湾地区的经济政策方向。我最近读了蒋硕杰、邢慕寰等人的著作。他们反对凯恩斯主义的低利率和低估本币的政策，主张自由市场经济，利率应该按照市场利率，政府不应该管制汇率。台湾地区从20世纪五六十年代开始经济政策就朝这个方向走。可以看看，中国内地经济改革经历了30年，在这两个基本要素价格问题上，到今天仍然处于扭曲的状况。另外，从我们自己的情况来看，未来可能会发生危机。当然它们也遇到过一些问题，比如，日本就遇到了两次石油危机，但日本的应对能力非我们能比。在最近的30年中，虽然发生了亚洲金融危机和国际金融危机，但是中国都处在危机的边缘或者说危机发生在我们的门外，对我们来说影响不是那么直接。要知道，危机是人类与生俱来的东西，未来并不确定，现在的政策能不能应对？中国未来的几十年里，危机肯定有，危机会是怎么样的，会不会对中国的情况产生很大的影响，值得我们研究。

最后还应该考虑一个问题，就是现在中国的状况。毅夫对中国经济充满信心，但是整个社会上的信心是怎么样的呢？可以看到的是，因为产权的保护问题并没有得到很好的解决，很多富人都把财产转移到国外，把老婆孩子送到国外，民营企业家也因缺乏公平竞争的市场环境，要不官商勾结，向政府寻租，要不捞一把就走。这都影响到一般老百姓对中国经济的信心。

我们要从实际出发讨论这些问题。如果不能很好地解决这些问题，未来20年年增长8%的目标恐怕难以实现。此外，在讨论《新结构经济学》时，毅夫说他讲的是增长潜力。我曾经指出，既然如此，就应当根据决定经济增长潜力的因素进行分析，但作者始终没有做出这方面的分析。

胡汝银：毅夫等三位作者一直对发展经济学的研究锲而不舍，这个理论本身没有太大的问题，问题在于它对中国经济实际增长过程的解释力，我觉得还是比较有限的。按照这个理论本身，中国的经济发展实际上有两个特点，第一个是对传统的重工业主导的赶超经济战略的修正。改革开放以后，我们的经济以出口导向为主，这和东亚模式、亚洲“四小龙”的经济政策取向完全一致。德国历史学派经济学的先驱者弗里德里希·李斯特对当时英国亚当·斯密的自由主义经济学不以为然，提出后发国家一定要对自己的工业进行保护，要采取一系列措施，推进国家主导的工业化。中国就是采取东亚政府主导和出口导向的做法，当然有比较优势的原因存在，但在中国还有另外一个因素存在，就是我们的出口导向都有出口退税，以及外资大量引进。政府提供了大量直接的、间接的财政补贴，没有这种财政补贴，比如说税收“三免两减半”以及土地优惠，中国不可能成为跨国公司投资的重镇。我们看江苏昆山的发展模式，就是外资投资用地不要钱，税收也减免。如果仅仅只是依照要素本身的成本收益，没有政府的补贴加以支持，很难做到。像菲律宾、印度，之所以没有发展起来，是因为它们的政府官员腐败，还不干事，有“掠夺之手”，但没有强有力的政府有形的“支持之手”、“保护之手”。中国政府这些年来对资本保护的力度是全世界最大的，在任何一个国家赚钱都没有在中国赚钱如此容易，但是我们对劳动的保护相对比较差。欧美很多进出口公司到中国来，都强调上游企业在公司治理、在企业社会责任、在劳工保护方面是否做得很好，而中国政府一直偏向于保护外资和国内投资者的收益等，尽管导致了经济的高速增长，也引发了贫富差距扩大等一系列问题。

如果经济转型了、取消补贴了，中国经济下一步会不会有高速增长？在毅夫三人的模型里面，可推导出下一步的改革方案。中国经济增长的实际驱动力揭示了模型的全面性和可信程度，但我觉得里面有一些比较重要的缺失。

第二个是对“华盛顿共识”的背离。我同意毅夫三人的观点，在一个新兴的国家里，在制度性的基础设施没有建立的情况下，在市场结构、产业组织没有形成竞争性结构的情况下，一下子把市场放开，最终不可能形成完善的竞争机制。这个竞争机制是要培育的。除了企业经营自由化、市场比较放开、投资比较放开外，地方政府对中国经济增长也起了很大的作用。中国的发展并不严格按照比较优势实现。在中国，所有的行业过去几乎都是发展很快的，除了有比较优势的一些劳动密集型产业外，其他行业也发展很快。为什么发展很快？是因为地方要提高 GDP，导致各地方政府在招商引资方面竞相提供优惠政策。1985 年我准备博士论文的时候，国内 90%的产业都出现了严重的过剩，但那时候产业的数量少之又少。今天仍然是如此，国内有 90%以上的产业严重过剩。我们用比较优势的模式演绎不出目前的现状和存在的问题。所以中国面临的很多问题，是政策性的问题还是模式或者是制度性的问题，下一步的改革应该怎么改，经济组织体系和制度环境、激励机制应当如何设计，我觉得这里面需要有更多的探讨和反省。

张幼文：这是非常好的机会，探讨中国发展的模式，特别是这一模式的提法。对中国发展模式可以从不同的角度来讨论，比如从国内的体制意义上，从对外开放战略的意义上。在林教授等三位学者的书中我发现，对“中国奇迹”这一模式的提法是“发挥廉价劳动力比较优势”。这个提法在理论上可能不确切，在实践上不反映中国现实。

首先，“发挥廉价劳动力比较优势”这个提法同时运用了两个最经典的贸易理论概念，这两个经典理论的主题和方法都不同。比较优势理论的核心是证明自由贸易比保护贸易好，贸易是有利的；要素禀赋理论的核心是一个国家的贸易结构用产品的要素的密集性方法分析。为什么是劳动密集型产品出口而不是资本密集型产品出口？是因为这两个理论的研究方法不一致。比较优势理论分析，不同产业劳动生产率的不一致决定了比较优势必然存在，落后国家也有比较优势。但是要素禀赋论并不假定各产业间劳动生产率不一致，它假定各国家的要素禀赋结构不一致，由此产生了某种要素更具有经济的富裕性，所以会有生产、出口这一要素密集型产品的可能。如果现在提“发挥廉价劳动力比较优势”，就产生这样的疑问：廉价劳动力本身不是一个产业的名称，而是一种要素。如果我们说发挥廉价劳动力“产业”的比较优势，从逻辑、概念上才是确切的，因为比较优势讲的是产业。或者我们讲发挥廉价劳动力的绝对优势和发挥廉价劳动力的优势，也是正确的。任何一个国家要出口劳动密集型产品，劳动力要有绝对优势而不是相对优势。这使整个提法从理论上存在不确定性。林教授在书中分析了亚洲“四小龙”采用了比较优势战略，也是把注重出口对经济发展的积极作用说成了比较优势战略，把注重劳动密集型产业发展说成了发挥廉价劳动力比较优势。比较优势这个提法可能被泛化了。任何一种贸易理论都主张贸易，贸易的发生就必然有比较优势。比较优势是一个普遍规律，讲比较优势战略，实际上是强调注重贸易发展推动经济发展、拉动经济发展，反过来就是不主张保护贸易、进口替代。比较优势是自由贸易战略，不在于用哪种要素密集型产业。

更重要的是，今天我们要探讨中国的发展模式在对外经济关系上的特征究竟是什么，这里用“廉价劳动力比较优势”的提法可能也不确切。中国发展模式最关键的确实是廉价劳动力密集型的产品、产业的出口，但重要的是，出口发展前提条件是外资流入，外资是形成中国劳动密集型产品出口的前提与关键。如果我们只说廉价劳动力比较优势，忽略中国发展模式的最主要特点，即靠外资流入发展出口产业、拉动经济增长，那么在这样的模式当中，核心特征就没有被表述清楚。这里有几个简单的数字。在一些代表性的年份里，外资作为资本形成在全国的资本形成当中占30%。如果我们讲就业，统计2007年前的13年，本土企业就业减少280万人，外商投资企业就业增长1050万人，如果没有外资流入，我们失业率会增加3.8倍。到2013年前的16年统计当中，整个进出口总额中，外商投资企业占53%；在顺差的全部来源中，有84%来自外资企业。在劳动密集型产品出口中，加工贸易是中国主要的贸易方式，一半以上来自外资；而外资企业加工贸易出口占全国的77%。这些数字都证明一个问题，就是中国出口能力的巨大提升，前提是外商投资，是外资流入。中国的出口发展是外资主导型的外贸发展，如果我们用“廉价劳动力比较优势”的提法概括中国开放模式和增长特征，就忽略了其中最重要的特点。

最近这些年我们探讨发现，中国的开放型增长最重要的特点是参与全球价值链分工。具体形式表现在加工贸易，但即使不是加工贸易，也是产品内分工。就产品内分工的形成而言，中国被纳入产品内分工是因为跨国公司投资，中国自己的跨国公司还没有发展起来，虽然现在有起步了，但过去20年更多是靠外商投资。于是我们看到中国发展模式最重要的特点，不是廉价劳动力比较优势的发挥，而是“要素集聚”。就是发达国家跨国公司的高级生产要素——技术、品牌、管理、国际市场网络、高级人才等，流入中国，使用了中国的闲置生产要素——土地、劳动力。使两类要素合在一起形成出口能力，产品销售到世界，这是我们前面讲的中国出口的根本性原因。所以要素流入，是中国经济对外开放的特征，也是开放型增长的最主要原因。

与此同时，如果我们要探讨中国模式发展的重要原因，其中还有一条，就是政府在其中的作用。各级地方政府都有强烈的引进外资拉动经济发展的动力，这是分税制之后形成的中国的体制优势。因为各级政府都有发展经济的动力，这导致了我们引进外资强大的吸引力，即要素集聚的能力，这与经济体制改革之后形成的体制吸引力相关。可见，在中国模式形成中，国内的改革和对外开放之间有密切的联系。同时我感觉，如果我们可以界定中国开放模式是一种要素集聚型的发展战略，那么同时也启发了我们后一阶段的发展道路。为什么？我们现在前一阶段的发展，通过要素集聚动员起了闲置的生产要素，积累了资金和外汇这两个要素，使发展经济学指出的“两个缺口”同时解决。外汇储备为我们下一阶段的发展创造了条件；国内有投资能力，但缺乏有效的金融机制，导致有资金但无法形成投资。“两个缺口”通过第一阶段引进外资，外资主导型的发展出口解决了，同时也为下一阶段的发展提供了机会，创造了条件，也指明了方向。这个方向同样也可以用要素的概念来说明。过去是要素流入，未来是要素培育和获得。所谓要素培育就是利用现在的资金和发展条件，培育我们的高级要素。所谓“创新驱动”，就是这个概念，培养我们的人才和技术。所谓要素获得就是通过并购，迅速获得国际大企业的技术、品牌和全球经营生产网络，这是下一阶段发展的路径和方向。所以，如果我们从要素集聚角度去分析中国的发展道路，特别是开放型发展模式，而不是用泛化的比较优势原理去概括中国发展模式，可能更有启示。

金　煜：我想从学生的角度谈一下，怎么理解“中国奇迹”，再提一点我们怎么样讨论结构的变化。另外我觉得，可能现在讨论结构变化的相关术语并没有能够完全体现出结构变化本身应该要反映的特征，我们是不是在经济学语言上有一些改变？这是第二个要讨论的。

首先是怎么理解《中国的奇迹》这本书。我在本科和研究生学习的时候，接触到微观经济学、宏观经济学，但有的时候我不知道为什么这两个要分开，为什么不能把微观经济学和宏观经济学结合起来？当中似乎缺失了一些什么。在我读了《中国的奇迹》之后，它帮助我看到了其中连贯的一点。宏观经济学讲经济的整体发展，经济体被理解为一个生产函数，当生产函数中的一些条件满足，会使经济向高的阶段发展。但经济整体的发展需要有一个很强的动力，这个强大的动力来源于什么地方会有不同的解释。我觉得，《中国的奇迹》从微观基础中找到了发展背后的动力。这个微观基础就是要激发经济里面每一个人、每一个个体、每一个要素自身的动力，这里要素不仅仅是国内的要素，还包括国外的、外部资源的要素。所以，宏观经济的总体推动背后有微观经济的支持，每一个要素都受到激励因素的影响。但是，如果太关注微观的角度、关注每一个要素，又会忽视宏观的重要性。宏观的重要性，在于政府起到的作用。政府的改革措施，像税收改革、金融制度改革，包括体制上的一些改革，实际上是为每一个微观的主体提供了激励机制，创造了良好的环境。只有微观的个体有了足够多的激励，经济才会向上发展。它会像宏观经济学预测的一样，达到一个高度（threshold），达到这个高度后会突破瓶颈，然后向新的高度发展。所以我理解，《中国的奇迹》背后反映的是这样的逻辑。无论是要素禀赋还是产业升级，背后就是要使得所有的微观主体有足够多的积极性和激励，要产生这些激励，需要政府提供各种各样的制度。从这个角度来看，发展战略无论采取要素禀赋说还是产业升级说，都不矛盾，给微观主体足够多的激励，经济就会向很好的地方发展。这是我理解这本书的一点想法。

第二点我想讲的是包括林老师都常常会讲的中国的 GDP 和 GDP 的增长速度。我认为，《中国的奇迹》背后的结构发展逻辑，是不用太在意 GDP 的增长速度，在意的是 GDP 的结构。我不知道是不是换一个说法更好，就是不谈 GDP 的增长，而是直接谈 GDP 当中每一个部门的增长，比如服务业的 GDP 增长、工业的 GDP 增长，以及工业与服务业比重的变化等。在经济学的术语上，不需要太多地强调 GDP，而是强调每一个不同的发展阶段，各部门、各产业、各种行业自身的发展速度对中国的经济会产生什么样的影响。或者林老师是不是可以创造出一个像 GDP 那样的衡量结构的发展指数，每次我们谈指数的时候就可以知道现在是什么样的阶段，我们是不是在一个非常好的发展道路上。

史正富：《中国的奇迹》我以前读过，新的一版也读了，同时我跟踪了毅夫近几年的研究，比如新结构经济学。我觉得毅夫是一个值得学习的对象。一来，他长时期追踪一个重大的时代主题；二来，他将其置于现代经济学的逻辑之上，力图通过创新，使现代经济学的理论与变革中的重大现实问题产生互动，既增强了对现实问题的解释，又推动了发展经济学的发展。我希望能学习毅夫的这个特点，把当代世界的重大变化和经济学理论本身进行挂钩、对话，既推动经济学的理论创新，不固守教条，又不放弃对理论体系本身严肃性的追求。所以，第一点，我要表达学习的愿望。

第二，我对比较优势的理解。毅夫讲的比较优势，其实是动态的比较优势。我认为刚才几位有点误解，这本著作并不是简单地指出哪个要素比较重要，而是说，某一要素之所以能成为筛选产业的依据，是因为当时、当下这一要素禀赋能够作为基础，使这个国家产业向上迈进。以今天的要素禀赋作为起点，向下一个产业结构所需要的要素禀赋转移，这个过程相比一次性跳跃式的转移，相比以模仿发达国家产业结构的赶超战略更为可行。这实际上是一个动态的过程，我认为这个是关键点。如果我们对这一关键点有共识，那么《中国的奇迹》一书关于整个中国改革发展的理论架构就会有更大的解释能力。

第三，是发展经济学的政策化。这在《新结构经济学》中也有探讨，谈到了六个步骤。我想，如果再进一步，可以向管理学界的管理大师学习，将理论应用化，变成咨询的工具，向客户提供咨询服务，同时带动政策的推广和理论的自我提升。例如管理学界依托流程再造的理论、领导力的理论、国家竞争战略的理论等，都成立了以大学为基础的全球性咨询公司。我觉得毅夫也有这样的条件，能把你的理论变成一个政策工具，成立一家咨询公司，向非洲等发展中国家提供政策规划等咨询服务。这不仅能造福这些国家，而且有利于理论的进一步完善和提高。

另外，我对两点有所保留。一是用动态比较优势和结构升级的理论解释中国的发展，虽然有很强大的解析能力，但恐怕还不足以解释中国发展中的深层动力。例如，就像胡汝银和张幼文所提到的外资，外资背后是中国的体制，是 GDP 锦标赛。如何进行理论框架的扩充，将中国此阶段的体制机制问题纳入本书也仍是需要解决的问题。二是毅夫所说的“产业甄别”。有人会问，如果政府甄别错了怎么办？谁能保证政府就能选对优势产业？关于这个问题，我想做一点补充。前面胡汝银提到财政补贴，张幼文讲要素集聚的作用，认为FDI到中国来很大的原因是因为中国是投资成本的洼地。但中国怎么就变成投资成本的洼地了呢？所以，他们谈到了由地方政府为主导的招商引资体系。但问题又来了，财政补贴弄不好是会扭曲市场的。我要说的是，在中国当今的投资体系中，财政补贴实际上是由竞争性的地方政府提供的，但这实质上不是补贴，而是对未来收益分享权的投资。既然地方政府将补贴当作投资性的行为，那么，实际上它们的产业选择也会同本地的情况或者说资源禀赋、本地的比较优势挂钩，而不单单看国家层面的比较优势。我们看到过去一二十年，地方政府制定的“五年规划”不断变化。从早期照搬中央文件，到现在越来越个性化，越来越基于本地优势。用演化主义的观点来说，在地方政府竞争创造的演化体系中，大家在“干中学，学中干”，不断提升决策水平。有些人把地方政府看成静态的，但实际上，要从动态看，它们和企业家、市场体系有很多共同点。市场体系中的决策失败也比比皆是。竞争中的地方政府和市场中的企业都要在实践中接受检验，在适应市场变化中寻求发展。这就在中观层次上为政府产业政策导向提供了多元筛选机制。总之，如果能进一步丰富《中国的奇迹》和《新结构经济学》的理论建构，纳入中国特色政府体制所包含的分权决策与激励，那么，毅夫与其伙伴们的理论体系对中国发展经验的解释能力就会更强大。

张 军：毅夫他们对中国经济学的发展是做了很大的贡献的，因为在20世纪90年代初的时候由中国经济学家自己写了一本这样的书，并且很快地被翻译成多国文字，对中国经济在80年代改革的经验做了很好的总结和分析，在国际上产生了重大影响。即使20年后我们对这本书会有一些其他的和不同的看法，但这本书在那个时候还是第一本能够向国际经济学界传递中国经济学家对中国经济改革的理论思考的一个重要作品。

这本书虽是1994年出版的，但从它的章节来看，更多的内容还是讲80年代中国的改革。而80年代中国经济的改革有一个突出特点，那就是微观改革优先，基本上不怎么涉及宏观经济层面的改革。记得80年代中期的时候有一位德国的经济学家来北京，他说，到目前为止，我听到的中国所有的改革都是微观层面的，但是你们要关注宏观的改革。说明那时候的改革侧重微观领域。即使1987年我们组织了世界银行的专家在“巴山轮”上开始讨论宏观管理的问题，但实际上中国的改革在整个80年代还是集中在微观层面，宏观上面的改进是远远不够的。因为这样的背景，所以毅夫他们这本书的分析也是以微观改革为经验基础的。

对于80年代中国经济改革做出分析，可以有不同的分析框架。在我印象中，这本书出版后不久就在上海举行了讨论会，会上大家也对这个框架进行了一些研讨，对比较优势说也有不同意见。毅夫他们这本书的框架现在看是有意义的，因为它可以很容易推广到发展经济学的一般分析框架。事实也是，毅夫2008年在马歇尔讲座上阐述了向发展经济学推广的基本架构，并且再后来成为“新结构经济学”的基础分析框架。《中国的奇迹》给出的分析框架是一个三位一体的框架，它强调一个经济体制由三部分构成：一是发展战略；二是宏观的环境；三是微观的机制。但是这本书的分析重心在于说明中国改革后的发展战略和微观机制如何推进改革。这本书试图说明，20世纪80年代通过农村家庭联产承包责任制的引入以及发展乡镇企业和鼓励外商投资企业，发展战略是如何从传统的计划经济时期的不符合比较优势的赶超战略转变到基于自身禀赋的比较优势发展战略的，作者还说明了，这样一个转变为什么可以带来经济的更好的成长。

除了以上微观改革和发展战略的讨论之外，关于宏观改革，这本书仅仅提到，要配合微观的改革，就要配合战略的转变，而配合战略的转变，就要在宏观上进行相应的改革，宏观环境一定要改革，不然的话必然会引发经济增长速度严重的收放循环。的确，在中国整个80年代的改革过程中，经济不断出现通货膨胀，大起大落不断反复。考虑到这本书试图回答为什么中国经济改革比俄罗斯成功、为什么中国的改革导致了经济增长而不是下降，因为没有涉及 90 年代以后中国在宏观结构改革上所做的非常重要的一些改革举措，当然就显得是缺失了重要一环。这不仅仅因为在林毅夫他们的分析框架里，宏观的环境是三位一体的重要部分，也因为俄罗斯的改革是宏观优先的改革。当然，考虑到这本书最早是 1994 年出版的，是不可能涉及更多发生在 90 年代的宏观改革的。但问题是，这本书在 1999 年的修订版里依然没有把这么重要的宏观层面的改革纳入分析框架，现在的新一版里也没有。所以，这个缺失今天就变成一个遗憾了。

依我看，中国经济的宏观改革其实是在 1993 年以后开始的。1993 年中央与地方的分税制我认为是开启了整个治理宏观结构和经济波动的重要制度改革，再加上其后推进的银行与金融体制的改革，特别是不允许地方财政从银行透支以及之后几年对整个国有经济的战略性重组等，可以说是中国经济改革当中解决经济大起大落或宏观不稳定的重要一环。如果把宏观经济的管理纳入《中国的奇迹》的分析中，就可以回答今天经济学家关于中国奇迹是否能延续以及还能延续多久的很多问题。

事实上，毅夫他们在过去这些年对中国的宏观经济有很多的思考和研究。宏观问题对“中国奇迹”之所以重要，是因为宏观经济条件的变化往往挑战着已有的增长战略和促进增长的政策。回顾 35 年来中国经济的改革与发展全貌，我倒觉得增长战略的选择固然重要，但战略选择的转变可能更重要，因为事实证明，如果一个经济不能够根据变化的宏观条件和环境做出增长战略的调整和转变，要保持长期的经济增长是非常艰难的。所以，我想“中国奇迹”应该不仅仅是因为增长战略发生了一次转变，更重要的是，35 年来在每一个遭遇冲击和挑战的十字路口，都要做出相应的和适时的战略调整与改变。所以我觉得战略的调整比战略的选择对于长期的增长与发展更重要。

华 生：如果对这本书做一个历史的总结，它已经被证明了其结论的正确性。因为它已经正确地预见了中国经济在那时之后20年的增长，这已经成了历史。但里面的解释是不是都对，包括我是不是都赞成，确实还有很多值得探讨的地方。我在书里也做了很多批注，以后有机会会跟毅夫、蔡昉、李周他们再交流。包括回顾过去的历史，很多细节是不是都能这样解释，我觉得确实还有探讨的余地。

真正有意思的是，实际上大家现在提出的各种批评、质疑或者猜疑，最主要的不是在于过去，而是在于今后。据我所知，毅夫讲的今后20年的高增长，很多人是有保留意见的。他说有20年的增长，大家未必认同这个观点。当然即使对过去成功的解释也有不同观点。就我看到的，相当一部分人认为过去我们成功了，就是因为我们引进了市场，因为我们学了西方，就是因为这些。今天还存在问题，是因为我们没有全学，所以他们的逻辑和毅夫、蔡昉你们的逻辑是相反的。你们的逻辑是说，我们过去是引进了一部分，学习了一部分，还搞了另外的一部分，因此我们成功了。这些批评者的逻辑是说，对，所有的成功就因为引进了，所有的问题是学得不够、不彻底，要是都学了，那现在就好了，我们的问题就在于没全学。所以真正的分歧在这里。当然，最大的分歧还是针对今后，所以我也有一个建议。我理解毅夫讲的是指今后高速增长的潜力，所以以后可能要把这个“潜力”强调出来：我讲的高增长是潜在的，没有讲一定是现实的。因为确实从潜在到现实是有一个非常大的距离。我们有没有可能和潜力，这是可以讨论的。这时候很多分歧就会少了，因为尽管很多人说我们可能遇到这个问题、那个问题，可能有危机，可能有灾难，这些可能性都不能排除，但是如果做好了，运气也不错，有没有可能呢？估计完全否认中国发展有潜力的人也不多。所以这个问题要分两个层次来讨论。

第一个层次就是有没有高增长可能性，有没有这个潜力。如果说美国经济有这个潜力，那不可能。它这些年的历史也证明是不可能的，它最好的时候增长3%，4%就是出现奇迹了。中国真正要在决策层次上研究的是我们是不是有这个潜力。

第二个层次当然是社会各界最关心的，即怎么把这个潜力，即便只有百分之几或者是百分之几十的可能性，变成现实。拿这个话题来讨论的时候大家就比较容易一致了，即使认为是有99%风险的人，那他也承认有1%的可能性，这个1%也可以争取。何况大部分人认为有20%、30%、50%、70%的可能性，这样我们就可以把持有不同观点、不同取向的人都集中到一个方向上来研究问题。所以我认为问题的核心是怎么把这个潜力变成现实。我说这个话的时候已经把我个人的主观意见摆进来了，因为我认为未来的高增长是有可能的。如果没有可能我就要来论证，中国和美国一样，今后20年高速增长几率等于零。这样说清楚我们的讨论就比较容易聚焦。

怎样从潜在变为现实？说实话毅夫前面写的这本书没有完全说服我。因为过去是这么一条路，今后继续走这条路就可以了？对此我和很多反对者一样，我与他们的观点有相同之处。现在的难点是怎么样把它变为现实。所以如果我要提一个建议的话，我建议三位作者是不是能够在今天再合作一本书，就是回答怎么从潜在变为现实，要解决哪些问题才行。现在这本书的研究还有些一般化。比如与我们今天发展程度相同的国家历史上不少，但光拿成功者来证明我们也可以有高增长，理由就不够充分，因为失败的案例更多。再如毅夫讲新结构经济学，我们所处的这个时代最大的结构转变是从农业社会向城市社会的结构转变，但是说实话我没看到毅夫提到这个问题。在我看来如果脱离了这个最大的结构转变，在我们这个时代还是有问题的。这里要回答的问题还不少，这也是他们三位作者在今天面临的新挑战。

韦 森：收到这个研讨会的邀请后，我把三位教授的这本《中国的奇迹》重新看了一遍，写了一万多字的书评，在书评的最后一部分，我就中国经济过去35年高速增长的原因谈了五点看法，在这里我讲其中的两点：

第一，中国经济高速增长的奇迹，首先要归因为1978年以来的市场化改革，即有市场经济，才有中国经济的高速增长。中国经济30多年高速增长的过程，也是中国市场化改革过程。回顾一下1978年以来的改革史，就会发现，我们国家是从计划经济一步步走到市场经济体制的。从一开始，经济学界还是讨论计划调节与市场调节、计划经济与商品经济，到有计划的商品经济，再到1993年中共十四届三中全会通过的《中共中央关于社会主义市场经济体制若干问题的决定》，才最终确定了中国经济的市场经济之路，随之才有了中国经济的快速起飞。中国的市场经济发展所带来的增长之路，可以见图1和图2。

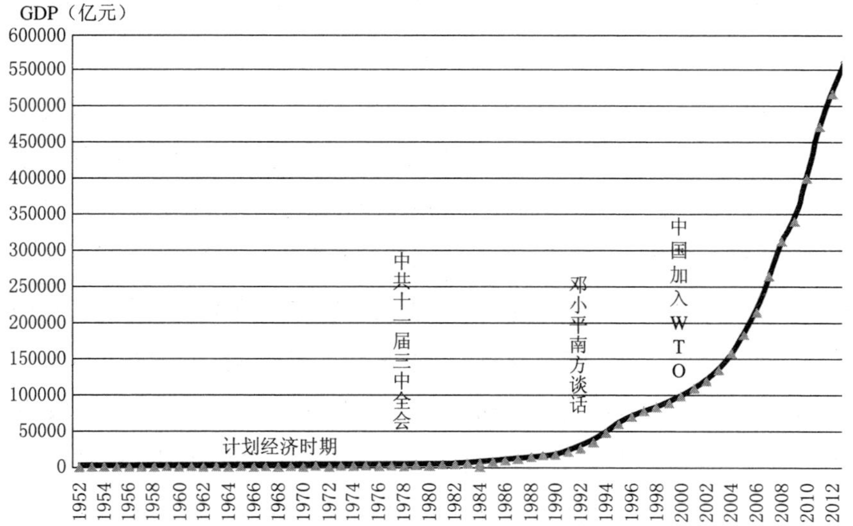

图1 新中国成立以来的经济增长轨迹

图2 1978年以来的中国的三次改革开放与三次经济起飞

从图 1 和图 2 中我们可以清楚地看出，在过去 30 多年中，接着三次大的改革开放，即 1978 年的土地承包、1992 年邓小平南方谈话后的城市国有企业改革和市场经济地位的确立，以及 2001 年中国加入 WTO，接着便发生了三次高速经济增长。无论是经济总量还是年增长率增长轨迹，都清楚表明了这一点。根据上述证据和我多年的研究，这些年来，我利用一切场合在讲，在人类历史上所能发现的三种资源配置方式——即自然经济、计划经济和市场经济中，市场经济是人类社会迄今所能发现的唯一能带来快速经济增长的资源配置方式。无论是东方还是西方，无论是历史上还是在当代，在自然经济中几乎都没有经济增长。从 1917 年十月革命后第一个中央计划经济的建立，到 20 世纪 80 年代末苏联的解体、东欧各国的转制，世界当代历史已经充分证明，实际上计划经济下也没有多少经济增长，且从人民生活水平提高和社会福利的增进来看，更可能是灾难性的。中国、越南等国家的中央计划体制的实验和市场化改革的历程也充分证明了这一点。迄今为止，无论是西方世界在近代的兴起，还是 20 世纪 80 年代以来原先中央计划经济国家的改革，都无一例外地证明，唯有在市场经济条件下才有较快速的经济增长。就此而论，1978 年以来中国经济 30 多年高速增长的奇迹，首先是获取“市场化改革红利”的结果。有了市场机制，才有企业发展的激励，才有全社会人人发财致富、通过市场交易增加自己的福利的动力，才有无数的企业家崛起，才有政府官员为促进自己所辖部门和地区的经济增长的动机。没有市场化改革，就没有今天的中国，就没有中国过去 30 多年的经济奇迹。这一点首先应该说是毋庸置疑和无可置否的。

沿着这个理念，我稍微再作展开。在很大程度上，我们的经济学要面临一个转变，就是要把“经济是生产出来的”、“GDP 总量是生产出来的”，转向“经济是交易出来的”。从经济学理论上来说，有市场交换和贸易，才有斯密型动态增长（the dynamics of Smithian growth），也才有熊彼特式增长（the Schumpeterian growth）；有快速经济增长，才有快速的资本积累，才有技术进步和劳动生产率的提高。离开市场交换和贸易，这一切都不会发生。

另外，从微观经济学的基本原理来说，有交换才有生产者剩余和消费者剩余。就此而论，一国的经济总量并不完全是生产出来的，而是交易出来的。所以从这一点来讲，中共十八届三中全会决定的核心就是深化市场化改革，这个大方向是对的。

与上一点相联系，我也想起了经济学诺奖得主莫里斯的困惑。在为这本《中国的奇迹》准备书评的时候，我也看了一下 CCER 历年邀请经济学名家做学术报告的简报，发现在 2004 年的一次简报中提到詹姆斯·莫里斯（James Mirrlees）对多年来中国经济高速增长贡献因素的估算问题。按照经济学的增长因素分析，产出增长与劳动投入、资本存量增长以及纯技术进步率有关。莫里斯发现，到 2004 年，之前 20 多年中国经济增长中技术进步率的贡献为 2%左右，产出增长中劳动增加部分的贡献最大值一般也不会超过 2.1%，而他估算资本存量增长对中国经济增长的贡献率大约只有 1.75%。那么按这样分解来计算，中国经济增长率在过去 20 多年中不会超过 6%，但为什么按照中国官方公布的数字，中国的经济增长率是这个数字的 1.5 倍以上？后来，他又计算出城镇化对产出贡献了 1.5 个百分点。但是，这还是没有达到中国官方所公布的数字。那么差额或余项到底在哪里？由此他也曾认为，可能技术进步的贡献率还要大一些，包括“干中学”效应。除此之外，莫里斯猜测，在余项中可能还有制度因素。我在读三位教授的这本书的时候，一直在想实质上这个余项就在“市场交易”中，所谓“服务业的发展”实际上是内在于市场交易和市场扩展这个余项之中的。经济交易的发展，市场范围的扩大，市场交易的深化，用奥地利学派的话来说，生产变得越来越“迂回”，是过去 35 年中国经济高速增长的一个主要原因和贡献因素。而发展服务业，使“生产”变得越来越迂回，中国经济才有更多的增长空间，未来经济增长的主要前景也在其中。从这个意义上说，市场交易本身就是创造 GDP 的。这一点不仅仅是理论推断，而且同现实中的中国经济发展显然相符。这是关于市场经济在“中国奇迹”中的作用。

第二，在我们强调市场化改革、经济社会体制转型在中国过去 30 多年经济高速增长奇迹中的作用的同时，也决不能否定和忽视中国政府在市场中的作用。改革开放后，当整个社会意识到计划经济不是人类社会的一个可行的资源配置体制后，中国政府不断放松对市场经济的管制和压制，各级政府也逐渐把发展市场经济作为自己的首要目标。从而自 1994 年起各级政府就不再是市场经济发展和成长的阻碍和压制力量，而是巨大的推动力量。事实上，中国各级地方政府竞争更重要的不是在招商引资上的竞争，而是在市场化改革方面的竞争。正是各级和各地政府在市场化改革方面的竞争和各种有利于市场发展的措施的推出，才在过去 30 多年中形成了今天中国所独具特色的市场经济体制。

多年来，对于中国政府过多地参与和干预市场经济多有批评意见，我这些年也对此有很多的评论。但是冷静想一下就会知道，中国经济过去 30 多年如此高速增长，确实与中国各级政府的强力推动是分不开的。经过 28 年计划经济的实验，到 1978 年，中国还是一穷二白，人均 GDP 还不到 250 美元。同一时期，西方国家和东亚几个经济体则经历了二战后的快速经济起飞，从 1950 年到 1973 年，法国的平均 GDP 增速在 5.05%，德国为 5.68%，美国为 3.93%，日本则超过 9.29%。同一时期，尽管按照国家统计局的数字中国的国内生产总值从 1953 年到 1978 年为 6%，但到 1978 年，中国的人均 GDP 只有 379 元人民币。这说明中国改革开放前的统计数据显然有内在不一致之处。经过近 30 年中央计划经济的实验，中国仍然是个贫穷的国家。在巨大的历史反差下，在中共十一届三中全会后自上而下逐渐形成了通过引进市场机制而发展经济的全社会共识。随之，各级政府及其领导人把发展经济和促进市场发育和成长作为自己执政和施政的首要目标。纵观人类社会历史，还看不到有任何国家和朝代有任何政府像当今中国各级和各地政府这样全心全意地投入经济发展。对于这一现象，称其“发展主义政府”也好，“亲增长联盟”也好，“三维市场体制”也好，总之，改革开放这 30 多年里中国各级政府及其领导人在其中都为中国的经济发展尽了最大的努力，确实是过去 30 多年中国经济高速增长的一个最重要的贡献因素和主要驱动力量。

当然这种全社会各级政府和几乎所有政府官员都投入发展经济的极其独特和极其罕见的历史现象，既推动了中国经济过去30多年的高速增长，也带来了种种经济与社会问题，而这种最主要的社会问题莫过于政府官员腐败大面积地发生、社会收入分配和社会财富占有上的差距急剧拉大、环境污染和生态破坏等等。就此而论，如果说中国经济经过了30多年的高速增长，到了目前的经济社会发展阶段上要转变增长方式，可能不再是如许多经济学家所呼吁的那种从投资为主和外贸出口导向的经济增长方式转向以依靠国内消费的增长方式，而主要是转变政府职能，从一个发展主义的政府、从各级各地政府的“发展贸易总公司”转变为服务型政府和注重发展民生、提高人民福利的政府。从一国经济的历史发展阶段来讲，投资的下降在市场化条件下应该是企业自己的事：当投资回报率下降了，企业不赚钱了，新的投资机会和行业越来越少了，房地产的一轮发展饱和了，投资率自然会下降。当海外出口机会越来越少、越来越难的情况下，外贸出口的增速也自然趋缓乃至下降了。如果政府的职能和在经济增长中的作用转变发生，中国的经济增长方式自然会转变，中国经济的增速也会降下来一些，但社会将会更安定和更和谐，我们的国家才会慢慢建成一个良好的市场经济秩序。

黄凯南：我读了《中国的奇迹》这本书，以及《新结构经济学》，整个逻辑一脉相承。我简要解读一下。

首先，在经济发展过程中，存在客观的约束或结构性的约束，就是我们看到的要素结构约束。从要素结构这一逻辑来讲，企业一旦进入具有要素禀赋优势的产业就更具有竞争力，这便内生形成产业结构。在这一过程中，发展中国家通过技术模仿又使得产业升级速度加快，而技术进步也导致了制度的内生变迁，所以技术和制度也是内生的。最后，产业结构变化的结果又会导致要素结构的继续变化，所以这个约束也在变化。从静态的角度来看，要素结构是外生改变的，但是在动态过程中，它一直是发生变化的。有为的政府和有效的市场在这样一个过程中的结合非常重要。它们的最优边界就是构建最有竞争力的产业政策，最大化地实现经济体的潜在比较优势。政府和市场的边界也在变化。整个过程中我们会看到要素结构、技术、制度、产业结构、政府和市场的边界都是动态变化的。而在这个动态变化过程中，我们也能看到人的能动性起很重要的作用，也就是学习过程也在起着非常重要的作用。在技术模仿中人力资本的提升是很重要的。我看有些评论说林老师的理论强调学习的重要性，实际上正是我在这一框架中看到的。这是我对整个理论逻辑的解读。

还要谈一点，一旦提到有为政府和有效市场的时候，争议就比较多。往往我们一谈到有为政府就很容易被贴上“反市场”的标签，这是有问题的。整个社会经济系统的复杂性表明，市场自发演进的力量是非常重要的，但是建构的力量也同样非常重要。我们最近写了一篇关于法律形成的文章，论证在一个自发的过程中，实际上人类的合作半径是很短的，随着复杂性的增加需要有建构的力量，法律才能产生。所以从理论上来讲，政府和市场不是对立的。在林老师的《新结构经济学文集》中，我看了很多篇章屡次提到市场的基础性作用。而政府要解决的主要问题是什么？外部性、软硬基础设施完善的协调等等。这是我的一个理解。

这里顺便谈谈后发优势和后发劣势的问题。这个争论本质上应该是说，到底先发展经济再在发展过程当中把制度逐步完善，还是先把制度完善后再去发展经济。制度是一个非常大的体系，从层级来看，我们说合同是可以设计的，企业的治理结构也是可以设计的，从产权制度、法律制度再到社会文化制度，建构的力量会逐渐减弱。所以有一些层面的制度是演进的，很难外生地建构一个完美的制度。在这一意义上，制度是内生的。第二，从制度的定义来讲，应该进一步去发展它的内涵和外延。首先制度至少包含四个层面的均衡，第一个层面是行为互动的规则，行为层面上的均衡。互动过程中，超过两个人以上就很容易产生多重均衡。我们到底走向哪一个均衡，就需要有一个共享的信念。我们要走向同一均衡的共享信念构成了制度第二层面的均衡，即信念的均衡。第三个层面的均衡就是塑造我们的动机，包括我们的价值观，我们共享的价值观的均衡。第四个层面的均衡是指在一个制度中它会塑造我们共享的认知方式或者认知模式，即对外界信息共同的解读方式、思考方式和反应方式等，所以我相信制度是一个非常复杂的东西。在经济发展过程中，整个技术的进步空间是相对客观的，技术模仿是容易的，制度模仿是很难的。所以我完全赞同在经济发展过程中，通过技术模仿来实现后发优势。对于发展中国家，我们可以清晰地描述一个技术进步空间和路径，却很难清晰地描述一个所谓的制度进步空间和路径。从这一角度讲，对于发展中国家而言，一个理性、可行和有效的发展战略是从技术模仿开始的，而制度则内生于这个过程中。只要存在充分的竞争，效率原则会起作用，技术和制度会处于协同演化过程中。不存在所谓具有普适性的最优制度，任何制度都内生于禀赋结构变迁和技术变迁中。

我认为从逻辑上来讲，林老师的理论当中存在这么一个预设，即存在一个较为清晰的产业升级图景，政府有能力去甄别产业升级路径，在认知上是没有障碍的，政府是一个新古典的理性政府。这是适合发展中国家的发展理论的，而非发达国家的发展理论。后者产业升级的路径充满不确定性。

再提一个建议，因为在林老师的框架当中把制度也当做要素结构，建议把制度的重要性再凸现出来。资本、劳动同制度肯定是不一样的，而且把制度的重要性凸现出来，在原有理论框架中进一步加强技术进步与制度变迁之间的关联，这样，在新结构经济学中我们能看到一个更充满动态演进的结构变迁。

潘英丽：我想对这本书的研究做几点补充：

第一，这本书讨论四个问题，其中第一个问题讲前 30 年为什么不成功，后 30 年为什么成功。我想说的是前 30 年的不成功为后 30 年的成功奠定了基础。20 世纪 50 年代我国政府鼓励生育，70 年代后期则推行独生子女政策，为我们奠定了一个倒金字塔的人口结构，包括廉价劳动力的供给和高储蓄全是特定人口结构的结果。所以如果假定各个国家人口的增长速度没有太大区别，从而忽略中国特殊的人口结构对潜在增长率的影响，那就会对我们未来的增长潜力作出不准确的判断。人口结构奠定的未来增长潜力到底是高还是低，这个问题已经不需要太多展开。

第二，涉及经济增长的决定因素。林毅夫教授在《中国的奇迹》出版20周年序中指出这本书的研究从增长的本质与决定因素出发，而不是从亚当·斯密分工的切入点来研究，那么研究还是受限于索洛增长理论的分析框架。我认为市场的规模对经济增长是有很大作用的。我同意韦森老师刚才讲的交易，其实他这个概念也涉及了分工与市场规模的关系，杨小凯新兴古典经济学里面讲的规模效益、交易费用和分工的效率还是很有意义的。实际上市场规模显然对增长有直接的决定作用，这就是规模效益，不是简单的三要素。

讨论到规模效益就讨论到小国和大国之间的发展战略。小国显然必须参与国际分工，走出口导向型经济。就大国而言，我的看法是它的出口导向型发展模式应该是一个阶段性发展战略，仅仅适用于打破贫困的恶性循环，就是说贫困的恶性循环要通过引进外资，那么增长发生的前期，有可能国内的市场还起不来，还得借助国际市场来做大人均收入，储蓄和消费都要靠此拉动。所以对于大国来讲，出口导向型战略包括禀赋优势可能是阶段性的，这是从内部的规模效应角度来探讨。

第三，大国的崛起过程中，它会受到国际环境的很大影响。我们可以把两个现象放在一起做一个简单的分析。中国30年的奇迹其实有一个重大的背景——正好就是同美元与黄金脱钩、美元本位制的确立在时间上是吻合的。瑞士信贷有一个统计分析，2007年美国占全球5%的人口消费了全球30%的份额，中国人口接近全球的20%，消费仅占全球5%。所以中国的出口导向型战略取得成功，是与国际出口市场的繁荣分不开的。我看到一个用模型测算的中国制造业产能利用率，1999—2001年下降到50%左右，当前是60%左右。加入WTO之前，我们的增长最多是连续三年加速度，后面突然下降，是大幅度震荡的，只有加入WTO以后才是连续7年的加速度增长。

原因在于投资拉动最后一定是产能过剩，产能过剩通过国际市场释放，投资拉动才能取得效果，否则就难有成效。

我再谈一点产业政策。刚才黄凯南谈了认知不存在问题是产业政策有效的前提。所以在一个产业结构相对简单的发展阶段，政府的产业政策是有效的。进入到一个产业非常复杂的阶段以后，政府的产业政策效果就可能会下降，甚至会出现误判。其实中国还有一个问题。国家发改委的产业政策我们假定它是对的，但是所有的地方政府和民间投资都围着发改委的政策转，而且地方政府追求GDP，给各种优惠政策招商引资，结果就是个体理性、集体非理性。这就是前一阵多晶硅、太阳能之类的行业严重产能过剩、新兴产业严重产能过剩的问题。

另外关于资本积累，在讲到资源禀赋的升级带来产业结构的升级时，强调的是资源禀赋升级加快资本积累，但没有明确到底是人力资本还是固定资产。结合我们谈到市场规模的增长意义，我觉得在发展战略制定层面有一个问题需要考虑，即到底是资源禀赋的决定还是市场需求的牵引。从市场需求的牵引来看，未来中国的新兴产业或主导型产业，其实大部分是轻资产的，是人力资本密集型，而不一定是物质资本密集型的。就算是资本密集型也还要细化，发展战略的制定还是应该以市场为导向结合考虑资源禀赋的优势。

胡必亮：这本书有三个非常明显的优点，一个我认为有点不足的地方。

首先，这本书比较准确地描述了或者说是解释了新中国成立以来中国的经济发展，因为历史已经证明了这个基本分析是正确的，包括作者对经济增长速度比较乐观的预测，中国的崛起；也包括对中国经济发展战略转变和对中国经济改革路径的分析都是正确的，和实际是相符的。

实际上也有其他一些著作准确地解释和分析中国的经济发展问题，包括中国的现代化问题，但为什么这本书的影响力更大呢？这就和第二个优点有关了，那就是它比较系统地立足于中国国情，建立起了基于中国改革与发展实践的转型经济学的基本理论与分析框架。我知道，很多人都在努力构建转型经济学的理论与方法，这本书的重要特点之一就在于它以中国为基础初步建立起了转型经济学的基本理论与分析方法。中国是一个人口大国，劳动力资源禀赋比较丰富，那么这本书将人口等资源禀赋作为研究的出发点，将政府的作用、发展战略作为研究的切入点，因为与其他国家相比，中国的发展战略很重要，政府的影响力非常大。这就和其他研究转型经济学的著作不一样了。基于作者的分析逻辑，这本书构建起了一个非常清晰的思路，即资源禀赋——要素价格——发展战略，进而提出了制度变迁的问题，以取得好的经济绩效。在这样一个基本的逻辑框架中，作者强调了中国特有的比较优势和后发优势。我个人觉得还有一个政府优势的问题。三大优势加上有效的制度变迁，就带来了技术创新、生产力水平的提高，从而形成了一定的国际竞争力，中国就这样崛起了。

客观地讲，这些分析也不是没有人做过，但却没有同样产生足够的影响力。这就和该书的第三个优点有关系了，那就是该书在基本分析方面采取了比较规范的方法，这一点在80年代、90年代是难能可贵的。当时有不少学者包括我在内，所做的研究都不太合乎基本的学术规范。而林毅夫、蔡昉、李周的研究却不然，他们首先提出了一个清晰的问题，有一个前后一致的基本逻辑，构建起了一个基于这一基本逻辑的分析框架，这样就一步步地推出了他们的结论，所以说他们的研究在当时属于比较规范的研究了。当然，当时也有许多同仁们所做的研究都是比较规范的研究，但就当时整个社会的总体情况来看，许多研究从方法论角度看不是太规范，以不规范的方式写文章的人还比较多。

这本书出版不久，我就读了。我当时感觉是有一个不足之处，那就是这本书对于市场的讨论太少了。我当时读完这本书后，贴了两个小纸条。第一张纸条上写的是“根本问题在于违背了市场规律，而不是赶超战略本身出了问题，是手段出了问题，并不是目标出了问题”。我当时认为，赶超本身是没有问题的，赶超战略也是可以理解的，哪一个国家不赶超呢？美国也赶超英国，日本也赶超美国。问题在于赶超的手段出了问题。因此，我当时认为，抓发展战略的转型不一定就是抓到点子上去了，应该抓住市场进行深入分析。第二张纸条上写的是“如果不按市场规律去搞比较优势的话，一样会失败”。我当时的基本判断是，比较优势确实具有一定的道理，但是如果手段不对，还是按计划的方式去搞比较优势，也是搞不成的。书中我折了三处，三个让我兴奋的地方都是和刚才韦森老师说的有关系，都是和市场有关系，但我当时感到比较可惜的是，书中讲市场的地方比较少。在“与比较优势战略相对应的宏观政策环境是由市场来决定产品或要素的价格，并依靠市场上的价格信号来引导整个经济的技术创新或资本创新”这句话的旁边，我当时写的批注是：“这才是问题的关键！”还有，在作者说到“中国经济改革的核心是建立市场经济制度，实现经济发展战略转变”时，我在旁边的批注是“这才是对的”。总之，我当时认为，关键问题在于是实行市场战略还是实行计划战略，关键在于实现发展战略的手段的转型，而不是发展目标本身的转型。因此，我在相当大程度上同意韦森的看法，没有市场取向的改革，一切都不存在；改革是最重要的，而改革最核心的东西就是利用了市场。十分有价值的是，毅夫、蔡昉、李周结合中国发展的实际情况，也就是说他们是结合了中国国情来谈市场、谈改革的，而不是空谈市场和改革，不是用市场来否定一切。用华生刚才的话讲，就是他们“引进了一部分，学习了一部分，还搞了另外的一部分”。把这三者结合起来，中国的奇迹就出现了。

黄益平：第一，我谈一下从这本书中得到的最大收获。这本书我其实一直在读，读了 20 年。林毅夫、蔡昉和李周三位作者应该算是我师长辈的经济学家，20 多年来对我的研究也有很多指导与帮助。看这本书让我体会到在经济发展和改革中适当的政府作用的重要性。这个话说起来比较简单，但我的感受特别深刻，也与我自己学习、工作的经历有关。我在国内学的马克思主义经济学，后来到了国外系统学习现代经济学，学完之后就我的立场而言比较偏向新古典，市场第一。但后来观察经济发展的过程，我们看到其实市场也不是万能的，而经济改革也不能一放了之，当然我还是同意市场化改革是主流。从全球趋势来看，很多其他国家现在也都有类似的反思。比如说欧美国家在全球危机以后，就对政府在经济当中应该发挥什么样的作用有许多新的思考。比如这段时间备受关注的香港“占中”，我觉得政治问题背后其实主要是经济因素推动，经济问题的背后是收入分配问题，而收入分配的背后就涉及如何评价小政府和大市场这样一个发展模式，它的优势是什么、缺点又是什么。这和最近大家都在读的《21 世纪资本论》所讨论的问题也有关系。市场可以帮助配置资源、发展经济，但是也可能会导致一系列的问题，而解决这些问题就需要政府发挥作用。所以我从《中国的奇迹》学到的一个核心理念就是存在政府失败，但同时也存在市场失败，这两个都不能忽视。设计改革政策不能一面倒。用十八届三中全会决定里面的话说，就是有效市场和有为政府相结合，我觉得这个概括很好。

第二，我还想向作者们提一个问题。这本书提出中国经济改革的核心是发展战略的转换，就是从过去的反比较优势发展战略转向比较优势导向发展战略。虽然讨论中没有密集地使用“市场化”这个词，其实在我看来这说的就是一个市场化的过程。什么叫比较优势导向？就是市场决定什么最合适，就发展、生产什么样的产业、企业和产品。不过我现在有一个问题，我们在讨论比较优势决定的时候，有一个前提就是所有的价格都是由市场决定的，或者说市场信号能够比较准确地反映要素禀赋的相对状况。但我们知道中国在改革期间存在非常明显的要素市场的价格扭曲，所以我的问题是：在要素市场尤其是要素价格存在严重扭曲的情况下，当然同时产品市场基本上都放开来了，这个时候推行比较优势导向的发展战略从理论上可能带来什么样的后果？在实践中又会形成一些什么样的特点？比方说，它对增长是什么影响？对经济结构是什么影响？而对消费又是什么影响？理解这些问题可能有助于解释当前经济中的一些特殊现象，当然对下一步要推进的改革可能也有帮助。我自己的解读是过去 30 多年经济增长速度非常快，但同时经济结构扭曲非常严重，这些都和要素市场扭曲有关。

第三，接下去需要研究的课题。刚才蔡昉老师已经说了，现在大家对中国奇迹的接受度已经越来越高，但是对于这个奇迹能不能持续保持的怀疑态度也越来越普遍。我觉得这个可能也需要从过去改革的策略及其特性来理解并求解。对中国的改革政策有很多不同的概括，我自己的看法是30多年间最重要的其实就是两个“双轨制”，一是国有企业和民营企业双轨制，二是产品市场和要素市场双轨制。无论如何，这个两个双轨制叠加的改革策略应该说还是比较成功的，发展过程也很平稳。但现在面对的一个问题是下一步还能不能继续平稳下去，因为我们这个过程还没有走完。前面张曙光老师说以后危机是很难完全避免的。能不能避免，如果不能避免是怎样的情形，对这个问题的回答可能还会涉及多年前关于休克疗法与渐进改革的比较研究。渐进改革的好处是长期稳定的增长，但是如果最后一个坎儿迈不过去，到底是渐进改革好，还是休克疗法好，还真的很难说。 所以说我们现在可能需要做更多的研究来分析下一步的经济改革：一是怎么样把市场化的进程走完，二是如何继续保持相对平稳的过渡。

林毅夫：非常高兴，14位同仁对我们三人所写的《中国的奇迹》这本书进行了评论。确实非常中肯，对我们进一步完善中国改革与发展的分析非常有帮助。在评论中，诸位提出了一些问题，我就按照我的理解简单回应一下。

八骏讲了，这本书的分析基本上是按照西方经济学的范式，强调回到亚当·斯密研究问题的方法。确实，不管分析中国的问题或是外国的问题，过去的问题、现在的问题或是未来的问题，我强调要从理性人的角度出发，按亚当·斯密的方法，去研究问题的本质是什么，决定因素是什么，以那样的方法来做研究。但是我也并不完全只是接受西方的那套范式，我个人还写了另外一本书《本体与常无：经济学方法论对话》。“本体”和“常无”是中国的哲学概念。任何一个理论要成为体系，任何一个理论要变成可以和另外一个理论叠加的、有发展的，那一定要有共同的本体。但是这个本体在不同的时代、不同的状况下，表现的方式是不同的，也就是老子《道德经》的第一句话“道可道，非常道”。“道”是本体，理论所描述的是作为本体的“道”

在特定时空条件下的表现形式，所以是“非常道”。这种表现形式因时因地而不同，是不断变化的，所以，不能以现有的理论出发来看世界，也就是要以“常无”的心态来观察世界，才能真正把握作为本体的“道”。从中国的学术发展来讲，真正把佛教在中国普及化的是禅宗。禅宗实际上是把印度佛学与中国的本土哲学、儒家“仁”的思想结合在一起，所以强调的是“大乘”，强调的是普度众生；印度佛学更多的是强调“小乘”，个人的解脱，这是有差异的。儒学，到了王阳明之后发展成了心学，实际上是本土的儒学吸收了印度佛学的内涵，来探讨人的心性。中国的学术要发展既要继承本土学术的道统，也要吸收外来学术思想的精华。

不管是《中国的奇迹》，还是后来的《新结构经济学》，确实对西方的现代经济学是有借鉴的，都是从理性人的假设出发来研究问题的本质和决定因素。在我们的分析当中，不管是政府领导人还是企业的决策者，或是工人、农民，我总是从当他们面临选择时在可选择的范围里，总是选择他们认为最好的这一角度来分析他们所面临的问题和选择。我认为，这种“理性人”的假设是西方现代经济学的本体。但是这样的一个本体，在不同的国家、不同的发展阶段、不同的发展和转型过程中，最优的选择是不一样的。我们应该以中国传统哲学的“常无”心态来直接观察、思考这些决策的选择，而不是从现有的理论来先验地假设什么是他们的最优选择。《中国的奇迹》就是利用这种方法，完全以一种“常无”的心态，而不是现成的理论出发来看中国的问题，所构建起来的一个体系。我们是试图在认识了现代经济学的“本体”——理性人——的假设以后，以中国传统哲学观察现实世界的现象所强调的“常无”的心态来研究中国和发展中国家的发展和转型问题。我们对中国的传统文化和西方的现代经济学是既有继承又有发展的。

八骏提出的第二个问题是：要素禀赋及其结构是一个不以任何国家、任何人主观愿望为转移的客观经济规律，是会推动着经济的发展，还是会受到外部条件的限制？理论阐述的总是在理想状况下的最优结果，实际情况是否像理论所描述的那样，既会受到国际环境的影响，也会受到国内主客观条件的限制。新中国成立以后直到改革开放前，我国在当时的主客观条件下，采取了重工业优先发展的战略，违背了要素禀赋所决定的比较优势，而建立起了一个完整的工业体系，但是经济发展的绩效不好。改革开放后，推行双轨制的改革，放开的那一“轨”符合比较优势，经济发展就快。另外一“轨”的经济仍然违反比较优势，所以在快速发展的过程中，还出现了收入分配差距扩大、腐败现象滋生等等问题。每个国家若都能按照比较优势发展，不仅有利于每一个国家实现稳定和快速发展，也有利于资源在国际的最优配置，是互利双赢的，是相互搭便车的，偏离了这个轨道，每个国家都要付出代价。对问题的认识是决定人类行为的因素之一，因此，要积极倡导传播正确的理论，以形成社会的共识。

张曙光老师是我敬重的老师，他的书评在国内是少有的，是真正把每本书都很仔细看了以后，才写的有建设性的评论。他对我们的几本书的书评让我们受益良多。《中国的奇迹》出版以后，他给了一个比较正面的评价，后来的几本书虽然有不同的看法，但是，他提的问题很值得我们思考或进一步阐述。针对今天的讨论来讲，张老师认为我主张未来 20 年中国能够保持 8%的增长，他对此有所质疑。华生刚才已经帮我回复了，张老师讲的时候我也插了一句。其实在各种著作和场合里，我都是讲中国从 2008 年开始有 20 年 8%的增长潜力，需要克服很多困难，做出很多努力，才能把潜力挖掘出来变成现实的增长，而不是说中国必然会有 8%的增长。张老师对未来中国的发展提出了几个问题，但是，那几个问题似乎并不影响我们对中国未来增长潜力的判断。例如，他提到，日本从 20 世纪 70 年代以后遭遇到两次石油危机，增长速度降下来了，中国未来也可能遭遇到各种危机的冲击。但是我们判断中国的增长潜力，根据的是日本在 1951 年到 1971 年的实际增长的情况，那是在石油危机发生之前。而且，固然未来中国的发展过程中也可能遇到各种危机的冲击，但那些冲击影响的是实际达到的增长率有多高，而不影响增长的潜力。他谈到中国台湾地区在 20 世纪五六十年代时，蒋硕杰强调市场自由主义，而中国政府现在还有许多违背市场自由主义的干预，因此，中国台湾地区过去的增长经验不足以作为中国未来增长可能性的参照。蒋硕杰确实强调市场自由主义，但事实是台湾当局一直发挥了有为的作用。包括台湾地区过去一直有“四年经建计划”，每个计划有主导产业，还有一个大家熟悉的“台湾工研院”，当台湾地区从中等偏上收入向高收入经济体转型的过程中，“工研院”发挥了重要的作用，这是大家津津乐道的。台湾地区有些学者比较强调自由放任的市场，但是当局并没有完全按照学界的观点来行事。其实大陆的情形也是一样，学界多数的观点强调的是市场自由主义，但是在现实中政府还是发挥了相当大的作用。另外，政府作用的好坏，像张老师所提的产权保护的问题等，可能影响的只是实际达到的增长率而不是增长的潜力。我同意华生的看法，判断清楚潜力有多大非常重要。2012 年在北大讨论《新结构经济学》时，我举了一个例子，马和驴小的时候看起来大小差不多，如果不知道马的增长潜力比驴大，把马当做驴来养，那么，马可能就长得只和驴一样大。怎么判断一个国家的增长潜力？依据是增长的本质和决定因素。现代经济增长的本质是人均收入的不断增加，其前提是劳动生产率水平的不断提高，劳动生产率水平的提高则有赖于技术的不断创新、产业的不断升级。发达国家和发展中国家有什么差异？发达国家的技术和产业在全世界最前沿，技术创新和产业升级都只能靠自己发明。从过去 100 多年的经验来看，发达国家人均收入的增长平均每年是 2%，加上人口增长大约 1%，也就是实际达到的年均增长率是 3%。但是发展中国家的技术创新和产业升级是在国际技术和产业的前沿内部来进行的，可以靠引进、消化、集成等来实现，具有后发优势，经济增长的速度可以比发达国家快。我国改革开放后能够实现年均 9.8%的增长靠的是后发优势，东亚的增长奇迹靠的也是后发优势。我对中国未来增长潜力的判断依据的是后发优势，也就是在我国和发达国家同一产业、技术差距所代表的后发优势水平下，以日本和亚洲“四小龙”实际达到的增长率来推断我国的增长潜力。这个潜力要发挥出来，确实就像各位所讲的，要克服各种困难，创造各种条件，是否能实现当然会有很多见仁见智的地方，但是，了解潜力有多大，对未来前景的判断和努力程度的决定是重要的。

汝银谈到中国的发展不能只用比较优势解释，我也同意。比较优势的发挥需要有政府的积极有为的作用。这牵涉到后面几位所谈的，比较优势和比较优势战略之间的差异。比较优势是客观存在的事实，但比较优势不见得就会自发地变成市场上的竞争优势，要变成竞争优势需要有一系列的政府作用，包括要克服外部性和协调的问题。我们在《中国的奇迹》一书中谈的是比较优势战略，就是政府如何发挥作用把一个国家的比较优势从潜在的变成现实的。如汝银所言，仅仅依照要素本身的成本收益，没有政府的补贴加以支持，很难发展起来。但是，政府的作用也有一个度的问题，如果想发展的产业超过一个地方的比较优势，政府需要给予的保护和补贴会很大，而且，就像改革开放以前那样，靠政府的保护补贴即使能把这样的产业建立起来，也不会有竞争力，需要不断的保护和补贴才能存活，经济发展绩效会很差。所以，在《中国的奇迹》和《新结构经济学》里我们既强调“有为政府”的作用，但同时强调“有效市场”的重要性，政府的作用在于为具有比较优势的产业克服市场失灵，使其变成这个经济中具有竞争优势的产业，而非取代市场的作用。汝银所举的地方政府在招商引资时的“三免两减半”和土地优惠等政策，可以视为是对先行者外部性的补偿，因为地方政府没有货币发行权，又不能有财政赤字，在招商引资时所能给的土地优惠、税收优惠相对于投资的资金而言是相当有限的，而且，是一次性或短期的。既然补贴的资金数量和期限相当有限，招商引资来的产业企业若要赚钱并为地方经济发展做贡献，应该是符合当地的比较优势的。这种优惠是对先行者外部性的补偿，有利于技术的引进和快速形成产业集群，有利于地方将“潜在的比较优势”变成现实的“竞争优势”。

张幼文认为我们的“发挥廉价劳动力比较优势”的提法不准确，他认为我国发展的是劳动力密集型产业，出口的是劳动力密集型产品，而廉价劳动力指的是要素而不是一个产业，同时，他认为比较优势是自由贸易战略，不在于那种要素密集型产业。他认为用开放性发展模式而不是比较泛化的比较优势原理去概括中国发展模式，可能更有启示。我想他的这些提法和我们的提法并无本质的差异，只是如何表述和侧重点上的不同。

金煜讲《中国的奇迹》这本书不像有些著作把微观的讨论和宏观的讨论割裂开来进行，这点认识是正确的。我们是把经济作为一个整体来研究，从要素禀赋结构作为切入点，以企业的自生能力作为微观的分析基础，来讨论最优的产业技术结构和相应的硬的基础设施和软的各种制度安排，由此得出市场和政府在经济发展中的作用，并进而讨论如果政府的发展战略目标违反了要素禀赋结构所决定的比较优势，政府如何以“宏观的价格扭曲、资源的计划配置和剥夺自主权的微观经营机制”的“三位一体”来使得产业技术结构偏离最优的结构。微观和宏观在这个分析框架中是有机的整体的关联部分。至于金煜建议的构建一个不同于 GDP 的指标来衡量不同发展程度国家结构的发展指数，我想这是可以探讨的，但是，我没有现成的答案。

正富在肯定了《中国的奇迹》一书的理论框架和贡献后，对用动态比较优势和结构升级来解释中国的发展有保留，认为应该扩充，建议把地方政府的作用纳入讨论，例如地方政府利用财政补贴创造投资成本的洼地和投资机会的高地，以及把地方政府招商引资的补贴行为当做投资行为来看，地方政府相互竞争，大家“干中学，学中干”不断提升决策水平等，这些都是很有见地的看法，在《中国的奇迹》和《新结构经济学》中的分析确实主要是围绕着中央政府的行为展开的，对地方政府行为的分析不多，他的这些建议确实值得接纳以进一步丰富新结构经济学。

张军指出《中国的奇迹》一书讨论的主要是 80 年代的改革，这点我同意。这本书前半部谈的是传统计划经济体制形成的逻辑，后半部讨论我国怎样以增量的方式，渐进双轨地向市场经济体制转型，讨论的现象绝大多数发生在 80 年代。1999 年出的增订版对 90 年代出现的现象也有些讨论，但确实全书侧重的是改革初期的微观经营机制和资源配置制度的改革，对宏观领域的改革只做了一些方向性的论述，而没有具体的内容。张军所提的中央与地方的关系、财政体制、银行体制等改革讨论有限。不过，对这些问题的讨论从我们这本书的理论框架来看，是可以包容进来的，也是值得加强的。讨论这些问题并不会颠覆我们提出的“三位一体”的计划体制，以及从“三位一体”向“有效市场、有为政府”过渡的分析思路。对他提出的这些问题的改革成败确实值得再出一本专著来讨论。

华生对我们提出的观点和学界有关中国过去35年改革成败原因争论焦点的把握非常准。对于未来的增长，他建议我多强调“增长潜力”而非“增长”本身，在这点上不管是我历来写的文章或是在各种场合的报告实际上都已经是按照他建议的那样做的。不过，到了媒体的报道，尤其是标题，经常就“断句取义”，把“潜力”两字省略掉，许多对我的评论就围绕着“8%的增长”而不是我本意的“8%的增长潜力”来展开，虽然我也一而再再而三地发表文章和做报告来澄清，但是，媒体报道我这些澄清的文章和报告时大多还是以“8%的增长”作为标题。甚至，当我最近分析未来几年的国内国际形势，建议在2015年和“十三五”期间合适的增长目标是7.0%—7.5%时，媒体的标题就成了林毅夫主张把经济增长率从8%下调到7.0%—7.5%，而我过去从来没有主张过把增长率定在8%。对媒体这种不负责任的“断句取义”，我实在只能“徒呼奈何”！关于怎么把增长潜力变成未来15年、20年的现实增长，《中国的奇迹》和再版的长序中有一些原则性的讨论。我们的建议是必须按照比较优势来发展经济，这样才会有竞争优势。按照比较优势发展经济的前提是建立“有效的市场”，在这方面我们需要深化改革，把双轨制遗留下来的各种扭曲消除掉。经济发展是一个动态的结构变迁的过程，必然存在外部性和协调等市场失灵的问题，因此，也必须有一个“有为的政府”来协助企业克服这些问题，经济发展才能顺利进行。这些讨论还是相当原则性的，值得按华生建议的那样，根据中国的实际状况和需要克服的困难展开讨论，形成一本新的著作。

韦森谈的问题是一个老争论。市场改革的重要性，大家是有共识的，现在要讨论的问题不是说市场重要不重要，而是怎么样从一个以完全政府为主导的计划经济向市场经济的转型。这个转型过程中，我觉得有两点问题要讨论。一是转型路径是什么？二是怎么建立有效的市场，在有效的市场中政府的作用为何？在《中国的奇迹》这本书中我们论证了渐进、双轨的转型：老人老办法，给予违反比较优势的旧的国有企业一定的转型期保护补贴，维持稳定；放开传统受到抑制的、符合比较优势的产业，并因势利导创造有利的条件，让这些新产业能够快速发展。我们认为这种转型方式会比休克疗法的转型有效，现在比较我国转型和苏东转型的绩效证实了这个观点。另外，如果我们现在从“双轨”并到“单轨”了，建立了有效的市场，经济发展是不是依靠市场自发的力量就够了？在这点上，从理论分析和各种经验实证来看，市场的自发力量不管是在收入分配问题方面，还是在动态快速发展方面都不足以达到社会的最优。以市场经济的“楷模”美国为例，其实，美国的政府并不是没有产业政策，只不过它的发展阶段和我们不一样，因为它的产品、技术都在世界的最前沿，所以对它来讲，劳动生产率水平要不断提高，必须技术不断创新、产业不断升级，它就必须自己做研究和开发。在美国，产品的开发大部分是由企业来做，这点没有错，但是基础知识的研究大部分是政府经由国家健康研究院（NIH）和国家科学基金会（NSF）来支持的。学界的讨论经常只看到产品的开发是由企业来做，就忘记了美国政府在基础科研上的大量投入。由于美国政府可以用来支持基础科研的预算是有限的，因此，对基础科研的领域和项目也必须有选择。选择的依据是什么？是所做的基础科研对未来技术和产业发展的影响。美国今年出了一本很有影响的书 *The Entrepreneurial State*，根据这本书的作者所做的研究，美国现在在国际上占有优势的产业其基础科研都是美国政府支持的，而不是企业自己出资去做的。我们最津津乐道的苹果和谷歌，苹果的能力是什么？它能掌握市场的脉动，把现有的基础科研的知识所创造出来的新技术组合成新产品。但那些基础的、前沿的知识和上游的技术，都不是苹果公司发明的，而是政府支持研发出来的。谷歌也是这样，它所利用的基础运算的技术也是美国国家科学基金会资助研发出来的。也就是说，美国政府在基础科研上的资金并不是无限多的，对它资助的项目一定要有选择，这种选择就是产业政策的选择，只不过因为发展阶段不一样，表现的形式不一样而已。所以，我同意韦森的看法，市场的重要性怎么讲都不为过，但是，强调了市场就忽视了政府的作用则是不对的。

凯南对《中国的奇迹》以及《新结构经济学》这两本书的理论框架和内部逻辑的认识很到位，对“后发优势”和“后发劣势”争论的要点也有很好的把握。他建议在我的框架中把制度的重要性再凸现出来，这点建议我也同意。制度在新结构经济学中是作为软的基础设施，和硬的基础设施一起决定了一个经济体中的交易成本的高低。软硬基础设施和资本、劳动、自然资源一样在每一个时点是给定的，但是，随着经济的发展是会发生相应变化的。最近《新结构经济学》出了一个增订版，我在序言里也谈到这个问题。增订版里我把 1989 年发表于 *Cato Journal* 的一篇论文《一个制度变迁的经济学理论：强制性和诱致性变迁》增补为新的一章。那篇文章是 25 年前写的，讨论的思路与《中国的奇迹》和《新结构经济学》的理论框架是相融的。也就是说，我从人是理性的这个“本体”，以“常无”的角度来看各种问题的时候，构建起来的理论是可以叠加的，不同时期的各种讨论是可以组合成为一个内部逻辑自洽而不会相互矛盾的体系。

潘英丽老师谈了人口政策的重要性，我觉得这个可以讨论，可以做更仔细的量化。我个人的感觉是，如果没有 20 世纪五六十年代的高人口出生率和 80 年代以后的计划生育政策下的生育率下降，那么，过去 30 多年 9.8% 的增长率会下降多少？我想这个可以做仔细的量化研究，蔡昉更有权威讲这个问题。但重要的是同样有很多像中国五六十年代那样人口增长率很高的国家，包括印度、非洲，它们到现在还没有中国这样的增长率。我们想研究的是为什么 1979 年之前我们的增长绩效不好，1979 年之后增长绩效是个奇迹？这个问题大概不能用人口政策来解释，这是我的第一个看法。第二，潘老师提出规模效应的问题，是否因为我们是大国，规模效应比较大，分工比较细，所以，过去这 35 年能取得快速的增长？如果是，为何同样是大国的印度发展的绩效比我们差得很多？第三，关于美元和黄金脱钩，美国过度消费所提供的机会，这个机会确实有利于我们发展符合我国比较优势的劳动力密集型消费品产业，但是，和我国处于同一发展程度而劳动力供给丰富的国家很多，为何只有我国抓住了这个机会来加速经济的发展和转型？上述三个问题的答案其实是相同的，都是取决于我国政府从传统违反比较优势的赶超战略向符合比较优势的发展战略的转型。

至于不从亚当·斯密的分工出发来研究增长，是否就必然以索洛增长理论为框架来分析问题？我想未必，索洛增长模型是一个单部门的经济，没有结构的概念，在《中国的奇迹》和《新结构经济学》中的分析，我们是区分不同产业的。至于大国和小国，我认为小国没有办法赶超太远，因为补贴赶超产业的能力有限，所以，发展总体上必须符合比较优势。但大国的发展按照比较优势是否就是阶段性的，像潘老师所认为的仅仅适用于打破贫困的恶性循环，超过了这个阶段的发展是不是就能够违反比较优势？也未必。实际上，从工业革命以后的世界第一大国，同时也是世界第一大贸易国的英国，到后来取代它地位的美国，对这些世界第一大国来说贸易一直是重要的，不是次要的，这些大国在现代化的社会里，都是在开放的国际环境中来发展它们的经济。固然，这些大国贸易在经济中的比重比我国低，这可能和发展阶段有关。因为英美两国在作为世界第一大国时都是高收入国家，进入到高收入阶段以后，服务业的比重增加，制造业的比重降低，服务业里大部分是不可贸易产品，制造业里基本都是可贸易产品。我们现在贸易占国内生产总值的比重比较高，和我们的发展阶段是有关的，将来我们成为高收入国家，贸易的占比会下降，但并不表示我们的经济发展尤其是可贸易的制造业和服务业可以忽视比较优势。

关于产业政策，是不是在发展的早期，在产业结构相对简单的时候产业政策才有作用？从我对韦森所提问题的回答里已经讨论了，显然不是，进入到高收入阶段，从本质上来讲，政府还是要发挥重要的因势利导的作用，只不过发挥作用的范围和方式有所差异。所以，并不是到了高收入阶段后要不要有产业政策的问题，而是产业政策也要怎样与时俱进才能有效的问题。至于潘老师所指出的资本必须细化，到了高收入阶段人力资本比固定资本更重要，对此，我完全同意。

必亮对《中国的奇迹》这本书三个优点的总结很好，至于他认为赶超的目标没有错，错在赶超的手段违背了市场规律的这个说法我部分同意。如果政府清楚认识到产业结构的内生性，把发展和发达国家同样的产业作为经济发展最终要达到的目标，从因势利导当前具有比较优势产业的发展着手来加速要素禀赋结构的提升，能这样把赶超发达国家作为目的则是正确的，而且政府的因势利导也必然是作为克服市场失灵的手段，而不是替代市场资源配置的作用。不过，在现实中，绝大多数国家的政府对产业结构的内生性缺乏认识，把立即建设和发达国家同样的产业作为赶超发达国家的目标，为了实现这种违反比较优势的产业目标必然采取违反市场原则的手段。其次，他认为“不按市场去搞比较优势的话一样会失败”，对他的这个看法我也同意一半。原因是如果按照比较优势去发展经济，就不需要用计划经济的手段去搞。《中国的奇迹》一书中我们讨论了计划经济的“三位一体”机制的形成，所以必须有扭曲的宏观政策环境、资源的计划配置制度和对微观经营自主权的各种剥夺，是因为要发展的产业违反了比较优势，优先发展部门的企业在开放竞争的市场中缺乏自生能力，所以计划经济的手段和违反比较优势发展目标是一体的两面。如果要发展的产业符合比较优势，企业有自生能力，政府要做的无非是克服在产业升级中的外部性和协调等市场失灵问题，政府是在市场环境的前提下发挥作用，并不需要以扭曲各种价格和资源直接配置的方式来进行。

益平问到产品市场基本都放开了，但是要素市场存在严重扭曲的情况下对增长、对经济结构、对消费的影响是什么，对此，在《中国的奇迹》和其后的一系列著作中我们是有分析的。能得到低价要素的企业或产业，必然会使用那种要素更为密集的技术来生产，但是，对这种要素必然需求大于供给，绝大多数的企业和产业得不到以行政手段配置的那种廉价要素，只能从市场上得到，那么它们的发展就只能根据我国的比较优势来进行。最明显的例子是，同一种产业中，国企能够得到廉价的资金，外企和民企不能，结果发现，国企的劳均资本密集度最高，其次是外企，民企最低。这样扭曲的结果也使得我国经济结构和同等发达程度的国家相比，资本密集度高的产业比重较高。这种扭曲还导致了收入分配偏向大企业和高收入人群，造成收入分配不均和寻租、腐败的滋生。由于低收入人群的收入比重降低，也因此抑制了消费需求。要素价格扭曲是在双轨渐进改革中用来补贴违反比较优势的资本密集型产业中缺乏自生能力的企业的一种手段，这在改革开放初期是一种“雪中送炭”，让我国能够在转型过程中维持稳定。但是，我国已经是一个中等偏上收入的国家，许多原来不符合比较优势的产业现在已经符合比较优势，其中的企业在开放竞争的市场中已经具有自生能力，这种要素价格扭曲的补贴现在已经变成“锦上添花”。所以，应该按十八届三中全会全面深化改革的要求把这些要素价格的扭曲取消掉，让市场在资源配置上起决定性的作用。

至于益平问的中国的奇迹是否能够继续，要进行哪些改革才能避免危机甚至是经济崩溃的发生，对这些问题《中国的奇迹》和其后的《新结构经济学》提供了一些分析的思路，需要结合当前和未来的国内、国际经济形势的变化继续深入研究。华生讲我们可以再写一本书来探讨，我则认为这不仅是我们三个人应该写的一本书，而且是需要在座的各位一起不断研究、交流、切磋和合作书写的一本中华民族伟大复兴的巨著。

“中国未来发展与深化改革”对话

主题演讲

主　持：陈　昕

中国经济增长的潜力与合适目标

林毅夫

我简要地谈几点我最近常讲的，在报上讨论，大家也关心的问题。

中国从 2010 年第一季度以来的连续 18 个季度增长减速，这是改革开放以后我们第一次碰到的情形，持续长达四年多的增长减速是不曾有过的。在这种状况下，大家对中国发展的前景有很多忧虑。尤其在国外有一派观点认为中国经济增长的减速是由于中国经济体制内部的结构性原因造成的，那些内因要解决起来相当不容易，因为涉及结构性改革，从国外的经验来看很难推行。据此，判断中国的经济增长速度会继续下滑，导致的结果可能会使改革开放这 30 多年积累下来的矛盾总爆发，从而认为中国经济的崩溃是不可避免的。当然这是比较极端的，但对中国的前景非常忧虑的人还是不少。

中国常讲对症下药才能药到病除，持续的经济增速的下滑到底是什么原因造成的？中国作为一个发展中国家，拿发达国家的标准来看，一定有体制的落后性。中国还是一个转型中国家，必然也有体制的扭曲性，这两点都不能不承认。从标准的理论来看，体制的落后性和制度的扭曲性也必然都要付出一定的代价。但是重要的问题是从 2010 年第一季度以来的经济增长速度下滑是不是真的就是这些体制机制的内因造成的？如果真是内因造成的，改起来很难，可能会像悲观论者认为的，崩溃难以避免。如果不是内因，即使能改，也不是对症下药，忽视了问题的真正原因，采取的措施对解决造成经济下滑的原因没帮助，还可能恶化了经济速度的下滑。所以，虽然这个问题已经有不少讨论，还是有必要正本清源把它弄清楚。

我前面谈到，我并不否认中国作为一个转型经济和发展中经济其体制机制必然存在许多需要改进的问题。但我个人认为，从 2010 年第一季度以来的增长速度下滑，更多的是由于外部性的、周期性的原因造成。最明显的理由是：我国 2010 年的增长速度为 10.4%，2011 年 9.3%，2012 年 7.7%，2013 年 7.7%。同一时间的印度呢？ 2010 年 10.1%，2011 年 7.1%，2012 年变成 5.3%，2013 年只剩下 4.9%，和我们一样下滑，而且下滑的幅度比我们还厉害，总不能说因为中国的体制机制问题造成中国经济增长速度下滑，连带把印度也往下拉。再来看，同样是金砖国家之一的巴西，2010 年增速是 7.5%，2011 年接近崩盘了，2.7%，2012 年完全崩盘，只有 0.9%的增长，2013 年才恢复到 2.2%。增长的态势和我们一样，下滑的幅度也比我们严重，同样不能说因为我们的体制机制造成中国经济下滑，把巴西往下拉得更厉害。

如果说新兴市场经济体有这样、那样的体制机制问题，那么一些高收入、高表现的经济体，照理说存在的体制机制问题非常少，但是表现情形跟我们完全一样，下滑的幅度也比我们厉害。像韩国，2010 年的增长速度是 6.3%，2011 年 3.7%，2012 年只有 2%的增长，2013 年恢复一点，不过是 2.8%。新加坡是一个了不起的国家，是现在亚洲地区唯一的人均收入超过美国的国家，也是二战之后少数几个从中等收入进入到高收入并超过美国的国家之一。它在 2010 年增长速度是 14.8%，2011 年是 5.0%，2012 年崩盘，1.3%，2013 年恢复到 3.7%。从这些高表现经济体来看，它们的发展态势和我们一样，而且下降幅度比我们厉害。

唯一能够真正解释这些国家 2010 年以后的增长表现的，一定是有共同的外因。只要我们冷静思考，也不难理解。因为发达国家自 2008 年的国际经济危机发生之后，到现在还没有完全复苏，美国是这样，欧洲更是这样。日本则从 1991 年泡沫经济破灭后一直很疲软，2012 年实行了安倍经济学，但实际上到现在已经是强弩之末，实体经济的增长也没有恢复过来。这些高收入经济体的经济总量占世界 GDP 将近 50%。前面提到的这些中等发达国家、高表现国家，出口都相当重要，以致拉动经济增长的三驾马车中，出口这一驾跑慢了。第二驾马车是投资，所有的国家在 2008 年的金融危机爆发之后，都采用了积极的财政扩张政策去支持投资。那些项目经过四五年普遍建成了。如果没有新的项目进来，外部环境又不好，投资增长率一定下滑，第二驾马车也跑慢了。第三驾马车是消费，中国的消费在所有国家中还是最强劲的，所以我们维持了 7%以上的增长速度，表现得比它们好。它们的消费增长都比我们慢，所以下滑得比我们多。

既然增长减速是外因引起的，我们怎么应对？这涉及对未来增长潜力的判断，以及未来经济增长的目标和实际可动员的条件。

关于潜在增长力，我们早上谈了一些，为什么对潜在增长力普遍的看法比我的看法要低不少？主要的悲观论点是中国连续 35 年 9.8%的增长在人类经济史上不曾有过，其他高速增长的经济体，包括东亚奇迹那些，通常在 20 年以后增长速度都降到 7%以下，以此认为我国已经高速增长 35 年了，不可能不掉到 7%以下。另外一种看法，认为从二战以后的历史经验看，一个国家的人均收入如果按照 1990 年的购买力平价计算，达到 1.1 万美元以后，经济增长速度都降下来，德国、日本、亚洲“四小龙”都这样，中国也不会例外。

我不同意上述观点，理由上午已经谈了一些，主要是经济要持续增长，一定是靠技术不断创新、产业不断升级、劳动生产率不断提高。发达国家的产业技术都在世界最前沿，技术创新、产业升级都必须靠自己发明，发明的投入非常大，风险非常高，所以 100 多年来发达国家人均收入维持 2%的增长，加上人口增长，不到 1 个百分点，经济大约维持 3%的增长。发展中国家有技术借鉴、引进、模仿、集成的可能性，所以在技术创新、产业升级方面的成本和风险小多了。从一些表现好的国家来看，依赖后发优势经济增长可以达到7%，甚至更高。我们的潜力用了35年了，后发优势还有多大？后发优势还有多大不在于已经用了35年，也不在于绝对的收入水平，实际要看的是和发达国家的产业、技术的差距有多大。

怎样衡量一个国家和发达国家的产业、技术差距，我个人用一个不是很准确，但可以说是一个相对比较好的指标，就是按照购买力平价计算的人均收入水平。我们知道人均收入水平反映的是人均劳动生产率水平，人均劳动生产率水平反映的是平均的技术和平均的产业水平。人均收入水平和发达国家的差距，实际上反映了劳动生产率和发达国家之间的差距，也就是平均技术、产业和发达国家的差距。这个差距越大，后发优势的潜力越大。正是基于这一个原因，我不同意用绝对收入水平来衡量增长潜力，同样是按照1990年的购买力平价计算的1.1万美元，德国是在1967年、1968年达到的，那时候德国的人均收入已经是美国的65%；日本是1971年达到的，当时的人均收入是美国的60%；韩国、中国台湾等是在90年代中达到的，当时的人均收入达到美国的50%左右。但是我们的人均收入水平，按照麦迪逊最新的历史统计数据，2008年时只有美国的21%，即使我们达到1.1万美元时也达不到美国的30%。同样的绝对收入水平，我们和发达国家的差距同前面讲的高速增长的国家比要大多了，这就代表我们的后发优势大多了。2008年中国的人均收入水平是美国的21%，在同一水平日本实现了1951年到1971年20年间每年9.2%的增长；新加坡从1967年到1987年，20年间平均每年8.6%的增长；中国台湾从1975年到1995年，20年间每年8.3%的增长；韩国从1977年到1997年，20年间平均每年7.6%的增长。这些东亚经济体利用后发优势，在人均收入水平和美国比较只有21%的时候实现了20年7.6%到9.2%的增长速度。既然它们能够实现，对我们来说也有这个可能，从2008年开始，中国应该有20年8%的增长潜力。

有了这样的增长潜力，未来几年实际上的增长目标怎么定比较好？首先，我们必须认识到对外出口、外需这部分很可能在未来一段时间会增长得比较缓慢。发达国家要进行结构性改革来恢复到2008年危机发生前的正常经济增长状况可能会比较难。这是因为过去一般金融危机只在一个国家、一个地区发生，国际货币基金组织的应对政策建议和措施是：进行结构性改革、货币贬值和短期援助。结构性改革要求减少福利、减少开支、金融去杠杆，这些措施的短期效果会减少投资、减少消费，经济增长会放缓，失业会增加，于是就靠货币贬值、增加出口、增加就业来对冲。贬值政策生效需要一段时间，于是就由国际货币基金组织提供一笔贷款援助，让它渡过短期的难关。以贬值来创造结构改革的空间现在不能用，因为发达国家同时发生危机，它们的产品在国际上竞争，如用货币贬值增加出口给结构性改革创造条件，必然导致竞争性贬值，结果谁都难以用货币贬值来增加出口。如果不能进行结构性改革，经济会长期比较疲软，失业水平高，收入增长慢，需求增长也就会慢，影响到我们出口的增长。因此，未来我国的经济增长只能更多地靠内需。

我国扩大内需的条件比较好。从投资的角度来说，我国的产业可以利用后发优势不断升级，即使现在的产业都产能过剩，产业升级的空间仍非常大，好的投资机会多。基础设施也是同样的情形，我国这些年基础设施做得不错，但大部分是一个城市连接另一个城市的，城市内部的基础设施还有许多瓶颈。此外，环境保护、环境改善也需要投资，城市化也需要投资。这些都是有相当好的经济回报和社会回报的投资领域，这是中国和发达国家最大的差异。发达国家的经济增长疲软了，很难找到好的投资机会，因为它们的产业已经在世界前沿；基础设施相对完善，虽然可能老化，但都是有的；环境也是好的，城市化已经完成了；所以经济一疲软，很难找到好的投资机会。

有好的投资机会，还必须有足够的资源才能进行投资，这一点我们也是相对好的。各级政府积累的财政赤字占国内生产总值的比重只有40%到50%之间，有人说比较接近50%，但即使是这样，与发达国家和其他发展中国家普遍超过100%的情况比，我们的情况好多了。国外的财政赤字通常是用来支持消费的，我们的财政赤字则主要用来投资，形成了资产，而且又都是内债而不是外债，所以，我们的财政状况是比较好的。我国的民间储蓄也比较高，占国内生产总值的50%左右。另外，进行投资不仅要国内有资源，还要有外汇进口原材料机器设备、技术等等，我国有4万亿美元的外汇储备。投资资源充足是我们和其他发展中国家不一样的地方。其他发展中国家同样有好的投资机会，但是在投资的资源上经常受到财政赤字相当高、民间储蓄低、外汇储备不足等限制。

国内外有些学者认为中国的经济增长方式需要从投资拉动改变成消费拉动，这个看法我不太赞成。我认为，我国还是必须利用有利条件以能提高生产率水平的投资为基础来拉动经济的增长。投资短期会创造就业和增长，有了就业，消费就会增加。项目建成了以后，生产率水平提高了，收入增加了，又可以增加投资和消费，这样才是可持续的。

考虑到上述因素，我前段时间在有些讨论会上提出2015年和“十三五”期间，我国经济增长的合适目标是在7.0%—7.5%之间的主张。之所以定7.0%—7.5%之间，是因为有8%的增长潜力，而且启动内需的条件又相对较好，不管是投资的领域还是投资的资源。如果能达到这样的增长水平，就业问题会得到比较好的解决，也有利于金融安全。李克强总理提到，我国的经济工作不是一味考虑增长率，我们更关心的是收入增长和就业率。现在就业率看起来是可以的，但是要考虑一点，对于一般的企业，即使短期内经济增长放缓，企业的盈利状况比较差，如果对未来的预期看好，它不会去解雇工人。但在对未来的增长不看好，企业又不盈利的情况之下，可能就会出现破产，而且很可能是突然的，失业就会增加得非常快。所以，定7%以上的增长目标对维持就业状况是有好处的。金融安全的考虑是指，如果经济增长速度降得太厉害，可能会有很多企业破产，不仅会突然造成大量的失业，而且企业大部分的投资是靠银行的贷款，银行的呆账、坏账也会突然间增加非常多。7.0%—7.5%之间的一个中高速的增长速度对稳定就业、稳定金融是有帮助的。

7.0%—7.5%的增长速度也比较有利于十八大提出的到2020年的两个“翻一番”目标的实现。仅就国内生产总值在2010年的基础上翻一番而言，前几年增长得比较快，那么2014—2020年只要6.8%的增长速度就够了。但是第二个目标是城乡居民收入的增长也要在2010年的基础上翻一番，我们的人口增长速度大约是0.5%，所以加起来是7.3%。增长的目标定在7.0%—7.5%之间，外部经济比较好的时候，增长速度比较接近7.5%，外部经济比较差的时候比较接近7%，这样未来六年的平均增长速度可能就会接近7.3%，有利于十八大提出的两个“翻一番”目标的实现。

上述仅就有利的投资条件和增长潜力而言，要实现7.0%—7.5%的中高速增长目标也必须解决一些体制机制问题，尤其是那些可能影响到社会稳定的问题。最主要的是什么？收入分配的问题、腐败的问题、环境的问题。收入分配不均和腐败让中低收入者不满；环境问题大家都不高兴，高收入人群更不高兴。这样造成大家都不高兴。

环境问题我们必须实事求是，有改善的空间，但是这个问题和发展阶段有关。目前我们还是在制造业为主的阶段，和以农业或是服务业为主的阶段比，能源使用和排放的密度以及污染的程度都会比较高，高收入国家都经历过这个阶段，我们大概不能够跳跃过去。当然，现在的技术比过去好，再加上环境执法如果到位，环境的问题可以部分缓解。只有进入了高收入、以服务业为主的阶段，能源使用和排放密度降低，解决的资源也比较多，环境问题才能够根本解决。

收入分配和腐败的问题，20年前出版《中国的奇迹》一书时就已经有所讨论。这两个问题的产生最主要是由于我国的改革是以双轨渐进的方式进行。为了保护补贴那些违反优势，在开放竞争的市场中缺乏自生能力的国有大型企业，转轨过程中在要素市场上保留着很多扭曲，包括：采用以大银行和股票市场为主的金融体系，实行金融抑制，人为压低利率；资源税费实行低价；以及一些行业的垄断。那些扭曲保护补贴了一些资本密集型的大型企业，过去都是国有，现在有不少是民营。保护补贴导致的结果一方面恶化了收入分配，另一方面滋生了寻租、腐败行为。这些问题怎么解决？那就是要与时俱进地深化改革。在80年代、90年代以前，这些制度扭曲是为了保护补贴那些违反比较优势，没有自生能力的企业。但是我们现在已经是中等偏上收入的国家，很多过去不符合比较优势的产业现在已经符合比较优势了，企业在开放竞争的市场中已经有了自生能力，过去保护补贴是“雪中送炭”，现在变成了“锦上添花”。所以应该按照十八大提出的要素市场方面的深化改革，让市场在资源配置上起决定性作用，把保护补贴的价格扭曲消除掉，这样就能够比较好地用釜底抽薪的方式解决收入分配不均和腐败问题。

挖掘我国经济增长的潜力，除了要建立一个有效的市场体系之外，还要在经济发展的过程当中发挥有为政府的作用，这样才能按照比较优势去发展，提高经济的竞争力，同时充分利用后发优势的潜力。经济发展本身是一个动态的结构变迁过程，必须对第一个吃螃蟹的先行者给予风险和外部性的补偿，并且必须不断地完善各种相应的基础设施，包括硬的基础设施和软的制度环境，政府必须在这两方面扮演积极有为的角色。这些正是十八届三中全会提出全面深化市场体制改革，建立有效的市场和政府发挥好的作用的要义。

展望未来，还有很多问题可以从新结构经济学的角度来分析，因为时间有限，我就不多阐述。最后，想特别强调一点，固然当前的问题很多，但是反思一下——以我参加中国改革讨论20多年的经验来看，好像每一年问题都很多。我们解决掉的那些问题，现在看起来好像是比较容易的，总觉得现在的问题比过去难。不过，我个人的感觉是过去20多年里没有哪一年觉得问题是容易解决的。其实，每一年都是不容易的，不容易的问题解决了，总又出现新的问题。面对新的问题，我们还是必须以解放思想、实事求是的态度去了解产生的真正原因是什么，解决这些问题的有利条件是什么，现在不能克服的困难是什么，挖掘有利的条件推动经济的增长，经济发展了以后可以创造条件来解决原来解决不了的问题。以国有企业的改革为例，在80年代、90年代我们如果不是用渐进双轨的方式，那导致的结果一定是苏联、东欧的情形，经济崩溃、停滞，危机不断。而且，那些大型企业对国防安全来讲不能没有。今天俄罗斯为什么在乌克兰问题上敢和欧洲、美国叫板，就是它有那些国防产业，那些国防产业过去是国有的，现在是八大垄断集团拥有的。俄罗斯给那八大垄断集团的保护和补贴，根据各种经验研究的发现是比原来还多，效率实际上是更差的。我国的国有企业当然也要改革，但是，要搞清楚对国有企业的那些保护补贴的原因是什么。很多人认为它是国有，但是从《中国的奇迹》一书的分析可以看到，过去国有企业主要的问题是有政策性负担，包括战略性负担和社会性负担，如果不消除这两个负担，国有时没效率，就是民营了也同样会没效率。而且有了政策性负担，就会有政策性补贴，有政策性补贴的状况之下，实际上民营时的寻租积极性可能高于国有时的积极性。现在的状况变了，许多资本密集型产业已经从违背我国的比较优势变成符合我国的比较优势，大型企业从没有自生能力变成有自生能力，政策性负担没有了，政策性补贴也可以消除掉。所以，现在国有企业的改革应该不会比上世纪80年代、90年代难。要怎样进行？还是应该解放思想、实事求是地针对问题解决问题，而不是简单地用一些现有的理论框架来套这些问题。

中国经济的未来取决于今天的抉择和行动

周其仁

毅夫、蔡昉、李周的这本书是20年前写的，20年后还有这么多人在讨论，说明这本书的功力不凡。这本书的研究方法是非常传统的，就是《国富论》以来经济学的基本方法，即从现象特别是中国经济现象出发，从中发现有关的道理和逻辑，再据此对未来作推断。20年过去，作者们当年的推断白纸黑字摆在这里，尽管当时少有人相信，但还是经受了岁月的检验。这就是这本书的价值。现在，中国经济引起全球注意，中国的经济研究也引起全球注意，毅夫他们几位对此有很大的贡献。

中国经济发展起来了，新问题也就来了。首先大家关心未来20年的中国会是个什么样。要回答这个问题，希望毅夫他们再写一本。我自己没有推断未来20年的能力，我的看法是，未来中国到底会怎么样，是不是和以下这个问题有关，这就是中国经济当下面临的问题究竟怎么得到解决？这样解决有一个结果，那样解决有另外一个结果，拖着不解决则又是一种结局。总之，未来中国经济的状态，很可能取决于现在对一些问题的判断和采取的行动。

当然继续改革是根本的。不过，体制改革总要有个参照系。对于到底什么才叫深化改革，参照的模式不一样，结论也可能有所不同。毅夫的书里有一个很好的参照系，就是中国自己面临的问题解决得怎么样，这个问题解决得好一点，这个体制就对，否则就是问题。从这个角度，我讲几个对未来中国可能影响较大的问题。

第一，中国释放比较优势就是靠开放。封闭是谈不到比较优势的。开放才发现，中国人穷了多少年，穷也是成本优势。久久封闭，中国与世界先进水平的距离拉得那么大，落差太大了。以人工成本与发达国家比，差不多发达国家是我们的几十倍、上百倍。差距那么大，又久不来往，突然开门，当然激发起巨大的势能释放。发达国家的资本、技术、管理来，我们物美价廉的制造产品去。这解释了中国经济的高速增长。开始还看不出来，因为我们人工便宜，但会做的产品不多，也拿不出手。但是学习曲线终究要起作用，中国人在干中学，特别是开放带动的学习成本大幅度降低，中国人又肯学习。这是中国奇迹最重要的支撑点。由此也引起全球经济格局的变化。最近法国人皮凯蒂写的《21世纪资本论》很抓眼球，但这位几乎没离开过法国的经济学家似乎漏看了一个重要的限制条件，那就是几十亿中国、印度和前苏东国家的劳动力进入了全球化市场。由此，全世界劳动者之间的竞争大大加剧，尤其是新兴市场的劳力与发达经济体的非技术工人、技术工人甚至包括部分白领和“金领”的竞争，过去没有这股压力。但同时全球资本变得更加相对稀缺，发达国家的资本可以流入新兴市场赚钱，可那里的工人却要遭受全球竞争加剧之苦。这是发达国家内部收入差别扩大的基本原因。但是，从全球分配格局看，“两极分化”却收窄了——因为中国的人均收入增长很快，与发达国家的收入差别在缩小。

我们中国自己有什么问题呢？中国开放以后，成本优势不断释放，以农民工为代表的低收入人口收入增加得很快，这是好现象。但是仔细观察也可以发现，在我们的竞争成本不断上升的推力当中，有些是有待解决的问题。譬如大量的基础设施服务的价格——电价、地价、金融服务之价、通信服务之价，还包括政府税费等等，也升得非常快。消费者注意到，现在不少中国货比国际市场上同类产品还要贵，其中不完全是我们的人工贵了，其他带行政垄断的服务成本更贵。这个问题不解决，中国在全球的竞争优势会下降。如果综合的低成本优势丢得快，“独到性优势”也就是创新优势又没有相应立起来，那麻烦就会来，中国奇迹的持续就会有问题，可能影响未来20年中国的经济表现。

第二，城乡板块。这次讨论的清单里，涉及这个题目的比较少，但这是我们国家很大的问题。中国刚开放的时候，基本国情是所谓“十亿人口八亿农民”。经过30多年的改革开放，今天的情况发生了很大变化。可是基本格局变化还是不大。当下我国农业的产出在GDP当中仅占10%，但是农村户籍人口还是高达65%。这65%的农村户籍人口，跑出去一部分常住在城镇，剩下还有近50%常住在农村，这难道不是一个很大的失衡？早年国家工业化的最大教训，就是国内人口的绝大多数很穷，没什么购买力。所以工业化生产出来的工业产品不知道卖给谁，只好重工业主打，工业生产再武装工业，自我循环，最后这条路是走不宽的。现在开启城市化，也要当心这件事：多数人进入不了积极的城镇化。今天说2.4亿农民进城，但很少部分住入我们城镇的商品房。累计的20万亿政府土地出让金，有没有拿出一个亿来修建进城农民住得起的房子？恐怕还没有。大多数农民进城住哪里？地下室、城中村、城乡结合部。这在我看来，还是在某种程度上重演早年国家工业化的趋势。为什么二、三线城市的房地产卖不动呢？不是进城农民不要房子住，而是他们根本住不起。这种城乡失衡如果得不到根本解决，城市化不可能“厚”得起来，那样的话，增长还只能高度依赖外需。国际市场一有波动，国内市场就即刻受牵连。

第三，商品和服务的品质提升。现在领导人已经把食品安全提升到执政能力问题了。可是现在不光是食品品质，总起来说外销产品的品质好一点，满足内需的产品品质普遍是问题。比如我们的住宅平均寿命是多少年？装修一套房子，几年就不行了？灯泡多长时间换一次？很多产品让消费者心存疑虑，那样的高速增长，意义就打折扣。我常讲，五年换一次灯泡的和半年换一次灯泡的，GDP 增长率就不一样：品质差的增长率高，但真正的享受并不高。加上环境的代价，来回折腾，“高增长”的福利含义可能是负的。如果中国经济不及时转到把品质放在首位，再高速增长也难以让国民感到骄傲。内地客到香港抢购奶粉的报道是非常令人难为情的。品质问题要追究进去，涉及的方面可就多了。反过来说，品质提不上去，那就只好维持高速，否则坏了灯泡没得换，还不是黑灯瞎火？过去早就提“又好又快”，要把“好”字提到“快”字前面去，可还只是一句口号，并没有深入到产业、深入到微观行为里去。要承认，在产品和服务的品质方面，我们和日本当年的高速增长比还有差距，日本高速经济增长过程中，产品品质提升得很快。用购买力平价衡量增长，最大的挑战就是品质有没有可比性。

第四，官民关系或社会人际关系中体现出来的社会价值。我以为，经济学家也好，其他社会科学研究也好，不应该放过十八大反腐带出来的社会体检报告。再高速增长、总量第一，出几个离谱的腐败故事，就让人心里对自己这个社会的信心动摇。当今世界，所有文明国家当中，虽说“权力导致腐败”是一般规律，但从国家公务员办公室里抄出论亿的现金，甚至把点钞机都给烧了的故事，还是让人心底发紧。这样的故事，一个就够了，显露出我们的社会肌体里存在可怕的病态。不管别人怎么说，身为中国人，研究中国经济，总要面对这类丑陋。“八项规定”一执行，这么一个大国的名酒和很多奢侈品的市价就大幅度下跌，还不说明问题！这不是小事情，而是涉及人心觉得中国公正不公正。反腐治标，谁看了都挺高兴，治本可不是一日之功。包括民间对贪腐的“容忍度”似乎也是挺高的，有企业老板见了官就送钱，不办事也送钱，据说“习惯了”。那可是社会败血症的征兆。持续的增长，非解决好这个问题不可。

总之，未来中国经济的轨迹，取决于是不是正视自己取得高度成功之后还需要解决的问题，取决于能不能有针对性地解决这些问题。这些有待解决的问题，也意味着中国增长还有极大的潜力。要明白，全球竞争不讲情面。现在不少朋友出境旅行，回来说世界上很多旅游景点不那么见得到日本人了，过去见中国人就问是不是来自日本，现在很多景点还有日语介绍，但少见日本游客。曾几何时，就那么 10 年、20 年。一个国家的增长成绩再好，走错路只几步，就见颜色。这说明，未来不是宿命的，而取决于今天的抉择和行动。

超常增长的政治经济学

史正富

近几年我国经济学界讨论中国经济的未来增长前景时，大体是以现代西方经济学理论为框架的，得出的结论大多偏于保守甚至悲观。在我看来，目前的主流观点及其政策已在我国经济工作实践中遭遇日益严重的困难，而这种困难则反映出现代西方经济学的增长理论自身的薄弱与空洞。如果我们以马克思政治经济学的方法论为指导，吸取现代西方经济学中的有用因素，形成关于经济发展的政治经济学理论框架，那么，我们就会对中国作为社会主义市场经济大国的独特国情与“制度优势”形成新的认识，从而对中国未来几十年的长期增长前景形成乐观的判断。

政治经济学把经济增长与社会经济制度相联系。所谓现代经济增长，既有普适意义的共性规律，更有与不同经济制度相联系的特殊规律。应当说马克思与现代经济学研究最多的还是西方市场经济下的经济运动规律和经济增长方式。而我国初步形成的是社会主义市场经济，作为市场经济，必然有与西方市场经济相同的共性；但作为社会主义的市场经济，又必然会有与西方市场经济不同的特性。如果我们承认西方市场经济下的增长方式仍然存在着某些难以克服的根本弊病，那么，我国就有可能发挥社会主义市场经济的优势，争取实现超越西方市场经济常规的经济增长。

为此，我们首先要梳理关于长期经济增长的理论框架，然后总结西方经济增长方式在 200 多年中显示出的规律或常态，最后才可望从中找到超越西方增长方式常态的增长战略与体制。

• 长期经济增长的三大基础结构

谈及经济增长，我国不少学者习惯说“三驾马车”，即凯恩斯式宏观经济学的投资、消费、出口这三项。其实，这个通俗说法并不准确。凯恩斯所讲的是有效需求的三大组成部分，用于购买已经生产出来的国民产品，因此讲的是国民生产总值的市场实现，而不是长期增长。讲到长期增长的是诺奖得主罗伯特·索洛，他的理论简单概括起来，就是资本与劳动这两大基本生产要素及其要素使用的效率（学界称为“全要素生产率”）决定长期经济增长。

如果说，凯恩斯研究了产品需求方面，索洛研究了生产要素供给方面，马克思则把供给与需求都研究了，而且放在资本主义市场经济的基础上进行分析。在马克思那里，经济增长（马克思的用语是“扩大再生产”）来源于资本积累，包括不变资本（即索洛的“资本”）和可变资本（即索洛的“劳动”）；而积累或扩大再生产的驱动力则源于剩余价值的内在追求和外在竞争压力。但追求利润最大化会造成收入分配中劳动占比下降，导致消费不足；因此经济增长中扩大的国民总产品就必须依赖扩大的资本积累或投资才能在市场实现，用凯恩斯的话说，也就是储蓄要与投资相等。然而，投资是为了更大利润的，因此，企业是否扩大投资，则要看有没有能带来满足利润率的产业空间。当有利可图的投资机会消失时，企业的投资就会停止，生产就会过剩，从而开始向下衰退的“滚雪球”；而当经济衰退到谷底后，又会自动触底反弹，开始向上复苏走向繁荣的过程。简言之，资本主义市场经济中的长期增长是伴随着危机和繁荣的交替。

从前面的简述可以看出，政治经济学考察现代经济增长时，不是简单停留在宏观经济学的三驾马车或新古典增长理论的要素及要素生产率上，而是要更深入一点，进一步考察生产要素背后的供给方式，有效需求背后的分配方式，以及作为驱动经济主体进行行动的经济制度。可以说，要素供给，有效需求与收入分配，经济制度，这三者构成了决定长期经济增长的三大基础构造。以下分别简要讨论。

1. 要素供给。从货币层面看，经济增长的来源是储蓄或积累；但储蓄转为投资，离不开真实生产要素或生产资料的使用。要素供给是否严重短缺？要素价格水平在经济增长中能不能保持稳定？这些标志着一国的要素供给能力。无需多言，要素供给能力对经济长期增长前景有着重大意义。需要强调的是，索洛增长模型中的生产要素只考虑了资本与劳动两项，而马克思和诸多经济学家还包括了土地、自然资源乃至生态环境。其中能源在现代经济中显示出特殊重要的意义。因此，广义生产要素应当拓宽到包含那些影响经济增长、且具有稀缺性的东西。显然，在这个拓宽了范围的广义生产要素中，存在着两个不同的大类：一是由单个企业投资能生产出来的要素，如工作母机和某些矿产资源等；二是单个企业不愿投资积累的要素，如生态环境和新的能源体系等，而这些通常是规模超大、周期超长、未来风险极难预料的领域。就是说，存在着“私人投资的要素”和“私人不愿投资的要素”这两类生产要素。由此推论，如何综合运用政府、企业和市场自发力量，构造一国广义要素供给体系，对长期增长有巨大影响。

2. 收入分配。从需求方面，如不考虑出口，经济增长离不开消费和投资的相应增长，消费需求与投资需求，即宏观经济学中的有效需求，能否把国民生产总值出清，决定是否会造成生产过剩。但从长期看，有效需求如何决定？政治经济学认为，收入分配在这里非常重要。收入分配同时影响消费和投资。劳动收入的提高可增加消费需求，但劳动力成本上升又会降低利润率，从而不利于企业投资。理论上说，存在着某一个收入分配比例可以使总供给等于总需求；但在真实世界中，资本对利润的无限追求导致收入分配不平等的扩大，从而抑制宏观有效需求的成长。法国经济学家皮凯蒂在新著《21世纪资本论》中，归纳出资本主义收入分配的长期趋势是资本收入的增长率（r）大于经济增长率（g），即 $r > g$。这一结论虽有人就某些数据和逻辑提出争议，但因其大致符合长期历史事实，得到广泛接受。资本收入大于经济增长率，也就是资本收入的增长快于劳动收入的增长。因此，在市场经济条件下如何解决 $r > g$ 的问题，如何实现资本收入与劳动收入最起码的平衡，从而实现宏观有效需求与经济同步成长，就成了长期经济增长的又一重大难题。换言之，形成某种与长期增长相容的收入分配格局和有效需求成长，是实现长期经济增长潜力的重要基础结构。

3. 经济制度。如果说要素供给主要属于生产力范畴，经济制度则是生产关系层面的了。经济制度对长期经济增长的重要性久为人知，不但马克思政治经济学的传统，而且当代西方经济学都对这一问题作了极其广泛而深刻的研究。这里只需强调：第一，经济制度直接决定利益分配，决定经济主体的动力和“激励相容”，决定资源配置方式合理与否，这对创新，包括技术与产业创新，影响更大。因此，经济制度对长期增长的影响是全面的、广泛的、基础性的。第二，经济制度对长期增长的作用既有根本制度的层面，更有具体制度的层面。比如，就对经济增长的影响而言，所有权固然重要，但转让权、收益权的具体安排则更重要。就是说，具体体制的安排往往比所谓制度本质更有挑战性。第三，制度模式对长期增长的作用是动态变化的，在某一阶段有积极作用的制度安排到了下一阶段经常成为起负面作用的。这就要求因应时势环境而改革制度安排，乃至转变制度模式。把私有制市场经济看作具有永恒普适价值，是当代流行最广、影响最大的“制度迷信”，它对我们面向未来，探求适合中国发展要求的体制安排，是必须克服的思想障碍。

• 西式市场经济下的增长方式及其根本局限

上节所说的长期增长三大基础结构在共同作用下，产生出经济增长的特定方式。结合经济学理论和历史事实，我们可以归纳西式市场经济增长方式的主要特征：

1. 经济增长的长期性与经济衰退的周期性同时存在。实际上，正是在一个个经济周期的生灭结合中，长期经济增长才得以实现。正如恩格斯曾经精炼概括的那样：“自从1825年第一次普遍危机爆发以来，整个工商业世界……的生产和交换，差不多每隔10年就要出轨一次。”但是，在这些周期性衰退发生的同时，平均增长率还是历史地提高的。美国在整个第一次工业革命后30多年中超越英国，其间发生了4次衰退，而平均增长率则到了2%以上；二战以后20多年整个资本主义发达板块进入增长黄金时期，平均增长率又提升到4%以上，日本甚至曾经超过8%，但各国也还各有3次以上的衰退。可以说，经济周期性波动和长期增长是一枚硬币的两面，如影随形，不离不弃。我们既不能因为周期性衰退就低估西式经济增长的长期潜力，也不能因为它的一时繁荣而忘记其转向衰退的必然。

2. 长期经济增长是通过技术创新引发的“创造性破坏”而实现的。正是在这些“创造性破坏”集中发生的时期，形成产业革命，从而空前拓展产业空间，扩大投资可能性边界，造成产业升级和社会经济结构变迁。其中，工艺—设备方面的创新会引起组织与管理模式的变革；而产品创新则带来新行业和产业群的深广化；这二者结合就必然形成产业革命，推动国民经济走向新的增长阶段，其间不但产业、就业、收入和城乡的结构发生变革，而且人们的生活、交流、家庭各个方面也被改变了。在这个意义上，是资本主义市场经济下已经发生的三次产业革命把世界从200多年前的农业社会带到了当今全球化的现代市场体系中，创造了现代人类生活与工作所涉及的几乎所有事物与机构。

3. 在长期增长进程中，技术创新与产业革命的动力机制悄然改变。技术创新的知识方面，从第一次产业革命时的主要依靠工匠师傅和实践经验，过渡到了第二次产业革命时的对大学等科学研究的依靠；在创新主体方面，从早期个人发明家主导演变成市场与政府结合的方式了。而且，由于国际体系中国家间竞争的加强，各国也日益注重提升本国的产业结构，从而愈加深入地介入到了科研创新与产业化的推动。这一点，即使在英、美这样特别以经济自由主义自居的国家，也不例外。

以上三个方面，大体勾画了西式市场经济下增长方式的常态。简单说，就是长期增长与周期性震荡相辅相成，创造性破坏与结构性升级相伴而生。而这一切的根源则在于私人企业为利润而生产、为利润而竞争这一根本问题。为利润而竞争带来了优化、创新与增长，也带来了周期性衰退和危机。更重要的是，为利润而竞争必然导致经济增长潜力方面的巨大损失。这种经济增长潜力的损失主要表现为：

第一，普遍性生产过剩与广大低收入群体的消费不足同时存在。这是由于收入分配的严重不平等，而在收入分配不平等的背后则是生产资料或财产占有的不平等。有一段时间，不少人以为收入分配差距扩大只是资本主义市场经济早期的现象，而随着经济增长，资本积累起来了，劳动收入占比就会提高，收入分配就会改善。第二次世界大战之后的几十年中，这一情形在欧美发达国家确实也有体现，形成了"两头小，中间大"、中产阶层为主的橄榄型社会。但是，20 世纪 80 年代以来的几十年中，美国的橄榄型社会已基本瓦解，中产阶层向两极分化，少部分人成为富人，更为多数的人滑入穷人行列，形成了围绕穷人与富人各自分布的情况，被称为"M 型社会"。其中原因可能有多种，但最重要的恐怕还是皮凯蒂所述的 $r > g$，即财产收入的增长快于劳动收入的增长，用马克思的术语来说，也就是生产资料所有制的问题。因此，收入分配严重不平等产生出消费不足问题，并不是资本主义市场经济某一发展阶段之弊，而是与私有产权制度相伴的现象。它不只在人均收入 2000 美元时会有，在人均收入 2 万美元时还是会有！君不见今日美国人均 GDP 都超过 5 万美元了，不还是有大把穷人吗？不还是有数以千万计的人口没有医保，或者没有住所，或者为退休后生活无保障而焦虑不安吗？

第二，大规模资本过剩与基础性生产要素投资不足同时存在。前面说过，资本积累过剩与经济衰退是周期性发生的。近几十年的全球化推动了资本的全球扩张，中国与印度等新兴大国借助外资启动工业化和内部资本积累，既为全球资本提供了投资机会，也迅速转为全球资本供给的大国。2008年全球金融危机宣告了全球化的退潮和全球资本过剩时代的来临。但是，与此同时，西方发达国家内部也存在着多种多样的投资不足。拿美国来说，其基础设置也相当陈旧落后，但无钱投资。电网老旧不堪，严重点的冬雪就可以导致大面积断电，为什么不投资改造呢？大量的桥梁、道路亟待修缮，却没有人出钱；奥巴马不也曾希望建设一段几十公里的高铁吗？但是不成，没钱。美联储的货币宽松不是已经进行了好几轮了，银行里不是囤着巨额闲置资金吗？怎么会没钱？这正是关键所在。在一切只为短期利润的环境中，那些虽然是社会必要的基础性生产要素或资产，却往往不合私人资本的投资标准，故而无法投资建设。因此，过剩资本找不到出路与社会必需的基础要素没人投资便同时发生了。这说明，所谓资本过剩，只是为利润而生产的资本的过剩。

一方面是产能过剩、生产停顿，另一方面是收入低下、消费不足；一方面是资本过剩、投资无门，另一方面是国家基础性要素/资产短缺，无钱投资。这种“过剩”与“不足”的并存源于为利润而竞争这一资本主义的生产目的，反映出资本主义市场经济的根本弊端，也可以说是它的深层次市场失灵。

• 超越西式市场经济增长方式的常态

由上节可知，西式市场经济增长方式的常态中蕴含了它的深层次市场失灵，即生产过剩与消费不足并存，资本过剩与基础要素短缺并存。因此，要超越西式市场经济的增长方式，实现我国经济的超常规增长，关键在于：

第一，把过剩的资本（储蓄）转化为短缺的基础性生产要素的投资。目前我国年度过剩的储蓄占GDP的10%以上，即6万亿元以上；但许多行业已经是产能过剩，投资饱和。与此同时，我国生态资产严重不足，如水资源与可用土地短缺；环境亟待修复，如大气与水土污染的治理；能源结构需要转型，如从煤炭为主转到自主性清洁能源为主；人力资源和技术资产也迫切需要大幅度提升等等。这些投资大都不是企业与私人资本可为的。

第二，把过剩生产转化为保障低收入群体正常需要的民生资产。由于消费由收入分配决定，解决消费不足之道在于增加低收入人群的收入；而收入分配仅靠税收与福利支出是难以持续的，且收入分配背后是财产占有问题。因此，解决收入分配与消费不足问题的长期措施必须在财产权上下功夫。可以考虑通过国家行为打造某种民生资产，即该类资产产生的收入定向用于增加低收入群体的收入与消费。

把市场过剩的经济资源转化为对基础性生产要素和民生资产的投资，其功效是达成国家战略性基础资本的积累，而关键在于合适的投融资机制。鉴于上述超常规投资的特点，单纯市场与单纯政府都难以承担，它既不能不超越市场自发逻辑，又必须防止盲目压制市场，阉割市场的正面功能，从而引发资源配置失误、创新乏力、经济停滞。苏联型中央集权的计划经济最终失败，是一极端案例，而二战后许多发展中国家过度依赖政府干预，压制了市场，最终也教训惨痛。因此，找到某种既超越市场逻辑、又不扭曲整体市场机制的方式，就成了能否实现市场经济的超常增长的关键。而这正是中国社会主义市场经济制度的优势所在。

为此，我借鉴本人从事股权投资行业的经验，结合对中国金融产业现状的认知，提出建立“准市场型国家战略性基础资产投资基金体系”，或者简单点“国家战略资产投资体系”（下称 SBA 投资基金）。

首先，上述 SBA 投资基金的规模超大，周期很长，涉及跨地区甚至跨国家的关系处理，故单纯市场性的企业不可能有此投资意愿与操作能力。同时，单纯政府财政出资也行不通，因为财政超额支出如果过大，必然引起通货膨胀，反过来挤压常规市场投资，从而抵消财政投资的正面作用。这里的关键是：新基础设施投资在提高当前有效需求时，对市场机制影响“中性”；在实施过程中，不对财政赤字造成重大影响，且能形成企业正常的收入和利润；在其年度使用中可以不在乎短期投资回报，但在长期过程终点则能形成有效的资产和收益能力，从而最终回归常态，融入市场体系。

为此，SBA 投资基金的设立与运行方式就特别重要了。它的定位应该是融合政府与市场的双重正能量，避免各自的缺陷，具体说，它应是担负国家战略使命、依托国家信用、面向市场规范运作的准市场型基金体系。其要点是：在基金体系中设立若干专业性子基金；国家财政提供引导资金，授予基金特许投融资范围，选择性提供国家信用担保，市场化挑选基金管理人，用多元工具多渠道（包括面向国际投资者的债券市场）向国内外募集资金；打造市场化、专业化基金运作团队，建立以国家荣誉和长期经济利益并重的复合型长期激励机制；完善建立基金投资决策、咨询与审计体系，促使基金体系在总体上达到有效运行。

这里的关键是，通过战略基金募集方式把社会过剩储蓄直接转变成对 SBA 基金的投资，把本来可能流入虚拟金融市场的资金引入实体经济，形成外生于市场而又融入市场的长期额外有效需求。基金由国家引领，但是按市场规则运行；资金有国家参与，但又是规范地从市场募集；团队受国家指导，但也按现代人力资源模式形成；投资风险与回报中有国家行为的影响，但更有基金出资人承担。总之，它不是国家财政或国有资产的概念，而是基于国家战略目标的准市场化金融创新。它将从根本上化解西式市场经济的深层次市场失灵；它生产性地利用本来过剩的储蓄，经由超常规投资，既在当前化解产能过剩，又形成支持长期发展与民生的战略性基础资产，在优化结构的同时抬高长期增长率，再续中国式超常增长的奇迹。

中国未来的发展改革与迄今的增长奇迹

华　生

就中国未来发展和深化改革及迄今的增长奇迹的题目，我谈几点思考。

第一，对过去 35 年怎么理解，怎么看。

毅夫代表他们三人已经做了全面的回顾。中国过去 30 多年持续的经济高增长，已经是历史事实，不容争议。但对成功的原因，的确有不同的解读。毅夫他们的解读是“双轨渐进过渡战略”，我是赞成的。“双轨战略”和我也多少有点关系，起因是 1984 年的莫干山会议。但莫干山会议讲的是生产资料价格的双轨制。也就是说价格双轨制的起因、范围很小，而不是后来说的那样广。而且莫干山会议也没有正式讲双轨制，而是讲“放”“调”结合，只是后来双轨制变成了一个通俗的说法。当然在此之后，这个双轨过渡的思路就逐步明晰，记得到 1985 年秋的时候我们写过一个报告，题目是“中国：进一步改革的问题和思路”。这个报告后来分两次刊登在 1986 年出版的《经济研究》第 2、3 期上。这个报告当中除了讲国资国企改革，还分析了中国改革转型的道路。其中写道：“双轨制的理论意义在于，它表明中国的经济发展和体制改革由于其特殊的历史背景，不会在自由竞争的一般均衡中找到归宿，而多半可能在非均衡的自稳定系统中实现。”“双轨制是我国找到的风险较小、兼容性很大的特殊转换形式，是中国经济体制改革的伟大创造。”这里也有一个背景，1985年1月，郭树清他们给总理送了一个报告，是关于经济体制改革的整体规划和设计。说要按照市场经济模式做一个整体的规划，改革要按照这个规范的总体规划来进行。我们当时讲的双轨制，意思是西方的东西不是能简单搬过来的，它在我们的土壤上嫁接会有困难。哪些东西能用，哪些东西不能用我们不太清楚。即使能用，我们现在的人也不会用。用当时的话就是说放开价格也不能形成市场，因为还需要市场组织和市场主体，全都没有，那就不行。这是当时一个朴素的认识。当然，这和小平同志大的设想“走一步看一步”、“摸着石头过河”较为一致，也是它为什么可以被接受的历史原因。

所以我认同毅夫他们的总结，我觉得中国这35年确实是双轨战略。我们国家的开放，是平衡开放和主权之间的关系。包括在开放的步骤上，我们是逐步从特区和沿海开发区开始。80年代初经常说，要去广东看看，因为传说广东已经完全是“西方资本主义”了，从这也就能体现出思路、思想，一直是这样一种有控制的、逐步的放开。包括大家都知道的，在开发区和对外开放的问题上，陈云同志的观点就有保留。他特别不赞成上海和江浙对外开放，说其他地方可以放开，这些地方绝对不能放开，他说这些地方历史上就有资本主义的基因，如果对外开放，一定会乱。当时对这些问题的认识，在上层也是不一样的。对外开放是这样，市场化改革本身也是一个逐步深化的过程。从火柴都要上政治局会议讨论，逐步过渡到绝大多数商品的自由化；从农村到城市的改革，包括汇率，以及一方面放开国企，一方面放开民企，和最初的双轨制思路一样，都是内部调整，外部放开。通过外部推动内部，最后让两个体系靠拢。当时我去给国务委员张劲夫汇报，就说的是这套：把外部放开，这部分比较小，放开不用担心。外部给了信号，我们内部有了动力，内部再改革调整，这样内外配合，改革就可以平稳推进。同时在这个过程当中，大家也就学会了市场经济怎么运行，培育了市场主体，这是代价最小的办法。

最近我在想，抽空要把双轨制转轨做一个模型。我相信，双轨制渐进过渡也不是在一切条件下都优于休克疗法，它只有在满足一定参数和初始条件下才是最优的。如果把参数和起始条件改了，有可能休克疗法是更优的。但至少从俄罗斯和中国来看，在大国有着那么深厚的历史，包括文化、文明、人的行为惯性各种沉淀的情形下，这个初始条件可能就使得休克疗法有问题。因为文章还没有做，我自己也只是在猜疑。

上面是讲经济体制模式的过渡，如果从更大的视野来说，中国进行的最大的双轨制，就是政治经济双轨制。这是我在小平诞辰100周年时说的话，现在一些人认为的中国危机，不光是经济的，更认为是政治跳不过去。但这就挑战了邓小平，邓小平路线的本质就在：一个中心，两个基本点。"左"了就打"左"，右了就反右，和经济发展一样，至少到目前为止是成功的。但这条路还能不能这样走下去？这正是我们下面要讨论和回答的。今天，我也给毅夫他们提了这个问题。但是不能不承认，过去它是成功的。而且如果没有政治经济双轨制，可以说经济上的双轨制是没有实现它的政治条件的。因为当那种排山倒海的政治体制的转变到来时，一定采用的是休克疗法，因为那时民众、政府，整个国内外的环境，都不容许双轨制存在。当时有一个形象的比喻讽刺双轨制，说这就是同一条路上实行两套交通规则，一套规定沿着右边开车，但另一套是按英国的交通规则，沿左边开，其结果必然是撞车毁人。可见当时人们的认识分歧是很大的。

我觉得需要研究的问题是经济本身的双轨制所能够发挥作用的条件，包括政治和经济的结构是怎样互相匹配的，以及一个国家的历史、文化、文明的演变。我们已经走了35年，但这里的机理其实还没有说透。

第二，过去的道路能否延续？我的观点是，过去的路肯定不能简单地走下去。因为今天的条件和80年代邓小平当政时的条件，乃至和新世纪初加入世贸组织时的条件相比都已经发生了重大变化。各方面的因素都在变化，我也不想一一列举。过去的有利因素现在都不存在了，或者说发生了变化。所以，现在的挑战和原来是不一样的。

第三，我想着重讲一下，也是我要提的问题，也就是毅夫他们说的经济再高速增长 20 年是否有可能和怎么实现的问题。我个人认为是有可能有潜力的。这个潜力不仅是对中国而言，许多发展中国家都有潜力。我看 IMF（国际货币基金组织）和世界银行的预测，非洲 2015 年的经济增长也是 5%。5%已经是很高的速度了，但是没有人预测美国、欧洲有 5%的增长。发展中国家就是有潜力，这几年靠新兴经济体和发展中国家推高了全世界的增长水平，这是客观事实。从这个角度说，后发优势起主导作用没有什么可争论，这是客观现实。我也同意有“后发劣势”。后发就是落后，落后能没劣势吗？落后的人干什么事都有劣势。但不能为此把后发优势主导的一面都否认了，那样的话世界只能向两极化发展，这肯定是不对的，也不符合今天的现实。发展中国家都有潜力，中国也有潜力。但为什么我又说现在的挑战不同于过去呢？因为中国既有潜力也有特殊困难和问题。毅夫、蔡昉和李周主要是从比较优势、后发优势来说中国为什么行，但从这个角度来说可能还不足以服人。为什么？首先，这个后发优势是离前沿越远的时候越大，越近的时候越小，我们现在比以前就小了很多。我们自己都能感受到，过去发达国家不把中国放在眼里，搭便车就搭吧。但是这几年来的情况，特别是金融危机以来的情况不一样了，中国有威胁性了，发达国家把中国当成对手了。 80 年代我从伦敦飞到北京机场，直接的感觉就是“从城市飞到乡下”，这是当时的真实感受。现在中国出国的人看西方经常就不以为然了。当然，出去的人大都是中国中产阶层以上的人。随着“靠近”，中国的后发优势在减少。其次，中国的体量太大，其他经济体靠近的距离小了，发达国家感觉威胁并不大，中国才靠近一点，发达国家感觉威胁很大。这两天 IMF 说我们已经是第一大经济体了。这样发达国家不警惕、不对付中国不行。尽管我们人均其实还不行，但作为一个国家整体，体量很惊人。所以，中国的后发优势比一般的发展中国家更小。

对此我也想提给三位作者考虑：单从后发优势证明中国的潜力能够变成现实，我觉得不够。今天上午好几位发言人都提出了这一担心，后发优势不像我们想的那么大，那怎么办？一般说到的那些改革当然都需要做。但是仅靠这些一般化的建议解决中速以上的增长，我看不行。那靠什么？我认为中国在这个阶段要有中速以上的增长，核心还是城市化的问题。虽然现在这个说法已经有点陈词滥调，实际上，这也是一个基本的结构问题。从农业社会向城市社会的结构转变，是一个国家人口的大多数从低产出的行业进入高产出的行业，生产率增长都是5倍、10倍以上的。即便现在一亩地收1000斤粮食，中国人均2亩地，一个农民能产出多少？减去成本，产出几千块钱了不起了。而农民转入城市经济，即使是三产服务，农民到城市做小保姆，人均GDP的创造也是一下就提高10倍。发展中国家最大的后发优势就是从农业社会向工业化城市化社会转变。但等到转变结束以后，高增长阶段基本上都开始画上句号。如果完全靠科技进步，美国的水平也是10年、8年才有一次革命。而从农业社会向城市经济转变，亿万人口的转行带来人均生产率的提高、人均GDP的提高，这个对增长的影响实在巨大。

但是在解决这个问题的时候，我们现在的麻烦是，前面透支比较大。农民进城的速度不是很慢。但他们进城后不享受公共产品，而且他们为了挣钱回家，每天干10—12小时很普遍。所以，我们廉价劳动力透支很大，这也给下一步增长造成了麻烦。前面透支了，后面的人要还账。还账是看不出GDP和业绩增长的。农民工大多是住在地下室和工棚，基本不享受公共产品的服务，我觉得这是中国最大的挑战。国家没有办法一下子给几亿人办教育。几亿农民工和他们的家属占了中国人口的1/3—1/2，现在已经在迁移状态的是1/3，将来是1/2。这个转变涉及几项基本制度的改革。户籍、土地制度以及关联的财政税收制度这三个基本制度不改，那肯定不行。但难在怎么改，大家的方案又可能是相反的。

另外，国资国企的问题要单独回答。现在的国资国企，确实问题很大。但如果它们今天都变成私企，估计我们贫富对立和腐败的问题更大。而分配和反腐败的问题，不面对也不行。实际上，分配问题和反腐败是连在一起的，分配问题不解决，反腐败也很难坚持。

中国经济的韧性与“创造性毁坏”

张　军

我觉得在今天上午的演讲与随后的讨论中我们有一个基本的共识，即大家在中国经济市场化的方向上没有分歧，我们可以把这个作为一个前提来讨论后面的问题。大家对于中国过去 30 年的经济奇迹在未来是否能延续，显然有不同的看法。毅夫刚才在演讲中在经济收敛的框架下用中国与发达经济体的相对收入水平推测了中国未来的潜在增长率，并且认为这个增长率还是相当的高。我相信在这一问题上大家会有不同的看法，可以继续讨论。事实上，没有人可以准确地预测未来的经济增长率会是多少。但我仍然相信，东亚经济在过去 50 年特别是前 30 年所经历的制度转型与结构变化的阶段是我们研判中国经济未来发展前景的理想参照。我始终认为，历史是最好的教科书。我接下来的发言就与“东亚经济奇迹”有关。

在中国经济的增长还能持续多久的问题上，悲观者居多。对于持悲观看法的学者来说，他们是把注意力集中在了我们经济出现的问题一面，特别是过去五六年来出现的增长降速现象。伴随经济降速的还包括债务的问题、产能过剩的问题、房地产投资过多的问题以及某些地方出现“鬼城”的问题等等。这些问题都存在，不可否认，但这些问题也都不是第一次存在。我们回顾中国过去30年的经济发展，特别是过去20年，也多次出现了类似的问题，有些问题出现的方式可能有所不同而已。不仅中国多次出现类似的问题，如果回顾一下东亚各经济体的发展经历，特别是在其早期30年的经济转型与发展过程中，这些问题也屡见不鲜，比如在中国台湾地区、在韩国，甚至在日本的早期超常增长阶段，这些也是非常典型的增长现象。

观察中国和东亚经济的发展现象时，我觉得比较有意思的问题应该是，为什么这些经济可以持续发展这么久的时间？中国在改革开放后走过了35年，实现了9.7%的年均增长率。韩国和中国台湾从低收入的阶段成功地跨入高收入的阶段，也走了40年。为什么其他的经济体即使从最低的收入阶段起飞，多数也许只经历了10年甚至更短的经济增长，然后基本上就停滞了？为什么我们能保持30多年的经济高速增长期？为什么亚洲“四小龙”，特别是中国台湾和韩国，能完成从低收入阶段向高收入阶段的转型？这样来思考的话，我们对中国经济当前面临的问题的看法就会有所不同。因为，如果我们这样来想问题，我们一定会猜测，这些成功的经济体一定有一些能越过这些问题而持续增长和发展的动力存在。

经济的发展，特别是从低收入阶段向高收入阶段的经济发展，其实是充满挑战和风险的非常复杂的过程，这个过程中会经历反反复复的经济起降，会经历外部冲击和震荡。所以一个经济要成功地实现从低收入向高收入阶段的发展，一定是要能成功地应对和处理这些挑战，化解这些风险，也要不断解决经济发展过程中遇到的结构性的问题等等。能做到这一切的经济体数量不多，东亚经济和中国过去30多年的发展经历都应算是成功的案例。就这一点而言，我们也许应该把中国和东亚经济体视为有韧性的经济。而且我认为，“韧性”这个概念很可能是帮助我们理解中国在过去30多年以及东亚（特别是韩国和中国台湾）在经济发展的头40年里成功的最重要因素。

在讨论有些经济体为什么会有韧性之前，首先我要简单描述一下一个有韧性的经济是如何实现经济发展的。这其实就是东亚经济和中国过去30多年的经济发展经验。还回到前面我提到的那些经济超常增长的问题。由于经济快速增长，过度投资、产能过剩和债务的问题总是反复出现。当大多数经济的增长受制于这些问题而不能自拔的时候，东亚和中国过去30多年的发展经验显示，它们的增长战略和政策往往会做出很大的调整，或者会推进制度的改革，目的未必是来直面这些问题，而是希望通过这些政策的调整和制度的改革来诱导出更新的和更有效率的经济活动，一旦这些经济活动得到鼓励，新的增长现象就发生了，从而使得原来的债务可以变成资产，原来的产能过剩部分地得到利用。假如一个经济体的产出增长是完全依靠那些背负债务和产能过剩行业的经济活动，我想这个经济体是不可能持续发展这么长时间的。从这个意义上讲，当我们看到这些经济体相对其他的经济体，比如拉美和南亚，能持续这么长时间的经济发展过程，一定是因为它们总能灵活地实现政策和体制的调整，总能鼓励和支持更新和更有效率的经济活动出现，这就是经济的韧性。有了韧性的经济体的经济发展过程实际上就是熊彼特讲的“创造性毁坏”（creative destruction）动态升级过程。用更新、更有效率的新经济活动去冲销那些旧的和失去效率的生产和投资活动，是让经济发展不至于“断流”的重要策略。不是所有的经济体在经济发展过程中都会形成这样一个创造性破坏的机制，但是我个人觉得，东亚经济体做到了，中国经济在过去30多年总体上也做到了。回顾一下我们过去30多年的经济发展，在每次遇到波折的时候，尽管也要对债务进行重组，对国有企业进行结构性的改革，对产能过剩作一些压缩，但如果政策改变的重点不是放在大力鼓励和创造更新、更有效率的经济活动的成长，去取代或者冲销那些没有效率的或造成浪费的经济活动，那么这个经济是不可能持续发展到今天的。

今天毅夫他们这本《中国的奇迹》正好也回顾与总结了中国在改革头20年的重要经验。我想这个经验就是所谓的“增量改革”，而增量式改革的结果必然是更多的和更有效率的经济活动不是从现存的部门里产生，而是在这些部门之外通过改革体制和调整政策被鼓励和创造出来的。这本书里谈到的农业的改革以及整个20世纪80年代乡镇企业的崛起，都是增量改革的结果，为我们在80年代实现平均接近10%的年均增长率立下了汗马功劳。进入90年代以后，外部条件发生了改变，我们发现中国经济又面临很大的挑战，除了国有企业的持续亏损，还遇到了90年代初的房地产泡沫，形成了大量的烂尾楼和银行的不良资产等。我们在处理这些问题上并没有什么高明的手段，只是因为我们在政策和体制上做出了艰难的改变，去鼓励和创造了更新和更有效率的经济活动。我想我前面所说的经济的韧性大概就是这样的。

一个有韧性的经济就是政策和体制总能在关键的时候做出适应性的改变，去激励一轮轮更新和更有效率的经济活动来冲销上一轮增长扩张的浪费。所以我在2012年的“世纪中国论坛”上演讲的时候说，中国迄今为止经济发展的成功很大程度上是因为我们总能在恰当的时候成功地推进制度的改革。我们今天看到很多投资活动时，说它们是浪费，说一些产能是过剩的，这么说当然也是对的，这些是上一轮增长扩张的结果。它们的确会变成经济发展的累赘，政府也要对它们进行处理。但如果指望处理好这些累赘之后才能实现未来新一轮的经济增长，则基本上没有太大希望。所以，既然是产能过剩，既然是浪费，我想我们最好要把它毁坏掉。但这个毁坏是要在价值上用更新和更有效率的经济活动来冲销的。如果是这样，经济的发展就可以延续下去。

我认为，中国经济发展的奇迹如果可以延续到后面20年，保留住这个经济的韧性才是至关重要的。有了这个韧性，在每一次中国经济遇到挑战的时候，新兴的经济活动大概都可以通过政策和体制的适应性改革被激发出来。那么，一个经济如何才能做到有这样的韧性？我个人的看法是，需要政府和市场形成良性的互动。这一点往往在我们讨论成功的经济发展案例时被忽视掉。相反，在经济学家讨论东亚经济成功的经验时，就像我们今天讨论中国经济成功的经验一样，往往把政府和市场看成是完全对立的，而不认为这两者之间要有一个良性的互动。我们必须超越把政府和市场完全对立的思维方式，如果把政府和市场看成一个可以良性互动的关系，就可以找到东亚经济在发展的前 40 年和中国经济过去 30 多年里值得总结的发展方面的宝贵经验。我认为这也应该是看待中国未来转型和发展的基本概念框架。

关于政府与市场的良性互动，在解释东亚经济成功因素的文献里并不多见，但在前不久过世的耶鲁大学古斯塔夫·拉尼斯教授（Gustav Ranis）于 1995 年发表的文章“Another Look at the East Asian Miracle”（《对东亚奇迹的再审视》）里，他表达了这样的看法：“我们不应该过分地强调在东亚的经济发展中到底是市场重要还是政府的产业政策重要，这个是非常狭隘的看法。”“如果东亚发展成功有什么秘诀的话，就是决策者在用持续不断的政策改革和一个有弹性的体制来应对不同发展阶段所产生的不同要求。”“由于这个有弹性的体制，东亚经济体在每个发展阶段上都能回到正确的发展轨道，防止了断流。每十年有每十年的挑战，而对于每个十年，政府的政策都能去顺应而非阻碍私人部门所要求的变化。”这显然是一个已经超越了市场和政府对立的“两分法”的思想了。这样的思想之所以重要，是因为这些东亚经济体在这么长时间里的发展，必须不断面对外部的挑战和冲击，必须不断面对内部的增长战略的转换。如果没有政策上的巨大调整的弹性，没有体制的适应性改革去满足更有效率的经济活动的需求，一段时期的超常增长或投资扩张遗留下来的那些累赘就会越积越多，拖垮经济的发展，让经济增长失去动力和活力。

过去 30 多年，中国总体上保持了政府和市场之间相对良性的互动关系，这种关系维持了中国这个经济体到目前为止的韧性。这种互动性的关系可以体现在很多方面，经济学家可以对之做很好的研究。比如说，财政体制方面，在改革开放之后中央力求向地方分权，高度的财政分权形成高度的地方化和地区之间的竞争，市场化的趋势得以形成，这是互动关系非常重要的体现。产业政策方面，我一直觉得中国的产业政策在国家层面上体现得很弱，基本是在地方政府的层面上体现出来的。这是因为中国有竞争力的产业的发展往往是以产业集聚的方式在地方形成与扩张。中国的产业发展不是以中央部委主导的产业集中的方式推进，这一点使市场的导向和力量得以在产业发展中保留了下来。还要提及的一个互动的方面是，地方政府始终保留了公共性的资本支出责任，没有这样的责任，中国的基础设施不可能有这么大的改进。基础设施的改进实际上为私人的投资行为创造了非常好的条件，稳定了私人投资的回报。当然，也不可忘记，地方政府始终希望帮助地方企业去对接全球生产链也是政府与市场良性互动的重要表现。像浙江、广东就做得非常出色，它们把地方企业成功地连接到了全球的生产链中，这也是今天中国经济最有活力的部分。除此之外，地方政府都比较支持局部制度的创新，从当年的乡镇企业、财政包干，到上世纪 90 年代的民营企业的崛起，再到现在的土地制度、户籍制度的改革，都是靠地方的局部改革试验来形成主流和共识的。这样就可以不断克服经济面临的新约束。中国经济走到一定阶段，就要面临新的约束。没有任何一次性的改革可以解决所有的问题，需要不断地克服各种各样的约束。而这需要政府与市场的互动而非割裂才有可能。

中国经济在 2008 年以后受到了外部的冲击和内部的挑战，所以我们要推进政策的变革和体制的改革，需要鼓励更多、更新、更有效率的经济活动和经济部门的发展，这一点应该说已经成为了共识。只要我们能够像过去那样保持政府和市场间的互动，能够让中国这个经济体继续保持韧性，新兴的更有效率的经济互动就会不断地出现。中国经济的“创造性毁坏”的过程之所以还可以持续，是因为有条件，毕竟中国的人均 GDP 水平、人均资本存量水平还非常低，只有发达经济体的 10%—20%，消费结构有很大的变化和升级的空间，经济结构变化和产业升级的趋势也会不断创造投资机会。例如，城市化过程就代表了更新、更有效率的经济活动产生的巨大机会。

经济制度与中国改革 *

樊　纲

在我们的大千世界中制度无处不在。分析制度形成与变迁的逻辑，说明制度的重要，解释制度与文化的关系，与政府、政策的关系，论证为什么我们现代的经济学者特别重视制度的因素，我们为什么要进行体制改革。体制改革是过去二三十年中国经济社会生活的主题之一，人们对改革的事情议论纷纷，也就对我们这些研究者提出了各种各样的问题，要求我们从各个角度进行解答。

我想通过这篇文章，把有关制度的主要问题稍微系统地整理一番，供大家参考。同时，也借助这篇文章，把有关制度的那些话，再强调一下，或是把那些没有说过的略加论述，以补不足。我力争在有限的篇幅内，用较为简洁的语言，系统地把制度经济学的主要问题，提纲挈领地表述一番。

---

* 上海世纪出版集团总裁陈昕邀请我参加 2014 年 10 月初在上海举办的“《中国的奇迹：发展战略与经济改革》新一版出版座谈会暨中国经济的改革与发展研讨会”，但由于与先前已经答应出席的在欧洲举办的会议冲突，我无法参加这个会，故以此文作为书面参会。

1．什么是制度：制度是规范人与人利益关系的一套规则

制度是强制执行的人与人之间关系的行为规范。

鲁宾孙漂流到荒岛，一个人的时候，发生的一切都是人与自然、人与物质世界的关系：他用多少时间去觅食，用多少时间建造逃生的小船，如何抵御风雨，等等。星期五的出现，有了两个人，就有了人与人的社会关系，这时就要有规范人们利益关系的制度了：产品如何分配，财富归谁所有，谁干什么活，谁听谁的，等等。所有权关系是这一切经济关系的基础，而与各种利益相关的那些产权关系（property rights，复数），是制度所要规范的主要内容。

正式的制度是要“成文的”，也就是要在事后发生利益纠纷时，有案可查。两个人之间办一件事的“协议”，就是一种制度。协议条款越写越多，说明大家在实践中发现要规范的事情越来越多。协议、合同中的一些常见的条款，最后变成公共的制度，大家写一句“按相关法律”办事，就可以省去许多笔墨。

同时，正式的制度是要强制执行的，其意义就在于如果有人不按规范办事，是要有惩罚的，要为此支付成本。而这就是说，制度不仅是写在纸上的一些条款，而且要有一套组织加以贯彻，要有可信的惩罚机制。有立法而无司法、更无有效的司法，不构成真正的制度。

有正式的制度，相应地也就会有所谓“非正式”的制度，这指的是一些不成文的、没有强制执行的“社会行为准则”(social codes)。但这些行为准则与一般的所谓“道德”的差别在于，它们也是会有惩罚作为后盾的。比如在一个“熟人”市场中，一个人骗了人，以后大家都不与他做生意，他就没了市场，收入下降。只有这时，不能骗人，才构成这一社会中的非正式制度。在历史上的很多场合，社会的确是靠这种非正式的制度维系的。但是在一个流动性越来越大、大多数情况下人们是与“生人”打交道的场合，正式的制度（包括信用记录制度）就成为必需。

2．制度的逻辑：人之初，性本恶

经济学的一个前提假设（公理性假设）是：人之初，性本恶；人不仅以追求自身利益最大化为目的，而且机会主义，一有机会就会损人利己，做出坑蒙拐骗、贪污苟且的事情。

制度的作用就是尽可能明确地界定不同个人之间的利益边界（产权），规范人们的行为，尽可能地减少一些人损害另一些人的利益的事情。这样每个人都在明确的边界内最大限度地发挥创造性，追求利益最大化，整个社会的利益也就实现了最大化。

好的制度“扬善惩恶”，那么它的基本的前提假设就是，存在着“坏人”。不一定假定大家都是坏人，但是只要有一个坏人存在，就要有制度存在，否则这个坏人做了坏事不能受到惩罚，下一个人就会学着也去做坏事，结果就是“劣币驱逐良币”，世风日下，道德沦丧，好人也变成了坏人。

以前苏联版本的“政治经济学”假定一搞公有制计划经济，大家就都以“全民利益”为目标而努力工作，大公而无私。按此逻辑设计了制度的结果是人们越来越懒，产品质量越来越差，经济活力越来越低，贪污腐败越来越严重，最后走向灭亡。制度的逻辑错了，一错到底。

其他学问（比如伦理学、人类学，比如宗教）可以假定人之初性本善，可以假定人可以被教化，可以都是好人，经济学则不同，必须假定坏人的存在。在一个人人都追求利益最大化，而人们的利益会有“重叠”、每个人的行为会有许多“外部性”的世界里，必须有制度来防止一些人的正当利益被他人所损害。假定存在坏人，是为了保护好人。

3．制度的成本：有效的制度是在现实中真正起作用的制度

任何交易都是有成本的，包括要花时间了解交易对方的信息，要承担交易损失的风险，等等。在一般意义上，这是人与人打交道时所要花费的成本。经济学称为交易成本。

任何一种制度的形成与执行，也是要有成本的，是社会总交易成本的一种。起草和制定一种制度要花费许多人的时间，而执行这一制度，也就是使它成为可信的、真正有约束力的制度，要有司法体系，要有监督与检查，要有警察和监狱，都是费时费力的。打官司不仅要花律师费，告状的一方还要花费很多的时间与精力。这些都是这种制度成本的一个组成部分。

制度成本太高，往往会导致制度无法实施，甚至导致一种制度流于形式，构不成可信的制度。这种情况出现时，我们就应该想到，也许是制度本身的某些环节上存在更为根本性的问题。比如说反对腐败，如果腐败的人太多，导致所谓的“法不责众”，我们就应该去想为什么腐败这么容易发生，监管起来这么难。腐败的定义是以公权谋私利。如果公权太多、“公钱”太多，腐败自然容易发生，而且一定是因为要被监管的人太多而监管成本太高，导致查也查不过来，抓也抓不彻底。这时我们就应该去想一想是不是问题的根本在于公权和公钱太多，政府管的事太多？不从这些根本的制度上着手，只是抓监督与检查，结果是制度成本太高，还是无法有效地抑制腐败。好的制度不仅体现公平正义，还要便于实施，有效可信。

制度经济学的代表人物美国经济学家科斯提出的一个著名假说是：如果不存在交易成本，把产权界定给谁都没有关系，人们可以通过交易达到同样的利益均衡。但这一假说的反命题就是：交易成本的存在，决定了产权界定是重要的！事实上，由于产权本身决定了谁来支付交易成本，制度的结构就会决定经济的结构。从这个意义上说，能否对交易成本或制度成本给予充分的补偿，关系到能不能有一个好的制度。告状打官司是一件费时费力有风险的事，而如果赢了官司，也不能给予胜诉者以足够高额的补偿，不能对败诉的一方给予足够大的惩罚，那么人们就会选择“忍气吞声”，从而好的制度也会流于形式而不能真正地起到应起的作用。

还要认识到的是，制度是在问题出现的过程中形成和完善的（后面会对此做进一步的阐述），法律是在案例和判例发生的过程中得以实现其效力的。从这个意义上来说，那些敢于锲而不舍地告状、敢于冒着败诉的风险打官司的人，实事上是在为社会提供着公共服务，承担着制度的成本，所以应该得到相应的补偿与奖励。而我们这些遇到不公之事“忍了”、见到恶人坏事“躲了”，心里却盼着别人去告状、去纠正的怕事之徒，不过是想搭那些勇于告状者的便车，因此，这个制度应该向我们这些人征税，去奖励那些为完善制度而勇于告状的人们。由此推论，那些“专职打假”的公司，有收入是完全正当的（我们在此当然是假定它们真的打假，而不是讹诈）。理论上说，它们的收入只要没有超过为别人节省下来的制度成本的总和，就是合理的或者说合算的。

4．制度是一种公共品：不可以“刑不上大夫”

好的制度从本质上说必须不具有任何“排他性”，要能够被所有在这一制度下生活的人所“消费”，并且是强制性地“消费”。不能因为某些人有权有势，就“刑不上大夫”，也不能因为怜悯，就对一介草民网开一面。在现实中，任何制度的执行总会受到这样那样的因素的干扰，这些因素可以是政治的，也可以是人情的，但制度的设计和制度的实施，必须以一视同仁为宗旨。

制度之所以是一种公共品，其原因还在于在那些存在“外部性”的领域，制度特别重要。在私人物品生产和交易的领域，由于个人利益比较容易界定，市场竞争与定价机制可以较为充分地发挥作用，个人的趋利避害的行为本身就可以实现资源的有效配置，制度的约束就显得不那么重要。而在存在外部性的公共品的消费中，制度的约束就至关重要。比如发生环境污染的场合，个人成本与社会成本会发生偏离，产权界定与保护的制度，立法与执法的机制，就必须发挥作用，否则污染会越来越严重。公权之所以要严加规范，就是因为它会关系到许多人的利益，关系到公共服务的提供。金融系统的监管，食品的检疫，公共卫生的监督，都是同理。

市场经济本身是一套以产权界定与产权保护为基础的制度，但市场经济的法则主要适用于私人物品的生产与交换。而在现实中，我们每天消费着的还有大量的公共品，在那些外部性较大、信息不对称较为严重的领域，“市场失灵”的问题就会发生，就需要有其他的制度来加以规范。经济越发展，人们消费的公共品越多，收入差距、环境污染、公共卫生、经济波动这些问题就越为显著，就越需要有相关的制度来加以保障。

正因如此，发展到今天的现代市场经济制度，就不仅是有些人所理解的只是私有产权保护与定价机制这些基础性的制度，而是还要加上公共服务、社会保障、行业监管、宏观调控、环境保护等一系列有关公共品的制度，它是所有与私人物品和公共物品相关的各种制度的大集合。

在市场化改革初期，人们针对计划经济的弊端，较为强调与私人品生产与交换相关的市场制度，不太关注与公共品相关的制度。市场经济发展到今天，那些对有效经济制度的狭隘理解显然不符合时代的要求了。

5．法治的原则：用“负面清单”管理市场，用“正面清单”约束政府

一个社会所生产的产品，分为私人物品与公共物品两种。所谓私人物品，是指那些外部性较小、消费具有排他性、利益边界比较容易界定从而定价比较容易的物品。这种物品基本上可以用市场的办法加以交易，制度也应该鼓励千百万人发挥创新力，创造出越来越多的私人物品，在追求更大的私人收益的过程中，提高人们的收入，使人们享受更大的福利。对于提供私人物品的个人与企业，制度应该“敞开口子”让人们去发挥、去竞争、去创新，只在发现创新的产品会有负面的社会外部性，对其他人的利益造成一定损害时，才对其加以适当的规范与限制，也就是纳入监管的范围。

这就涉及“法治第一原则”，即对于企业和市场而言，凡是原来制度没有禁止的事情，都是可以做的，做了是不“犯法”的。只有这样，人们才可以发挥创造力，创造出前所未有、前所未闻的东西来，经济才能发展。如果个人和企业只能做制度规定可以做的事，就是说在制定制度时已知道这个事可做了，还谈什么创新呢？事事都要政府审批了才能做，一定是不会有创新的，因为政府不是一个创新机构，它都知道了的事，一定不是“新的”事；这样的制度一定不是一个鼓励创新的制度，因此也就一定不是一个有效率的制度。

用现在大家开始熟悉起来的话说，就是应该用“负面清单”管理市场：凡是制度或法律没有规定不可以做的，就都是可以做的。人们事后可以发现有些新的产品或新的经济活动是有负面外部性的，也就是会对交易双方之外的人产生不利的影响，比如污染了环境或导致金融风险。也许其后会有立法对其加以一定的限制，但在这新的法律生效之前，个人和企业的行为并不违法，不应受到惩罚。只有这样，千百万人的创造力才能极大地发挥出来（尽管我们可以从道德上教育或劝说大家应该在创新时就考虑到对别人可能产生的不利影响）。

另一种产品称为公共产品，其特点是因为其消费的不排他，利益界定比较困难，定价成本太高，导致无法用市场交易的办法加以提供，只能通过某种公共财政的方法由某种公共机构向大众提供。比如一盏路灯，你也可以从它下面走过，我也可以从它下面走过，都能获益。但是一旦说我也要为此付费，我就会说我熟门熟路视力又好并不需要，所以我不该付费，出现所谓“搭便车”或“败德”的问题。要想搞清楚我究竟从这盏路灯上获得了多少好处、要付多少比例的费，可就麻烦了。所以这时，一个交易成本较低的办法就是不做个体的区分，按照同一比例向所有人征税，由一个公共机构（它称为政府还是其他什么名字不重要）来加以提供。国防、外交、消防、环保、食品安全、贫困救济等等，都属于这类情况。这就是政府一类的公共机构产生与存在的经济学原理。它们的职责从经济学的逻辑上说就是提供公共物品。

但是这时就出现了一个问题：公共物品的供给，本身具有“垄断性”，因为一个国家不可能需要两套国防体系。这种公共权利的垄断性，导致了一种危险，就是政府权力可能因其垄断性而无限扩张，必须加以约束。因此，对于政府职权而言，必须是“正面清单”管理：只有法律规定可以做的事，才是可做的；法律没有规定可做的事，是不可以随便“创新”的，权力不可以随意“膨胀”！

总之，对于一个社会而言，制度具有双重性：对于私权而言，要用“负面清单”管理，凡是没有规定不可以做的，都是可做的，以发挥大家好的创造力；而对于公权而言，要“正面清单”约束，凡是没有规定可以做的，都是不可以做的，不可“创新”地扩大政府的审批与干涉范围。

个人、企业、市场要有，政府也要有，各有各的职责，这是不需要争论的问题。问题在于，我们旧体制的一个根本性的弊端，是把事情“搞反了”：个人和企业不可以做政府不知道的事，而政府可以任意做它想做的事。

6．制度为什么重要：节省交易成本，促进经济增长

制度为什么重要，从根本上说，就是它可以节省交易成本。用比较通俗的话说，就是减少麻烦。如果制度是可信的，也就是说，如果有人不按制度办，违反了法律，是会受到惩罚的，那么人们就可以对他人如何行事有一个比较可靠的预期，与他们打交道时就会比较简单，用不着防这防那，可以节省大量的时间与精力。即使出了问题，有制度可循，有法律可依，就没有什么争议，处理起来比较方便、简单。有人说在一些法治比较发达的国家生活工作做生意都比较简单，不用面对许多复杂的人情关系，其实就是说明这些国家的制度已经比较发达，人们对他人的行为都有了一个比较稳定的预期。

好的制度的一个标准就是，它是不是明确而清晰地界定了各方的权利与责任，是不是涵盖了可能发生的各种问题，是不是有一个简单明了的处理问题的程序。同时，好的制度的形成一定是一个不断发展、不断修订的过程，因为最初人们不可能预见到所有可能发生的利益冲突，只有在实践中不断“出事”的过程中，才能发现原制度的缺陷，才能不断地改进，不断地使制度趋于缜密，做到“法网恢恢，疏而不漏”。

但这时就出现了另一方面的问题：制度越发达，往往就越复杂，法律条文就越多，多到一般人都记不住搞不懂的程度，必须花钱聘请律师等法律专家来搞清楚相关的规章制度，处理各种利益关系。制度复杂，法律程序就复杂，往往得要好多人参与，费时费力费钱，最终不过是解决一个小问题。于是人们就会抱怨打官司贵，抱怨制度不合理，成本太高。但是，如果仔细分析下来，在规章制度基本合理的情况下，只要“打官司的成本”低于旷日持久扯皮扯不清时各方所要花费的时间与精力成本的总和，这个社会支付的制度成本就是合算的。制度的重要，首先就在于它可以减少扯皮。

制度最初不太发达，一方面是表现为它还不能覆盖许多可能发生的情况（因为早期它们还没有发生过），另一方面表现为制度规定的解决问题的程序不够清晰明了，所以会需要支付一些不合理的成本。但只要有一个不断改进的机制，使制度不断地发展和完善，制度成本就会降低，社会运作起来就更有效率。反过来说，这也给我们提供了一个发展制度、改革制度、完善制度的思路：既然制度的作用在于节省扯皮的成本，制度的发展方向就是进一步地降低这些成本，而不是搞出各种繁文缛节，加大大家的成本。

节省了成本，就是提高了效率，经济增长就会快一些。从而从另一方面即“增加产出”的方面来看，制度的重要性就在于它可以提供正确的激励，使人们发挥创新能力，追求更大的新利益。比如，保护产权包括知识产权的制度，就可以使人们为了追求自身利益的最大化而不断创新以获得创新的超额利润或额外收入，经济中的商业模式和科学技术就会不断创新，生产率不断提高，经济增长和经济发展就有了持久的动力。正是在这个意义上，现代增长理论和发展经济学已经把最近几十年来制度经济学研究的成果吸收进来，把制度改进定义为决定经济增长的第四个要素。另外三个要素是：资源、劳动和知识（有知识和技术附着的资源就演化为“资本”，受过教育的劳动就成为“人力资本”）。

体制改革之所以可以促进增长，可以提供“红利”，就是因为它可以节省成本、提高效率、鼓励创新。中国这几十年的发展经历，为制度的作用提供了最生动的佐证。地还是原来的地，人还是原来的人，耕作技术还是原来的技术，旧体制下吃不饱饭，改了一下，实行家庭联产承包责任制，两年的时间粮食就多得要降价才卖得掉，充分说明制度改进本身就是增长的要素。

7．腐败的制度原因：要讲制度而不是讲道德

好的制度促进经济增长，不好的制度导致不好的结果，效率低下不说，还会产生像腐败这样的恶果。我们就不妨借腐败这件事分析一下为什么制度比道德更重要。

官员不断出现腐败，人们的矛头往往首先指向这些官员不讲道德，主张加强思想教育，使他们认识到自己应该为人民服务，要大公无私。可是道德说教了几十年，腐败却有增无减。这里的基本逻辑其实在于：道德说教固然必要，但只要制度存在缺陷，一个官员的腐败没有得到应有的惩罚，就会使另一些官员仿而效之，最终，“劣币驱逐良币”，大家都不再讲什么大公无私的道德，腐败便会盛行起来。

什么样的制度才能抑制腐败呢？

第一，公权不能太多，公钱不能太多。腐败的定义是以公权谋私利，公权越多，腐败的可能性越大，惩治腐败的难度就越大，成本就越高，腐败就越难以抑制。所以说，政府放权、国企改革、让私人部门和市场去“以私权谋私利”，是从基本的制度上减少腐败的可能性，抑制腐败就会变得更加容易。

第二，加强制度的监督。腐败被发现的可能性提高，腐败的成本（腐败官员所面临的损失）就会加大，使腐败成为“不合算”的事情。

第三，要有腐败惩罚力度更大的制度。发现了腐败，惩罚力度太小，腐败的成本太小，腐败就会变成“合算的买卖”。

我曾经鼓吹“经济学不讲道德”，不是否定道德说教的重要性，只是说，经济学的特殊“职业方法”不是道德说教，而是改革制度。要讲制度而不是讲道德，用制度去抑制腐败，而不是寄希望于人们的“良心发现”。道德的批判，是对“小民”的批判；对制度的批判，才是对“权势”的批判，因为是权势制定了制度或阻碍着制度的变革。

8．制度变革为什么难：既得利益的阻碍

既然制度这么重要，改变制度可以获得收益、提高经济效率，但为什么许多改革还是迟迟不动呢？或者说有些人就是不愿意改呢？

经过了30多年的改革进程，我想现在大家对这个问题可能都比较了解了。一个对大家整体有好处的体制，对一些人，也许只是少数人，可能不一定好，因为他的既得利益会被削弱，他就会反对这一改革。或者，改革也许长远来说对大家都有好处，但是有些人要为此付出的成本更大一些，他觉得不合算，也会反对改革。甚至改革成本的付出和收益的获得在时间上是分开的，得益要很久以后才兑现，而成本是现在就要付出的，这可能就会使一些既得利益者因为这种改革成本与收入在时间过程中的配置特征而反对改革。总之，就像收入分配不均会产生社会矛盾一样，再好的改革也可能会因制度红利的分配比例的改变，而产生对改革的阻力。

从更根本的意义上说，改革就是利益重新分配的过程。如果原来偷懒的人现在可以继续偷懒继续拿原来的工资，原来腐败的人继续腐败，那就说明改革根本没有发生，因为利益格局并没有发生变化。正是在这个意义上，经济学通常所说的“没有人受损，至少有一人受益”的所谓“帕累托改进”，在制度改革的问题上根本是不适用的，因为如果没有至少一个人受损，制度变革就没有发生。比如说经济学经典的关于打破垄断的分析是说消除了垄断，实现了竞争，社会收益增长了。但这时至少有一个人即原来的垄断者的利润是要下降的，否则还叫什么打破垄断？

改革的阻力来自既得利益者，这一点已经被越来越多的人认识到了。最近甚至出现了这样的说法：以前的改革之所以还顺利，是因为没有既得利益者，现在改革步履维艰是因为有了各种既得利益集团。其实，任何改革都会有阻力，因为在任何时候都有既得利益者。30多年前的农村改革，有的人是写了血书的，就是怕既得利益集团的抵抗。改革价格体制的时候，既得利益集团更不可谓不大：一切可以用粮票买低价粮的城市居民都是旧体制的既得利益者。既得利益集团时时都有，只不过时至今日，反对改革的已经不是当初的那些人，而是换了一些新的既得利益者罢了。既得利益集团会因制度的不同而不断变化，既得利益集团阻碍改革是一般性的规律。我就“转轨经济学”或体制改革问题发表的第一篇论文《非帕累托改变：既得利益与改革阻力》，就是因为当时认识到这是改革的一个基本问题。

所以说，改革的事，首要的也是根本性的问题不是技术性的，而是社会性的，只不过有时技术上做得好一些，会使阻力小一些，改革得以推进。化解改革的一个一般性的“技术手段”，就是通过对既得利益者的适当的“补偿”或“赎买”，使得既得利益者的损失小一些，他们就会较容易接受改革。在我们的“工资单”中存在很长时间的“粮食与副食补贴”，其实就是为了取消粮票而对大家的一种补偿。只要改革带来的好处大于这些补偿，就是合算的。经济学中的补偿原理，就是为了使得制度改革更“像”是一种没有人受损失的“帕累托改进”，使改革得以克服阻力。我们今天的改革，同样需要思考这样的问题。改革不是革命，差别就在于不是把既得利益者（个人与机构）消灭，而是使他们“转轨”到新的体制中去。

9．“制度转轨”还是“制度变迁”：转轨经济学的特点

作为制度经济学一个分支的“转轨经济学”，兴起于20世纪80—90年代。那时中国的改革已经进行了一段时间，然后又发生了苏联、东欧的“解体”，原来实行计划经济的国家纷纷开始了向市场经济转变的过程，人们就把这个制度变化的过程称为“体制转轨”(institutional transition)，将描述分析这一过程的理论称为“转轨经济学”(economics of transition)。不过这就在理论概念上产生了一个问题：古典制度经济学中描述从一个制度向另一种制度转变过程的概念是“制度变迁”(institutional change)。我们现在的“转轨”，是不是与古典制度经济学研究的历史上的那些制度变迁，比如从中世纪的庄园制度向市场经济制度的转变，有什么本质的差别，需要用另一个概念来加以概括呢?

其实差别真的是存在的。最基本的差别是，历史上的制度变迁发生时，人们总的来说是“盲目”的，他们知道要为了捕捉新的利益机会而改变制度，但却不知道自己究竟会向、要向什么样的“目标模式”进行转变。在一

两百年的历史长河中，人们一步一步地摸索，每次作出一些微小的变化，却并不知道自己最终要实现的大致是怎样的一个制度。而“从计划经济向市场经济转轨”这句今天的改革者们挂在嘴边的话就已经清楚地说明，20世纪末发生的制度变革过程中，人们是知道、至少是大致地知道自己从哪里来，要到哪里去，是有一个目标模式的。历史上计划经济体系的建立，也是一个知道“目标模式”的制度变革，但那个变革与今天的差异则在于，计划经济的出现，是一个从资本主义市场经济向一个最初只在理论上存在但尚未在现实中存在的制度模式的转变。而20世纪末的这次变革，则是从一个已经存在了的制度向另一个已经存在并在其他国家继续存在的制度的转变。

因此，“制度转轨”这个概念的特殊之处就在于，它描述的是从一种已经存在的制度向另一种已知的、已经存在着的制度进行转变的过程。这其实可以使我们更加清楚地理解邓小平的名言“摸着石头过河”——要过河，要去彼岸，这是知道的，不知道的仅在于如何过河，所以要摸着石头加以探索。彼岸的很多细节我们可能也还不是很清楚，但是大致上是知道中国要搞一个什么样的制度。“市场”这个概念很早就作为一个目标模式被提出来，是说明很多问题的。这也说明了我们正在进行着的，是一场历史上很特殊的制度变革。

10. 制度转轨的一般性与国别性

从上世纪90年代开始，一大批国家开始了体制转轨的过程，但是体制转轨的方式却多种多样。用简单的归类法可以说存在着两种不同的转轨方式，一种是“大爆炸”式的激进的改革，以俄罗斯为代表，另一种是中国式的渐进式改革。两种方式孰优孰劣是制度经济学和转轨经济学热烈争论的一个命题。

在我看来，中国与俄罗斯的差别首先在于旧体制的“覆盖程度”有很大的不同。苏联几乎90%的GDP来自国有计划部门，几乎所有的劳动力都加入了统一的社会保障体系。而1978年的中国，国有部门只占GDP的不到60%，享受统一社会保障的只有劳动力总数18%左右的国有企业职工。因此，在俄罗斯，不首先改革国有部门，把劳动力和生产力“释放”出来，非国有经济就不可能发展。而在中国，由于大多数劳动力都在非国有的农业部门，只要实行了农业改革，允许乡镇工业和服务业在市场上发展，就可以在先不进行国有部门改革的情况下就开始非国有经济的发展，通过一种“双轨制”的方式，使新的体制成长起来，逐步为改革旧体制创造条件。

其次，更深一层的经济关系在于，中国与俄罗斯在经济发展阶段上有着很大的差别。苏联在继承了旧俄罗斯工业革命的基础上，基本实现了工业化，收入水平较高，受教育水平较高。而1978年的中国，尽管在新中国的计划体制下初步建立了工业的基础，但总的来说，仍属于一个相当落后的发展中国家，人均收入位列世界最低发展程度的范畴，受教育水平仍然很低。这就决定了中国的制度改革必须随着经济的发展而逐步展开，而俄罗斯则尽管开始阶段会有较大的阵痛，却相对容易引入发达国家的一些制度要素，可以较快地实现转轨。在这个意义上，中国与俄罗斯的差别在于发展阶段的差别。

另一个重要的因素，是历史背景的差异。俄罗斯本来就是一个欧洲国家，宗教、文化、政治、法律与西欧北美有着诸多的共性，因此可以较大程度地发挥“后发优势”或“知识外溢”，比较容易以一种简单的方式移植西方的制度，不需要太多自己的创新。而中国在过去两千多年的历史上与西方有着太多根本性的差异，从政治制度到宗教文化，走过了极不相同的历史路径（在此我们不可能进行更多的详细论证，只能留待进一步的研究）。要在这样一种独特的历史背景下实行最初由西方人发展起来的市场经济制度，没有简单的一切照搬的办法，而只能在渐进的过程中创造性地进行制度转轨。在一定意义上，中国的体制改革不是简单的转轨，而是一个大方向基本明确前提下的“适应性体制创新”。几百年后，各国的制度可能“趋同”（西方国家也一定要不断改革和调整），但是各国走过的路径却可能因历史背景的差异而各不相同。

总之，确实存在着一些可以称为“中国特色”的东西，确实存在着具有中国特色的制度转轨。差别主要在于各国的起始条件不同、发展阶段不同、历史背景不同，而不在于孰优孰劣。

11．中国的体制转轨，是一个漫长的发展过程

就体制改革与经济发展的关系而言，中国与俄罗斯的差别在于：俄罗斯是作为一个经济已经较为发达的国家实行制度改革，而中国既是一个经济落后的发展中国家，又是一个从计划经济向市场经济转轨的国家，改革与发展同时进行，相互制约又相互影响、相互促进。正因如此，我们要充分估计中国“双重使命”的复杂性，充分认识到中国改革与发展的长期性。没有发展，我们的制度就不可能完善，而没有制度变革，我们的发展就会因效率低下而困难重重。

中国作为落后国家的一个重要的“后发劣势”在于，人们（国外的人与国内的人）往往会用发达国家比较完善的市场经济制度来直接对比我们当前的制度缺陷，并不认真思考发展阶段的差异和历史背景的差异。我们现在面临的许多问题，发达国家在历史上与我们类似的发展阶段中同样存在过，当时的情况可能比我们还糟。但是当下的人们不会去进行这种历史的比较，而往往做着当下“横断面”的直接比较，并由此提出各种超越历史的诉求，各种“大跃进”或“体制赶超”的主张就会层出不穷。在此，作为经济学者，我们的一个重要责任就在于提醒人们要有足够的“历史耐心”，直面我们作为一个落后国家可能面对的发展与改革的特殊问题和特殊困难，积极推动改革，同时坚持以一种平和的心态走过我们必须走过的历史阶段，才能真正实现我们的希望和理想，实现“中华民族的伟大复兴”。

专题讨论　主　持：周八骏

议题1：未来发展速度和经济结构调整

议题2：环境资源约束和生产要素供给

议题3：国企改革与产权制度

议题4：市场体系建设与监管

议题5：市场体系中的中央与地方政府和新型财政制度的构建

议题6：现代金融体系和中国金融改革

议题7：全球经济格局与中国经济结构调整

议题8：人民币国际化和资本账户开放

议题9：政府与市场关系的理论与政策框架

议题10：深化改革的推动方式

议题 1：未来发展速度和经济结构调整

主发言人：姚　洋　蔡　昉

姚　洋：我先来说说成功跨越了中等收入陷阱的经济体的共性。我的一个学生把全世界的经济发展数据仔细看了一遍，作了各种各样的比较，发现那些成功的经济体的共性非常明确，即高储蓄、高投资、高教育水平、高制造业水平。我要说明一下，制造业比重高的经济体容易跨越中等收入陷阱，也就是经济体工业化的时间持续越长，制造业占比越高，越可能跨越中等收入陷阱。这在东亚非常明显，而南美工业化的时间比较短，制造业占比没有达到很高的程度。其他的共性还包括比较高的劳动人口比即劳动力比较多，比较稳定的宏观经济环境，比较稳定的政治。失败的经济体呢？它们其实没有共性，只有各种各样的失败理由，就像托尔斯泰的那句话：幸福的家庭都是相似的，不幸的家庭各有各的不幸。对比一下中国和这些“幸福的家庭”，该有的共性几乎都达到了，只在一点上中国和所有的成功经济体有所不同，即中国的收入差距比它们高多了。成功的经济体的基尼系数都在 0.35 到 0.37，中国是 0.50，这一点可能会影响到中国未来的经济增长。好在我国政府看到危机之后在改善收入分配状况，官方的基尼系数数据从 2008 年开始下降，北大的CFPS数据也显示从2010年到2012年我国的基尼系数有所下降，希望这可以持续，但可能不太乐观。读完《21世纪资本论》这本书之后，我被说服了：资本回报率r大于经济增长率g导致资本和产出之间的比例上升，资本的分配越来越不均最终导致收入分配越来越不均。也许这还是资本主义发展不可避免的一个规律，但正是我们要加以注意的。

回过头来说说中国未来10年的经济增长潜力有多少。对此，一些机构、一些学者的预测都是比较低的。蔡昉他们给出的数据也是比较低的，都是在7%以下。之所以给出这么低的预测，主要是由于三个方面的原因：一是人口结构的变化，二是投资增速的下降，三是TFP增速的下降。对于这三个方面的原因，可能是我们估计得过于悲观了。

先来看人口。我国的人口红利的确在2010年是高峰，之后劳动人口比在下降。劳动人口比越高越好，它开始下降对经济增长肯定是负项。但也没有我们想象的那么糟，到2030年中国的劳动人口比还是全世界最高的，直到那个时候之后才会被南亚的经济体超越。如果中国对自己人口结构的变化是悲观的，那全世界其他经济体就该更悲观了。至少在一段时间里中国还是有人口红利的，只不过在缩小，但不能说人口红利消失了。现在媒体上说我们的人口红利消失了，这个说法不正确，应该只是在下降而已。我们看到，中国的就业率太低，不仅女性就业率低，男性就业率也低，女性就业率不到65%，男性就业率是80%多一点。其中一个最重要的原因就是我国的退休年龄太低。蓝领工人中女性50岁可以退休，而且我估计，中国这个年龄段的女性中大概有30%—40%会活过90岁。这意味着她们拿社保的时间要大大超过她们工作的时间，这是不可持续的。另外也说明我国的退休年龄有很高的提高空间，我们现在每年将女职工退休年龄提高半岁，到2030年提高到60岁，我觉得这不会引起大的社会震动，这是应该可以做到的。而且这样做了之后，可以替代劳动人口数量的下降，我国的劳动人口每年大概下降250万，通过延长退休年龄基本就可以被吸收了。另外，我们忽略了教育水平的提高。单独看教育年限的差距，20岁这群人的教育年限比50岁这一级的教育年限高4.3年，这是绝对差距。另外一方面，是教育质量的差别，因为新的人接受的教育要比老的人接受的教育好，所以新的劳动人口的产出率要高。根据基于CFPS的数据计算出来的结果，只看私人回报，不看公共回报，即只看自己的收入，20岁这拨人的生产力是50岁这拨人的2倍，这个替代完全可以解决人口问题。所以，人口在未来肯定是大问题，但我个人认为未来20年人口问题不会成为影响中国经济增长非常重要的因素。

第二方面的原因是投资增速肯定会下降。会不会突然降到10%以下呢？这种可能性出现的概率很小。我们来看一下储蓄率，2007年最高，52%，现在下降到48%，也就是每年下降0.8个百分点。国民储蓄率要下降到40%，还需要10年的时间。在此期间，我国保持一定的投资增速完全可能，投资率低于10%的可能性是极小的。林老师说了日本、韩国、我国台湾的例子，它们达到我国现在的收入水平之后，还是保持了很高的投资增速。投资增速不太容易低于10%。

很多人计算后说我国的TFP增速下降很多。武晓鹰甚至计算出这几年的TFP是负的。我个人觉得，我们不能太夸大了TFP的真实性。看一下TFP的测量数据，经济在景气期TFP增速就快，在不景气阶段，TFP增速就下来了，完全是顺周期的。中国现在在下行期，TFP增速当然就下来了，不能因此来说我国的经济效率低了。我觉得应该看投入和产出的指标。投入最主要的指标是R&D占GDP的比例，这几年上升非常快，2014年要超过2%了，2015年会达到2.2%，照这个速度，2020年就将达到发达国家的水平即2.5%。这么大的投入肯定有产出。技术的改进不可能是很低的速度，这里面是经济学家自己的方法有问题。综合起来考虑，我们对未来增长的预期应比我们通常想的要更有信心一些。

最近，我们用世界平均水平对中国作了一个预测。如果光拿中国来推算有一个问题：以前中国所有的量都是往上走的，现在往下走了，往下走的负面影响可能会被夸大。我们就用过去40年100多个国家和地区的数据来做一个增长方程，把中国放到这个增长方程里进行预测。预测的结果是未来10

年中国经济的增长速度应该保持在6.9%到7.5%之间，这是一个缓慢下降的过程。我们还假设劳动人口占比加速下降，但是假设投资还会保持12%的增长速度。其他的因素是正向的，科技投入、科技产出的指标在上升，大学入学率在上升，这些会弥补劳动力的下降。相比于2008年之前，的确中国的经济增长率进入了新常态，但是这个新常态不像我们多数人想象的会降到7%以下。林老师提出中国的经济增长速度在“十三五”期间应该定在7%到7.5%，我觉得这是合理的区间。

蔡　昉：过去我们在设定一个对未来增长速度预期的时候，通常都是用外推的办法，就是看过去常态是什么样的，今后没有特别的外部冲击则应该会保持这样一个常态。但是中国就遇到了我们所说的常态的转变。常态、新常态可以说是官方的用语，经济学则是说某个特定的经济稳态（steady state），在不同的发展阶段上它是不一样的。所以经历了发展阶段的变化可能就会面临不同的常态，因此外推的办法就不太能用了。一种解决办法就是把国际上的情况加进来作为参照，也可以说就是用一个大规模的分国别的长期数据来作参照，里面包含了不同类型的国家，所以也就会有发展阶段的变化。还有一种可能就是，把一些和中国走过特别相同的道路，但已经属于先行国家行列的经济体的特定时期来进行比较。

但是，因为我做了这么多年人口和经济发展关系的研究，最后发现不同国家的人口变化速度是不一样的，也就是所谓人口转变速度差异非常大。无论有计划生育政策还是没有计划生育政策，都是如此。中国的确经历了以前任何国家和地区都没有过的快速人口转变，也就是说从高生育率到低生育率的转变。而且这个转变之快是非常极端的，就是说我国的生育水平降到了全世界最低的水平只是过去30多年所发生的事情。这里我还没有说人口普查数。如果说人口普查数，现在中国只有1.18的总和生育率，恐怕全世界都找不到几个经济体是这样的。我们就取目前官方能接受、学者也能接受的总和生育率即1.4。这个总和生育率比更替水平已经低了很多了，目前日本的总和生育率大概就是1.4，这就是说，我国绝对是世界上总和生育率最低的经济体之一。而且我国保持低生育水平多年，人口的年龄结构就会发生比较快的变化，一代人就会发生巨大的变化，甚至半代人也会有非常明显的不同。所以中国2010年到达了劳动年龄人口的最高峰，在那之后劳动年龄人口就以每年几百万的速度减少。因为从增到降是一个比较极端的变化，从正符号变成了负符号，所以如果说这是人口红利的消失，的确有一定道理。

具体来说也就是中国是一个未富先老的国家，以这一点和其他国家进行比较时，仅仅按人均收入水平判断处在哪个发展阶段上，就不足以说明问题了。举个例子，按人均收入和日本比，我国还处在日本20世纪70年代甚至更早的时期。但是从人口转变的角度看，恰恰是在1990年之后日本的人口抚养比开始迅速地上升了，而我国的人口抚养比是在2010年之后迅速上升的。如果与韩国比，韩国也是高收入国家，但是韩国的人口转变和中国几乎是一样的，就是我国的人口抚养比开始上升它也才开始上升。如果认为我国人口结构的变化对经济增长速度是有影响的，那么在这一点上拿其他经济体的人口转变的拐点来进行比较就有一定的意义。或许可以把人均收入水平和人口转变这两个参照系一起加以考虑。

既然我们认为外推的方式不好，完全的国际比较也有体现不了中国特殊性的不足，所以我想用潜在经济增长率这个概念，把特定国情下各种生产要素的潜在供给能力和生产率可能的提高潜力综合考虑进去。首先，劳动力的供给肯定是负的，从零到负。鉴于人口抚养比上升很快，未来资本形成速度将减慢。同时，我们仍然假设全要素生产率的提高速度不变，只是没有明显提高。原因是什么？我们知道过去无论怎么分解经济增长，很多人都得出全要素生产率中最大的一块还是来自劳动力从生产率低的农业部门转向生产率更高的非农产业，资源得到了重新配置，获得了资源重新配置的效率。这是过去全要素生产率的组成部分，也就是说真正的技术进步残差是比较小的。很显然我国劳动力的转移仍然还有空间，但是转移速度会比以前明显慢很多。所以全要素生产率的这部分构成下降或增速减慢是肯定的。当然还有技术进步，但是从理论上说，后发优势的总趋势还是会减弱的，因为距离发达国家的技术水平差距尽管仍然很大，但相比以前是缩小了。总而言之，我们对全要素生产率增长速度的假设还是挺保守的。

那么在作了这几个假设之后，我们就估算出潜在经济增长率从 1995 年到 2010 年的平均 10.3%，降到了“十二五”时期的平均 7.6%。“十三五”期间潜在经济增长率继续降到 6.2%，总体就是这样一个下降的趋势。有的人认为所谓的新常态就是说经济增长率从两位数降到一位数，然后在一位数的 7.5%水平上又可以保持很长时间。我觉得不是这样的，新常态可能是如果没有意外发生，经济增长率会逐渐地继续地降下去。这个大的趋势和走向我在七八年前就预见到了，真正进行潜在增长率测算则是这两年的事情，而过去这两年正好数据对上了，经济增长率降到 7.6%、7.7%，2014 年大体可以实现 7.4%。实际增长率与潜在增长能力大体上还是相符的，一个表现就是虽然决策者也有所担心，但是并没有慌张，至少不再提“保八”了。

决策者的信心同我们观察和理解的过去不一样了，过去增长速度如果到不了 8%，就业就出麻烦，而现在事实上看到的是就业没有麻烦，甚至总体上来说目前劳动力市场的表现还是招工难，招不到普通工人。换句话说就是，所有的劳动力市场的指标都支持这是一个紧的劳动力市场。就城镇登记失业率来看，也许被认为有问题，但是它也没有错，只是不包含农民工、只包含城镇居民，而且只包含自己愿意去登记的失业城镇居民。城镇登记失业率保持在 4%—4.1%，没有变化，2013 年大概是 4.05%，2014 年大体还是如此。

温总理早就督促公布调查失业率，但是就是一直没有公布。现在所有调查失业率的数据都是李总理在不同的场合透露出来的。目前的调查失业率是 5%左右，它和登记失业率之间的关系是什么呢？我的同事正好算了一个理论的失业率——自然失业率，也就是结构性的和摩擦性的这部分比较稳定的失业其失业率是多少，把周期性的因素排除掉。中国的自然失业率很凑巧也是 4%—4.1%，和城镇登记失业率完全一样。这也很好理解，可以说城镇居民被政府适当地保护起来了，而且一旦失业就被登记失业率给覆盖了，这样就能够给予失业保险。那么原因是什么呢？是因为城镇劳动者仅仅承受在劳动力市场上的摩擦性失业和人力资本在劳动力市场上产生的结构性矛盾。换句话说他们不承受任何周期性失业，谁承受呢？要么是没有周期性失业，要么就总会有人承受，而承受者正好是农民工。2009年春节期间发生过农民工的大规模返乡，也就是说用农民工返乡的方式把周期性失业化解了。因为返乡农民工得不到调查失业率的覆盖，更得不到城镇登记失业率的覆盖。如果真没有工作岗位可提供了，首先解雇的是他们，他们就回家了，所以我们就没有得到周期性失业率。现在既然我们有了一个调查失业率，又有了一个自然失业率，那中间这个差看上去就是周期性失业率，换句话说就是5%减4%或者4.1%。不到1个百分点的周期性失业率，应该说是比较低的失业率，不用着急。

再进一步，我认为5%这个调查失业率仍然被高估了，因为过去很多年我们不断地研究普查的人口数与百分之一、千分之一的抽样调查有什么差别，发现它们巨大的差别就是覆盖流动人口的程度是不一样的。如果说人口普查数能够把城里的流动人口覆盖较高的程度，那么百分之一的抽样调查对流动人口的覆盖率明显降低，到了千分之一的抽样调查的时候覆盖率就更低了。而能够计算出调查失业率的劳动力调查，恰好就是基于千分之一人口抽样调查的抽样框。也就是说我们今天得出的调查失业率，样本里包括的农民工是不充足的。现在我们得到的李总理说的调查失业率是31个城市的数据，而这31个城市就是那千分之一的人口抽样调查里的。我们过去得到的研究经验是，如果城镇居民的失业率是4.7%，农民工的失业率就只有0.7%，根据4.7%和0.7%这两个失业率，再拿农民工占全部城镇就业人口的35%作为农民工的权重，拿65%作为城镇居民的权重，算出来的我国真实的城镇调查失业率甚至低于自然失业率。所以从这个意义上说，潜在经济增长率下降了，并不必然导致就业压力。

得出这个结论的含义并不是说我们不想要更高的经济增长速度，而是说首先我们要接受目前的增长速度，因为它没有低于潜在增长能力。虽然不是说完全不刺激，但是如果经济增长减速的主要原因不是外部需求因素造成的，还是不要过度刺激。其次，超越潜在经济增长率的经济增长速度是不健康的增长速度，但是可以通过改革去提高潜在经济增长率，比如通过提高劳动参与率、提高全要素生产率等办法。在这些方面我们作了一个总的估算，大体上近期的一些改革如果真被实施了，可以带来 2 个百分点的 GDP 增长速度的改革红利。有人归纳说（虽然不一定准确），我的这个预测相当于未来增长速度可以达到“6(%) + 2(%)”，那就变成和毅夫说的 8%差不多了。或许那样看过于理想化，但是我坚信，加上改革红利，我国还是完全可以有更高的经济增长速度的，只是这取决于我们有没有改革的决心，能否实质性推进改革。

评　论

周八骏：对于刚才两位的发言，我提两个问题。你们重点都讲了人口问题。我的第一个问题是，2010 年以后我国劳动人口下降是不是伴随着劳动人口质量的提升？如果是，那么意味着我国劳动力要素禀赋发生变化，应当支持我们所要求的产业结构转型升级；如果这个因素作为未来一个很重要的结构性因素加以考虑，对我国未来 GDP 增长是否会起促进作用？

第二个问题是，关于劳动人口是否还要考虑其他一些外部因素？先前毅夫讲了 2008 年以后我国 GDP 下降主要不是由于我国内部原因。未来外部因素对我国经济增长产生的是消极作用还是积极作用？

袁志刚：关于潜在经济增长率，刚才两位大的理论框架都讲得比较好，一是看劳动力的增长，二是看资本的形成，还要看TFP的增长、结构调整等因素。这是经典的模型。有两个问题首先应该区分开来：可见的和趋势性的。人口的改变、储蓄率的改变就是趋势性的因素。至于TFP，它的测量确实太难了。刚才蔡昉讲“6+2”，就是讲制度红利。中国过去30多年的经济高速增长是因为制度变革，或者按照韦森讲的主要是因为市场因素的引进。还有一个非常重要的问题就是中国的开放，中国如果没有开放，这些都是不可想象的。张军也讲到新的动力，服务业肯定是一个新动力。我现在想象不出如果中国封闭起来搞服务业，能搞出一个什么名堂。市场制度在世界上每个国家都不一样。欧洲今天走得很困难，因为我刚从法国回来，我碰到一些教授、研究员，他们觉得这个制度不改革、没有一场革命是难以走出来的。德国经济也在下滑，8月份的数据特别不好。中国引进了市场，但是这个市场是在我们中国两千多年文明历史的基础上建立的，是在我国政府和市场的互动中形成的。在那种互动是极其复杂的情况下，我同意毅夫讲的，这是一个奇迹。这是一个角度，但是还有一个角度，就是我们始终没有总结出一个非常完整的模型，所以以后历史学家可能还要回过头来看。但我觉得这个不重要，因为放置几十年以后、上百年以后来看，都没有问题，一定会有更高明的人来看得更清楚。但是我们今天的总结中很重要的一点是，总结是为现在的政策作准备。如果稍微有一点偏向，对我们的历史没有总结对，那后果就严重了。所以如果我们讲政府重要，说政府过去30多年做对了一些事，那我们就要总结好。同时，我们还需要回答，政府能不能再这样持续下去，如果持续不下去了，那一定要改变、要转型，否则就要坏事。最近大家可以去看一些文献，尤其是阿西莫格鲁的文章，看看为什么几千年来世界各国的发展不一样。制度产生了不同的经济发展路径，这对我们是有启发的，所以制度红利是我们未来一定要牢牢抓住的。

人口红利也是趋势性的因素，人口红利肯定是要发生变化的。姚洋讲的只是人口红利的变化会慢一点，消失得没有那么快，这几年下降，真正出现问题可能要到2030年。蔡昉讲的是人口红利可能少一点。我觉得这只是个量的问题，所以对我国的潜在经济增长率肯定是有影响的，至于影响度是多少，要深入研究。我比较同意姚洋的观点，没那么悲观，尤其是最近几年的制度或者是十几年来的劳动福利制度的变化，劳动力的浪费很严重。现在中国普遍的退休年龄太早，农民工退出劳动力市场太早。女工现在是50岁退休，在工作的时候工资很低，一旦退休了以后退休工资反而提高了，如果这个状态持续下去，很多人就会等着退休。所以中国现在的一个怪现象是劳动力的浪费惊人。我们的小孩活得像老人，而老人活得像小孩，天天跳舞，跳舞的目的是为了什么？就是活到90岁。这样要养老40年，没有一个国家的养老体系将来能够保证40年，所以这个问题要反思。反过来，如果小孩活得像个老人的话，那么对于刚才周八骏讲到的人力资本，我们也要大大地打上问号：这样培养出来的人是不是有用呢？现在大学每年开学的军训就猝死好几个人，体质的下降非常厉害。所以劳动力本身的质量问题，人力资本含量的问题，结构的问题，还有待大大改进，而改进的根本保障就是靠制度。我这里附带地要引申出蔡昉刚才讲的就业压力不大的事实。我们现在来看，就业压力的确不大，但是结构性问题非常严重。从我们做的研究来看，高中以下的求人倍率大于1，但是大学毕业生的求人倍率小于1，也就是说大学毕业生的就业每年都是非常严峻的形势。如果光是看农民工或者低技能的这一批人的就业，当然是没有失业问题的，但是反过来看，我们大量的大学毕业生如果找不到工作，将是很糟糕的。

再讲一个趋势性的因素，储蓄率可能要下降。储蓄率下降就是指等20世纪五六十年代出生高峰时出生的人进入到养老期以后储蓄率可能会下降。这里有个缓冲，因为我国现在的国民储蓄要进行分类，储蓄中有家庭的、企业的、政府的，后两者又很高，所以这个改变就很慢。

另外还要讲一个趋势性的因素，即中国的经济结构，结构如果调整到以服务业为主，劳动生产率提高的幅度确实是要下来的。

我再回应一下上午华生讲的中等收入陷阱。所谓中等收入陷阱，是指当人均GDP达到美国人均GDP的30%以后，进一步提高会很难。因为没有世界上可以总结的经验，所以没有一个理论模型可以说明。但大部分国家在人均 GDP 达到美国的 30%以后确实陷入了中等收入陷阱，这就表明背后起作用的还是制度。教育、科技各个方面的制度限制了我国没有办法向一流的经济体靠近。

付才辉：前面姚洋老师和蔡昉老师等对中国的增长潜力及其实现渠道的预测和建议，正如刚才袁志刚老师所说的那样，使用的是经典模型。我想强调的观点是：他们都忽略了林老师新结构经济学里关于增长潜力及其实现渠道的非常重要的非线性结构性关系。

在经典模型（索洛模型或新古典模型）里，经济增长大致可以分解为三部分：劳动、资本、TFP（全要素生产率）。它们之间是个加法的关系，即平行关系。从索洛开创现代经济增长理论以来，几乎所有的增长核算经验工作以如下的新古典总量生产函数作为基准展开：

$$Y(t) = Af(K, L, H) = A(t)K(t)^{\alpha}[L(t) \times H(t)]^{1-\alpha}$$

对上式两边取对数便可以将产出或者收入分解为技术（TFP）、资本和（包括人力资本在内的）劳动三部分：

$$\ln Y(t) = \ln A(t) + \alpha \ln K(t) + (1-\alpha)[\ln L(t) + \ln H(t)]$$

然后再对上式关于时间求导可以将经济增长分解为技术进步（TFP）、物质资本积累和包括人力资本在内的劳动增长三个渠道：

$$\underbrace{\frac{\dot{Y}(t)}{Y(t)}}_{\text{总经济增长率}} = \underbrace{\underbrace{\frac{\dot{A}(t)}{A(t)}}_{\text{技术的进步率}} + \alpha \underbrace{\frac{\dot{K}(t)}{K(t)}}_{\text{物质资本的增长率}} + (1-\alpha)\left[\underbrace{\frac{\dot{L}(t)}{L(t)}}_{\text{初级劳动力增长率}} + \underbrace{\frac{\dot{H}(t)}{H(t)}}_{\text{人力资本的增长率}}\right]}_{\text{保障技术、投资和劳动（知识）的产权等制度安排}}$$

其中，物质资本和劳动两个渠道通过不变的资本份额（α）或劳动份额进行加权。包括新制度经济学在内的一些新理论进展也强调了保障技术、投资与劳动等增长渠道背后的诸如产权等制度安排。所谓的政策建议也不外乎就是这些。

按照前面几位老师的说法，举个简单的数字例子：物质资本的增长只要底线是10%，综合考虑人力资本、教育、健康、老龄化和就业等因素，劳动增长假定为3%，那么技术进步（TFP）只要为2%，在经典模型基于的卡尔多特征事实的假定下，即资本份额稳定在三分之一 $\left(\alpha = \frac{1}{3}\right)$，经济增长就可以达到7.3%。这差不多就是蔡昉老师所说的"6 + 2"的意思。

大家对中国经济增长前景会出现下滑的新常态的判断，其实也只不过是基于前述经典增长模型中由资本边际产出会递减产生经济收敛的结论而已。这其实也是新古典增长理论最重要的一个预测。然而，在新结构经济学看来，这是有理论缺陷的。

为了说明传统的增长核算忽略结构变迁的"阿喀琉斯之踵"，我们不妨以最基本的索洛模型为例。即以人均或集约形式表示的新古典生产函数为：

$$y(t) = f(k) = A(t)k(t)^{\alpha}$$

新古典资本积累方程便为：

$$\dot{k}(t) = sf(k(t)) - (n + x + \delta)k(t)$$

因此，人均资本的增长率为：

$$\gamma_k = \frac{\dot{k}(t)}{k(t)} = s\frac{f(k(t))}{k(t)} - (n + x + \delta) = sA(t)k(t)^{\alpha - 1} - (n + x + \delta)$$

新古典生产函数的要素边际产出是递减的，即 $\alpha < 1$。那么随着资本的积累，其增长率必然递减，即

$$\frac{\partial \gamma_k}{\partial k} = s\frac{f'(k(t))k(t) - f(k(t))}{k(t)^2} = s(\alpha - 1)A(t)k(t)^{\alpha - 2} < 0$$

对于新古典增长理论的收敛预测，几乎所有的跨国经验分析都有一个基本的结论：不存在绝对收敛，只有在诸如OECD等高收入国家或在一个国家

内部才存在收敛（所谓的条件收敛）。

为什么标准的新古典增长理论预测的绝对收敛没有出现，只有为数不多的经济体实现了向高收入的收敛？条件收敛中的“条件”究竟是什么？现有的主流理论“王顾左右而言他”，并未一针见血地指出要害。新结构经济学的理论贡献便是指出并弥补了前述主流理论的“阿喀琉斯之踵”——这个“条件”便是结构变迁。

对于上述流行的理论和观点，我想指出的是：经典模型是基于总量生产函数不变的假定。在上述柯布—道格拉斯生产函数的例子中，资本份额 α 是稳定的。如下图 1 所示，符合发达国家的长期趋势。总量生产函数不变的假定只是发达国家的卡尔多特征事实，不符合中国这样处于快速结构变迁中的发展中国家的特征事实。农业社会的总量生产函数是原始劳动密集型的，工业社会是物质资本密集型的，知识社会则是人力资本密集型的。结构变迁意味着总量生产函数是不断变化的。按照新结构经济学的理论，这个变化是内生于要素禀赋结构的。禀赋结构升级驱动生产结构升级，生产结构升级驱动禀赋结构升级，经济的发展是禀赋结构升级和生产结构升级相辅相成的循环积累因果效应的过程。

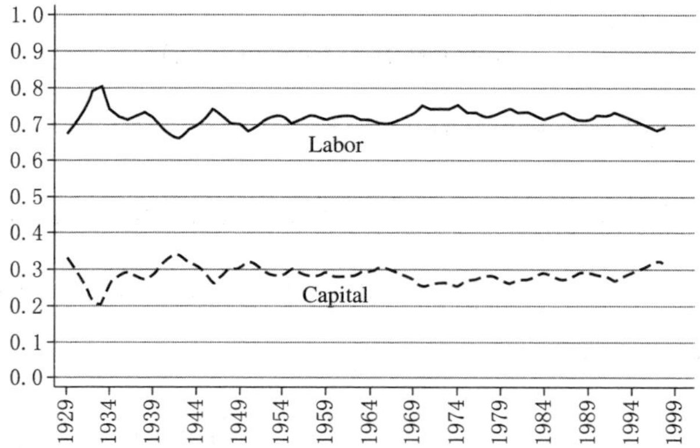

图 1 美国 GDP 中资本和劳动的份额

资料来源：Acemoglu，*Introduction to Modern Economic Growth*，Princeton University Press，p.57。

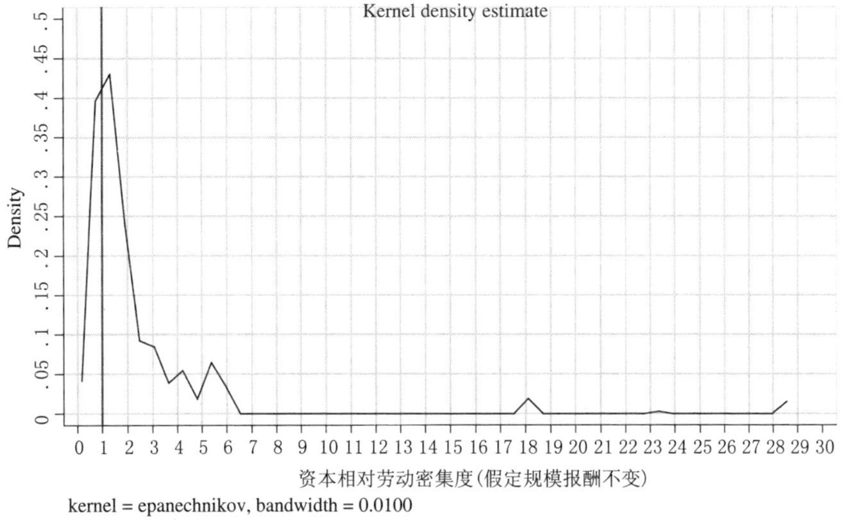

图 2　全球 106 个经济体 1975—2010 年生产函数（C-D 函数）的核密度

资料来源：发言人自己根据相关数据绘制。

按照新结构经济学的基本原理，生产结构内生于禀赋结构，即 $f_{k(t)}(\cdot)$ 是随禀赋结构 $k(t)$ 变化而变化的。具体而言，以经典的 C-D 生产函数为例，总量生产函数的变化指的就是生产方式要素密度的变化，如从劳动密集型生产方式向（物质或人力）资本密集型生产方式的转变。禀赋结构升级驱动生产结构升级的关系，不妨假设为 $\frac{\partial\alpha(k)}{\partial k}>0$。因此，人均资本增长率就变为：

$$\gamma_k=\frac{\dot{k}(t)}{k(t)}=s\frac{f_{k(t)}(k(t))}{k(t)}-(n+x+\delta)=sA(t)k(t)^{\alpha(k)-1}-(n+x+\delta)$$

将上式变形为：

$$\gamma_k=\exp\{\ln sA(t)+(\alpha(k)-1)\ln k(t)\}-(n+x+\delta)$$

对该式关于 k 求导可得包含结构变迁效应的收敛：

$$\frac{\partial\gamma_k}{\partial k}=\underbrace{s(\alpha(k)-1)A(t)k(t)^{\alpha(k)-2}}_{\text{资本边际产出递减引起的增长率递减}}+\underbrace{sA(t)k(t)^{\alpha(k)-1}\left[\frac{\partial\alpha(k)}{\partial k}\ln k(t)\right]}_{\text{禀赋积累推动的结构变迁引起的增长率递增}}$$

由此，我们可以一目了然地看到，如果资本积累推动的结构变迁引起的增长率递增超过了资本边际产出递减引起的增长率递减，那么增长率不会随资本积累而下滑，除非后一个结构变迁效应太过疲软。利用前述可变的且也满足新古典生产函数的一些基本性质的总量生产函数进行增长核算可得：

$$\gamma_y(t) = \underbrace{x + \alpha(t)\gamma_k(t)}_{\text{传统不变总量生产函数分解的增长}} + \underbrace{\big(\alpha(t)\ln k(t)\big)\gamma_\alpha(t)}_{\text{结构变迁驱动的增长}}$$

这个基于内生于禀赋结构的可变总量生产函数的新结构经济学增长核算公式多了一项——结构变迁驱动的增长。在新结构经济学的理论体系中“生产结构升级由禀赋结构升级驱动，禀赋结构升级由生产结构升级驱动，禀赋结构升级和生产结构升级是相互形成的具有循环积累因果效应的动态过程”。

正如林老师所言，发达国家由于处于经济前沿，发展机会具有不确定性，结构变迁也没有明显的后发优势。与之不同，发展中国家处于前沿内部，产业链条升级的空间很大，具备后发优势。我国只有进一步确定增长潜力及其实现渠道才能够保持稳定的高速增长。我国最重要的增长潜力便是转型升级充分利用后发优势，实现渠道就是转型升级的内在机制。那么，按照前述新结构经济学的核算模型推测，我国未来 20 年究竟还有多大的增长潜力，以及有哪些关键的具体实现增长潜力的渠道呢？

首先，关于增长潜力。我认为林老师的推断与前述新结构经济学核算模型是吻合的。关键在于确定我国未来还有多大的后发优势，换言之，与前沿的距离还有多大。林老师提到，根据麦迪逊的最新数据，按照 1990 年的不变价国际元计算，2008 年我国的人均 GDP 达到 6725 元，为美国当年的 21%，相当于日本在 1951 年、新加坡在 1967 年、我国台湾在 1975 年、韩国在 1977 年与美国的人均 GDP 差距水平。在这一差距水平上，日本维持了 20 年年均 9.2%的增长，新加坡 20 年年均 8.6%，我国台湾 20 年年均 8.3%，韩国 20 年年均 7.6%。这四个经济体也是上述利用后发优势取得年均 7%或更高、维持 25 年或更长时间的增长的 13 个经济体中的几个。如果与美国的这个差距所蕴含的后发优势能够让日本等几个东亚经济体实现年均 7.6%到 9.2%的 GDP 增长率，那么，从后发优势的潜力或与前沿的距离来看，我国从 2008 年开始应该还有 20 年平均每年 8%的增长潜力。战后，从贫穷低收入的农业经济体逐步成功转型升级到富裕高收入的工业经济体只有中国台湾和韩国。如图 3 所示，虽然我国现在与韩国的人均收入水平还有较大的差距，但是二者在过去半个多世纪的历史增长轨迹极其相似，如图 4 所示。如图 5、图 6 所示，只要接上韩国的增长轨迹，我国必将通过高速增长迈入高收入国家行列。

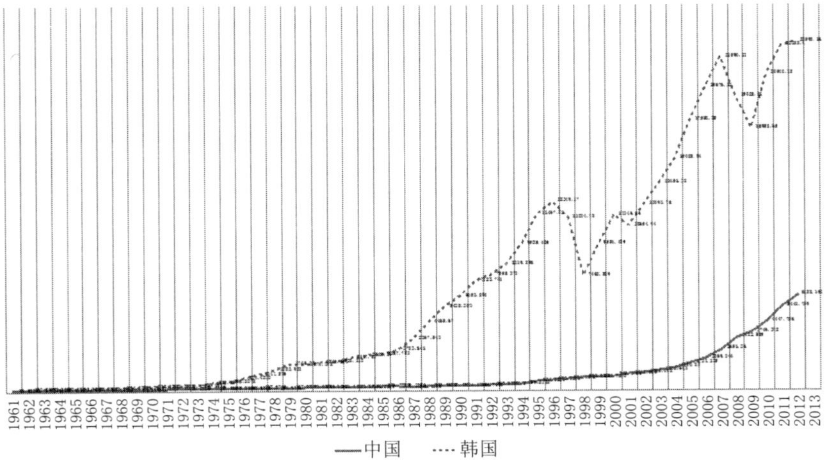

图 3　我国与从低收入迈入高收入成功典范的韩国的人均收入比较

资料来源：根据 WDI（2013）计算，现价美元。

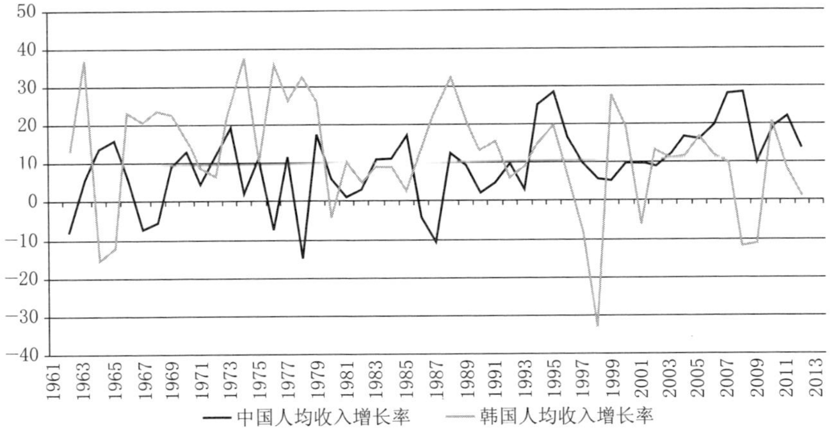

图 4　我国与从低收入迈入高收入的成功典范韩国的增长率比较

资料来源：根据 WDI（2013）计算，现价美元。

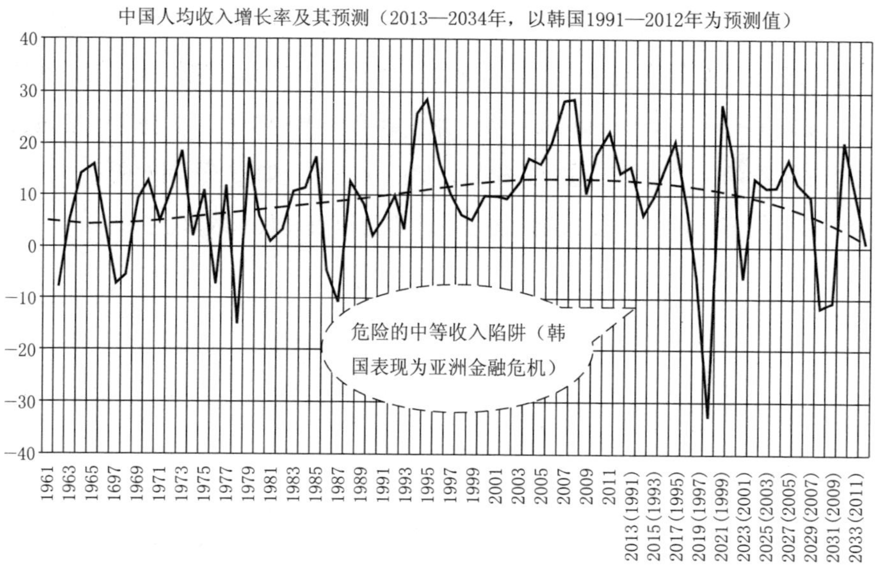

图 5　以韩国为标杆预测我国未来 20 年的经济增长率

资料来源：根据 WDI（2013）计算，现价美元。

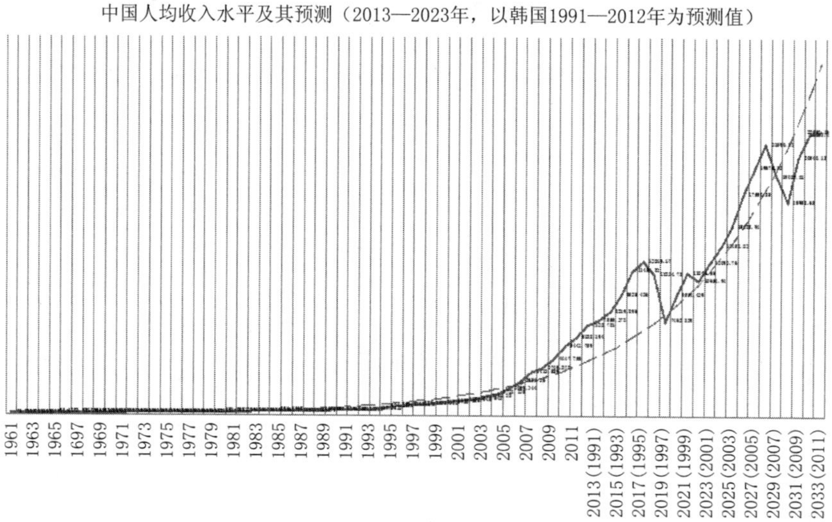

图 6　以韩国为标杆预测我国未来 20 年的收入水平

资料来源：根据 WDI（2013）计算，现价美元。

其次，关于实现增长潜力的渠道。确实有不少经济体增长长期低迷而跌入了所谓中等收入陷阱。发展中国家要充分实现后发优势决定的增长潜力，跨过中等收入陷阱绝非易事，我国也不例外。即便是韩国，如图5、图6所示，也经历了上世纪90年代亚洲金融危机的困境。我国在迈入高收入国家行列的过程中，麻烦定然是少不了的。在接下来的一段时期内便是决定我国历史命运的全面深化改革关键时期。我国要成功应对挑战，根据我对新结构经济学和现实问题的个人理解，实现增长潜力的关键渠道少不了如下10条：（1）加强金融基础设施建设和金融监管，激活金融市场，释放储蓄来促进禀赋结构升级；（2）破解土地财政和土改，消除房价扭曲，释放居民高房产投资（储蓄）来促进禀赋结构升级；（3）推进土地经营权流转、集体资产股份权能改革以及户改来释放土地和劳动力等生产要素；（4）调整中央和地方、政府与市场的关系，改善公共投资结构促进禀赋结构升级；（5）推进教育改革、医疗改革与环境治理来改善人力资本（知识和健康）促进禀赋结构升级；（6）卸下国企的发展战略负担，让其在竞争性市场上自主地进入符合比较优势的行业，使得国有资本能够促进禀赋升级而不是蚕食禀赋；（7）通过硬化约束、市场竞争以及严谨灵活的产业政策来促进技术创新产业升级；（8）通过独立司法、违宪审查、强化政府的执政能力、端正政府的执政动机，做到预算民主和预算科学，提升国家治理能力；（9）通过实施全球化战略，整合全球资源，释放符合比较优势和具备规模经济的产能（产能过剩是个伪命题）；（10）上下结合，通过有魄力和韧性的持续性深化改革跳出制度陷阱，才能推动禀赋升级和产业升级相辅相成地向上循环迈过中等收入陷阱。

结合最后一条，评论一下韦森老师、张军老师和林老师的观点。根据林老师新结构经济学的观点，经济发展实际上是禀赋升级和产业升级相辅相成的动态过程。韦森老师的观点和林老师的观点并不冲突，因为产业升级很多时候就是分工链条不断变宽、变长的分工深化。实际上，很多人在讲到斯密定理或者韦森老师强调的斯密型增长时，强调的是市场范围的问题。然而，我认为，我国目前更加麻烦的可能不是市场范围的问题，而是许多制度安排破坏了分工关系，阻碍了产业升级。通过深化改革很多制度红利完全可以释放出来，比如，蔡昉老师讲的劳动力问题。我国的劳动力不仅是城镇工人，还包括农民工和农民，城镇工人还包括蓝领工人、白领工人、金领工人等等，他们之间存在很细的分工关系，并且在产业结构升级过程中不断深化。许多不合时宜的户籍制度安排会破坏他们之间复杂的分工关系。另外，关于教育制度改革的问题。产业结构比较低级时，人力资本没什么用，但是产业结构升级后人力资本就开始起重要作用了。关于如何对提升我国数亿农民工人力资本的投资问题，我想强调一点，不一定非得政府去操办。因为针对农民工的往往是技能培训，技能培训不像大学基础教育，它的外部性很低，完全可以放给市场去做。这也是市场自身的投资机会，政府应该全面放开职业教育，允许私人资本自由进入。张军老师说的经济发展的韧性问题确实非常重要，涉及前面提到的持续性改革和经济发展的循环积累因果效应，与林老师所说的经济发展实际上是禀赋升级和产业升级相辅相成的动态过程，是相关联的。如果各种实现增长潜力的渠道理顺了，这个具有循环积累因果效应的动态过程就向上不断地循环，增长便像滚雪球一样；但是，如果各个渠道出现了问题，就可能出现向下的循环，那就是很大的麻烦。

我国历史上成败经验都有。如图 7 和图 8 所示，新中国成立之后，远离世界前沿，当然比今天还具备更大的后发优势，但是采取了错误的赶超战略，其结果是经济增长率比高收入国家还低，与前沿的距离越来越远。所以我们不能说这是后发优势越来越大的好事，关键是要实现潜在的后发优势。改革开放之后，我国逐步采取了符合比较优势的发展战略，经济增长率远超发达国家，这便是实现了潜在的后发优势。如图 9、图 10 所示，改革开放之后，尤其是上世纪 90 年代之后，我国经济增长表现比中等收入国家表现要好，近年来的势头相对而言并未减弱。所以，只要发展战略对路，我们就应该有信心和耐心！

图 7　1990 年之后中国逐步向高收入国家行列靠拢

资料来源：根据 WDI（2013）计算，现价美元。

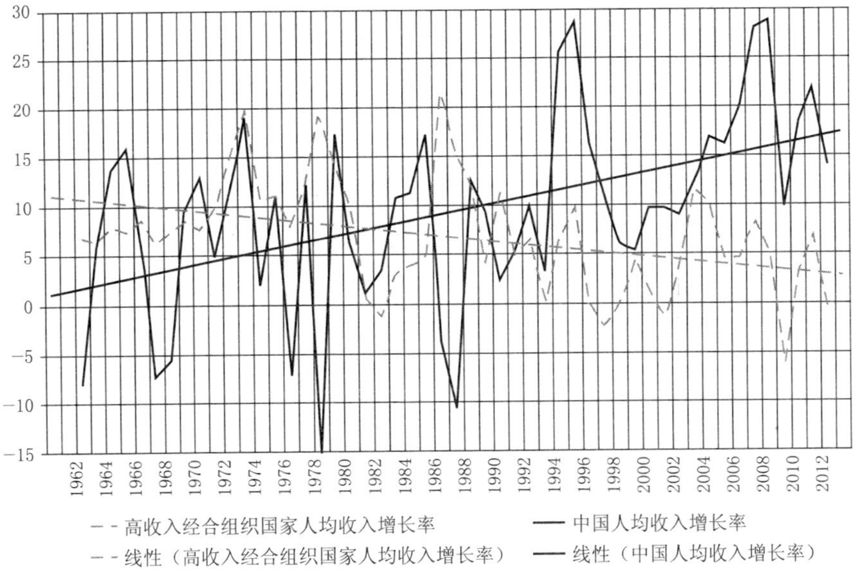

图 8　改革开放之后中国的增长率逐步超过高收入国家

资料来源：根据 WDI（2013）计算，现价美元。

图 9　中国近年来逐步超过其他中等收入国家

资料来源：根据 WDI（2013）计算，现价美元。

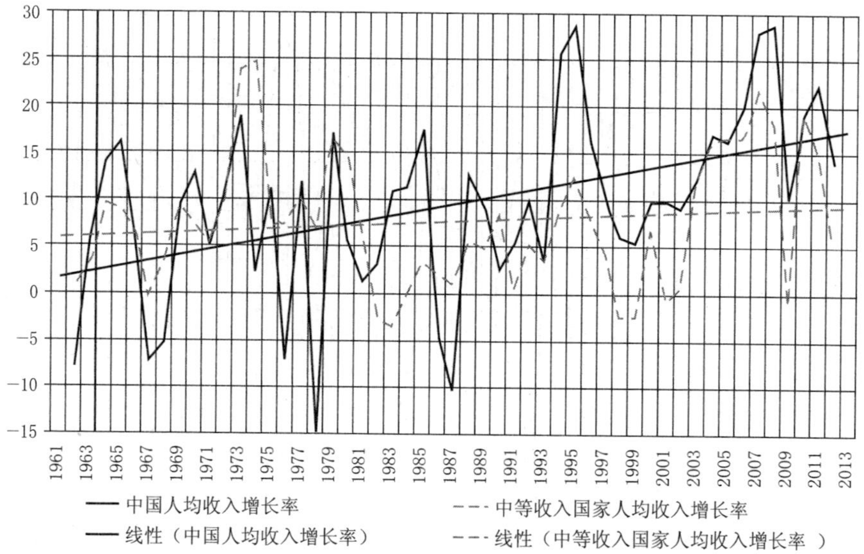

图 10　改革开放之后中国的增长率逐步超过中等收入国家

资料来源：根据 WDI（2013）计算，现价美元。

胡汝银：我想讲几点。我们一直讲增长，讲增长速度，我一直认为在这方面陷入了一个误区，中国过去的增长很多情况下是为增长而增长，过去的很多增长实际上有很多有害、有毒的增长，这种增长降低了社会福利水平。增长速度并非越高越好。对一个社会而言，过高的增长有时会是一种灾难。过高增长往往加剧了整个社会的经济结构失衡，降低了经济的可持续性和可持续发展的能力。关于这些问题我们可以举很多例子，比如说过去对环境的破坏，比如说政府和公共部门、“吃皇粮”者的规模过度膨胀，这些也都是结构性的问题。另外，我们现在讲人口的增量变化对GDP增长的影响时忽视了一点，就是在中国目前的劳动力存量情况之下劳动力的利用效率和增长潜力问题，一方面中国人的工作很辛苦，另一方面很多辛苦都是不创造真实价值的无效劳动。比如在很多机构臃肿、人员冗余的政府部门和政府管制过度的领域就存在这个问题。例如，美国的证监会没有那么多人，而且就干监管的事情，我们的证监会除了干一些监管的事情之外，还干了大量行政控制和管制的事情，让整个证券业难以有应有的作为和充分的用武之地，导致证券市场缺乏效率。从政府职能改革和结构调整等角度来讲确实有很大的优化改善空间。

我们讨论中国过去30多年的高经济增长时，就资本、土地、劳动力这三要素而言，土地是一个非常重要的因素，如土地和房地产开发、工业开发等等，我们的GDP增长中很大一部分就是土地等不动产的市场化和泡沫化带来的。未来如何保证更有效的高质量增长，如何降低增长成本，其实是一个很重要的命题。我一直认为到目前为止中国与发达国家相比较而言，无论是劳动力的素质、国民的素质，还是国民的教育质量，包括大学、中学、小学的教育质量，差别都很大。教育水平差别很大，劳动力的素质和工作质量就差别很大。第二是我们的环境差别很大，第三就是基础设施投资差别很大。像上海，地面上的建筑物很光鲜，但是上海的绿化、空气质量和城市规划以及地下排水系统等基础设施与国外相比可能差了好几代。如果要缩小这些差距，中国需要大量的投资。怎样来更有效地使用资源，我们也要达到发达国家的水平。尽管我们的经济高速增长了30多年，人均收入6000多美元，但我们还有很多人生活得不是很富裕，我们的生活质量不够高。这一方面意味着我们过去的增长质量不高，另一方面意味着未来有巨大的改善空间，有巨大的改革红利和结构调整的红利。所以我觉得经济增长速度是可高可低的，关键看我们怎么样去实现，看增长的质量、社会效益和可持续性如何。我们需要的是“好”的、实实在在的增长，哪怕速度低一点也行，那种“糟糕”的增长，速度高又有何益？

黄益平：我参加过很多关于增长目标、增长潜力的讨论，每次讨论后觉得大家对增长前景判断的差别好像很大，但对于经济增长潜力的悲观和乐观的估计数字相差不太大，除了极个别非常悲观的对冲基金经理以外，悲观的估计可能是6%多一点，乐观的可能是8%左右，差别不是那么大。之所以争得这么厉害，我想可能主要还是背后的认为什么样的增长率是必要的。同时，更重要的是应该用什么样的手段来实现这样的增长。

我想简单地说两个问题。第一，谁都喜欢经济高速增长，关键是怎样实现高增长。我支持刚才蔡昉说的，我们应该更多地向改革要增长，而不是向刺激要增长。2008年的刺激政策在当时当然是必要的，但是现在回过头来看确实造成了很多后遗症，比如产能过剩、投资回报率下降、腐败集中爆发等等。蔡昉刚才已经说了，根据他自己做的一些研究，户口制度和相关的一系列人口政策等改革，可以令经济增长率提高1—2个百分点。IMF最近有一个报告也发现，如果十八届三中全会的决定能够忠实地得到落实，那么2014年的GDP增长速度会下降0.3个百分点，到2020年GDP增长速度会上升2.3个百分点，我觉得这个报告说的道理和蔡昉说的是一样的。通过改革可以挖掘很多增长潜力。我自己做的研究也发现金融改革可以提高增长潜力，那是因为改革改善了资金的配置效率，从而提高了增长潜力。也就是说，如果我们把工作重点放在改革上，实现并保持总理所说的中高速增长完全是有可能的。但尽量不要把太多的精力放在刺激政策上。过去我们说“不刺激”，其实并不是说政府不再采取宏观政策稳增长，稳增长是任何一个政府和央行都会做的，但这和举国保增长的政策有根本性的区别。

第二个问题是，应该制定什么样的增长目标。我非常赞同刚才林老师考虑把增长目标往下移的建议，关于这个建议我理解可能有两个方面的意义：第一是把增长目标往下移一点，适度容忍低增长；第二是真的开放一个明确的目标区间，这也是最近国务院在宏观调控方面的创新。区间调控非常重要，尤其是当我们的经济增速处在换挡期的时候，即由原来的高速增长变成现在的中高速增长的过渡，划定一个区间上限以保证不被突破而产生通胀问题，同时划定一个区间下限以确保不被突破而产生失业问题，在这个区间内慢慢让经济增长逐步地回落到潜力附近。这是一个非常好的想法，不过在执行过程中可能有一些问题。2014 年我们的增长目标是保持经济增长率在 7.5% 左右，但第一季度的经济增长率只有 7.4%，上上下下都紧张得不得了，采取了各种微刺激措施。然后我们看到第二季度的经济增速回升了一点，但第三季度又掉了下来。总之，只要微刺激措施的力度松一点，增长速度就会往下掉。这就值得问现在的增长目标是否偏高。如果我们真的走市场经济的道路，以后可能会慢慢地放松对增长目标的重视。我们每次说一个数字，都没有弹性，7.5% 也好，8% 也好，最后都要保，保增长目标这个做法和市场经济是不匹配的。而且在今天的讨论中，我们发现经济增速下降，大家一般担心三个问题。第一担心失业问题。但我觉得今天失业已经不是一个大问题，袁志刚老师刚才说失业是一个结构性问题，我同意，但是如果是用过去的刺激政策来保增长，其实是保不住大学毕业生就业的。第二担心金融风险问题。金融风险当然要防范，但是光靠刺激、光靠大规模地发货币来保增长，后果可能更严重。第三担心投资者没信心。经济增长速度下降了，投资者信心不足，有没有这个问题？短期有，但是长期呢？其实有很多关注基本面的投资者都认为如果政府把 2015 年的增长目标定在 8%，他们会变得很悲观，相反，如果政府把 2015 年的增长目标定在 6.5%，那就表明政府推进改革的决心，他们对中国的长期增长会抱持更大的希望。

华　生：刚才袁志刚教授讲到人口红利是从2010年开始从上升变为下降，实际上这个减少是一个缓慢的过程。当然这个不增反降是一个巨大的改变，但并不是人口红利的消失而只是减少，要到2030年前后人口红利才真正消失，我赞成这一点。

现在媒体上关于人口红利消失的舆论有很多误导。关于经济增长速度，这恐怕是现在政府最头疼的问题。刚才黄益平教授说的是对的，实际上总理、政府特别不希望刺激，希望只要有改革的措施就够了，但问题是总看着增速的数字往下掉，便又坐不住了，所以这是一个矛盾。现在政府面临的最大问题是马上要定2015年的经济增长速度，这里就有一个矛盾：定高了，比如7.5%，有助于稳定信心，但是按照刚才黄益平说的定太高了也不行。那7.5%是不是太高？2013年就争论过这个问题。说如果定7%会损害信心，会让国内外都觉得中国政府自己都没底气了，更不用说有人刚才提的定百分之六点多了。姚洋教授说到过这个问题。我个人的想法是，随着市场发挥越来越大的作用，确实整个思维要改变。这就是政府是否可以放弃年度经济指标呢？因为市场经济下是没有政府定指标的。国际上的经济组织、美国等西方发达国家其实都没有指标，只是作个预测，而预测是走一步看一步，这个季度一看不好，马上就调整了。指标其实还是计划经济遗留下来的产物，所以如果把指标改称预测，余地就比较大了。因为经济指标有一个问题，一旦今年的中央经济工作会议确定下年度增长目标了，明年总理向“两会”作政府工作报告时就变成了向全国人大作的承诺能不能完成的问题，变成了一个政治问题。所以我个人觉得是不是废除年度经济指标，只要一个若干年的阶段性的目标，比如说人均GDP达到多少即为小康社会等等，这样就把自己解放出来了。而且经济增长本来是有波动性的，可能有一年到了8.5%，再有一年又到了4%、5%。当年陈云以及朱镕基搞调整时，增长速度都曾跌到5%、6%，还不是有30多年的高速增长吗？希望学术界、舆论界能制造一些这方面的舆论，如果大家倾向于认为市场经济不要定年度经济指标，可能会对政府解套有作用。

孙　涤：同意毅夫讲的一句话，我们是中国人里最幸福的一代，对此我是很有感触的。确实如此，假如一个人可以选择的话，当然选择苦尽甘来，所以我跟我儿子讲，我肯定比他幸福，因为我苦了30年，后来这30年很好。我儿子是物理学的博士研究生，但是他学了几年以后决定学经济史了，他想了想，说还未见得啊，你还有30年要活呢。所以这里感谢毅夫给我们带来信心，今后30年中国的经济还是会有很高的增长。30年过去之后是不是就同我们无关了呢？毅夫又讲匹夫有责，因此说我国的经济成长将来会是怎样的情况，确实是值得大家关切的问题。

人口问题就像哈雷彗星一样，有76年后一定会回来一般的铁律。中国人口现在的结构变化像冰川一样在移动，不屈不挠，但是我们现在似乎都在罔顾这个变化。正如刚才蔡昉讲的，现在中国的总和生育率降到1.18，其实我国香港和台湾地区更低，新加坡也是。这很奇怪，是全新的一个变化，全世界的总和生育率都在降，比如说孟加拉国的总和生育率从6%、7%下降到现在的百分之二点几。总之，人口问题无论如何都是绕不过去的。刚才蔡昉讲了一点，我们2013年经历了扑面而来的人口急剧的变化，人口转变拐点的出现就在眼下。这一变化又是叠加在现代国家对经济有宏观调控的责任上的。以前人们多半认为在市场经济下政府对经济发展应该没有责任，就好像对股市波动负不了责一样。现在情况不同了，中国也不是个例，全世界的人，包括埃及，包括美国，都认为经济增长之所以疲软，就是因为政府没尽到责任。人们把经济每年有显著的增长看成是一种天赋的权力，所有的政治家都不敢掉以轻心，否则，在发达国家政府是要下台的。在我们看来，有责任对这类预期作一个比较公允的评估，如果认为2015年的经济增速理该8%或9%，那出现5%、6%时将很不能被接受。预期管理要进行预期调整，政府必须设法让人们知道，经济自有其规律，现届政府对于下届政府任职期间的发展趋势虽然不能说概不负责，但也不可能完全负责。前面提到的扑面而来的人口结构问题，调整还是有余地的。比如说把妇女的退休年龄推迟到65岁，据说现在有这个计划，不知道是不是这样。从2015年开始，女性的退休年龄每年推后一岁，到了2030年时，退休年龄将为65岁；男性每两年增加一岁，到了2025年时，退休年龄为65岁，网上也有报道，不知道是不是真的。这在中国比较可行，因为有非常强有力的政府。而在其他国家，比如在法国就难以推行，在法国谁要提出推迟退休年龄，恐怕就得下台了。过去的发展，我们虽说有可观的积累，但相对我们在制度上的扭曲来说，远远不充裕。一个扭曲造成的巨大亏空是数以亿计的农民工不但未富先老，还有未富先衰的问题。很多数据都表明中国的抚养比在急剧恶化，比美国还不可想象，厉害的程度和日本的相仿。这种情况下，在户籍制度的惊人扭曲下，以前含辛茹苦、积极谋求致富的农民工，他们下一代的“衰退”就相当显著。第二代农民工的意志力、耐力、忍受单调劳动的能力都大为衰退，不太会像他们的父母那样所谓“逆来顺受”的。户籍问题不解决，政府不能把这些人纳入城镇化使他们变成基本上同等的市民，中国经济增长6%也好，增长8%也好，这些人如果因此变得相当愤懑的话，由于他们比父辈受过更多的教育，掌握更多的信息，所以出现成规模的社会动荡的威胁非常现实。事实上我们看到，很多阿拉伯国家发生的问题，都与年轻人的高失业率、对经济的期盼受到挫折有关。

在中国还有一个相当独特的问题，就是性别的阴阳失调，中国的男性多于女性2500万。我们知道，历史上发生战乱往往是雄性激素增高的结果。因此，趁着有积累在手的时候，我们不但要对预期加以管理和调整，还要积极设法使制度上最大的亏空，也就是户籍制度的扭曲得到纠正。纠正和解套所需要的钱从哪里来呢？2010年蔡昉他们写了一份很好的中国人口报告，他们估算出让农村的农民工进城并成为享受比较同等的公共服务的市民，一个人至少需要10万元，很可能还不够。也就是说，假如有4亿农民需要解决进城问题，那么至少有40万亿的亏空。所以，除了必须管理好预期之外，我们必须面对这个困境。

潘英丽：实际上除了年龄结构或代际失衡的问题外，人口还有其他一些结构问题。一个问题是我们国家的劳动参与率其实是很高的，包括提倡男女平等，女性的劳动参与率是比较高的。女性的劳动参与率未来可能会下降。一方面收入水平提高以后，女性劳动参与率自然会下降。假如允许女性生两胎，或者生育政策放开，也会导致女性劳动参与率下降，这对人口结构会产生一些负面的影响。

另外我看到过一个数据，当然不是特别权威的来源，就是我们现在没有报上户口的人大概有6000万左右，蔡昉肯定有更准确的数据。

蔡　昉：但是我们现在说人口数据的时候，都是来自普查数，那和户口也没关系。

潘英丽：这里讲的户口问题主要是指什么呢？这些人假如没有城镇户口，他们就不能与有户口的居民同样享受政府的公共服务，特别是九年义务教育。等农民工的第二代长大成人后，这些人如果不能成为社会的创造力就很有可能变成社会的破坏力。所以我们现在需要赶快采取政策，补办相关手续，完成这个“黑”户人口“漂白”的工作。这是我的一个想法。

第二是关于失业的问题。有学生问过我，说我们中国现在是不是已经发生经济危机了，特别是制造业危机。我说是的，从产能利用率角度来讲，我们完全可以定义为制造业已经发生危机。但是西方发生经济危机的两个结果，在我们中国现在还没有出现。一个是企业未出现大规模破产，另一个就是失业问题还没有暴露出来。这是通过银行输血来维持的，所以在未来的调整过程当中，存在出现大规模失业的风险。假如我们的产业结构进行有效调整，或者按照张军刚才讲的要有“创造性毁灭”，加快产业结构调整，失业还是会成为一个比较严重的问题。所以，从产业结构调整角度来看，政府应该引入再就业工程。再就业工程可以通过发放培训券或者学习券的政府采购方式促进民营教育培训产业发展，进而以市场化的方式解决再就业问题。

关于城镇化的公共服务支出，按每人10万元计是个很庞大开支。钱从哪里来？我的建议是，中央和省级政府可以发行长期债券来筹资。西方有永久性公债，没有到期日，是只支付利息不支付本金的政府债券。这种债券对于养老储蓄者是十分有吸引力的。我们能否突破这样的结构性瓶颈，充分释放城镇化的发展能量，通过提高未来的增长潜力，使经济发展从不可持续转变为可持续呢？

林毅夫：蔡昉是我长期合作的伙伴，我们多数的观点是一致的，但在对增长潜力的判断上，我倒是和他有点不同。从蔡昉刚刚的发言里可以知道，他认为我国自2010年以来的经济增长速度下降主要反映的是增长潜力的下降，按照他的模型来推测，我国在“十二五”时增长潜力就是百分之七点多，到“十三五”时是6.5%，所以对于他来讲，我国的经济增速现在降到7.7%、7.5%、7.4%，正是增长潜力的变化所致。但在这一点上我个人有点质疑，分为两个方面：第一，增长潜力的变化是一个缓慢的过程，我国在2010年以前基本上是以10%的速度在增长，怎么这两三年就马上从10%减了四分之一，变成7.5%了？第二个方面就是我在今天上午的发言里所讲的，其他新兴市场经济体，如印度、巴西，以及其他高表现高收入经济体，如韩国、新加坡，它们的经济增速在同一段时间里也同我国一样地下滑，而且下滑的幅度比我国还大，总不能说它们也是由于增长潜力下滑导致它们的经济增长速度与我国一样在同一个时间段里下滑吧？所以从与这些国家经验的比较看，我对蔡昉的模型有所保留。

其实讨论增长潜力的问题，重要的就是益平所讲的，到底我国现在想要怎样的一个增长率，以及在实际增长速度下滑的时候，政府应该采取什么样的应对措施，来实现这样的增长率。如果当前增长速度的下滑是增长潜力的下滑所导致的，这种下滑是完全正常的，那么政府就不应该采取任何刺激措施来稳增长。如果这个增长率的下滑是周期性、外部性的，这时就要问一个问题：要不要有反周期的稳增长措施，以及怎么样来实现稳增长？

从我自己的分析来讲，我认为当前增长速度的下滑更多的是外部性的、周期性的。既然外部性、周期性是主要的原因，那么，采取应对措施来维持经济的相对稳定增长以保就业和金融体系的稳定就是政府的应有之义。当然，在经济下滑时政府可以有各种不同的应对措施，过去我们在稳增长时经常靠的是投资刺激，另外一种办法就是发失业救济金以维持社会稳定。国外主流的主张是经济周期性下滑时最好是加强社会保障体系、发失业救济金以维持社会稳定。实际上国际货币基金组织和世界银行在2008年全球金融危机发生以后就推荐这种措施。但是国际货币基金组织在2014年10月刚出版的《世界经济展望》中有了一个很大的转变，提出发生经济危机、增长速度放缓、失业增加时是进行基础设施投资最好的时候。其实，国际货币基金组织的这个新观点正是我国在1997年、1998年东亚金融危机时，以及2008年国际金融经济危机时采取的反周期措施。

如果我国当前的经济增速下滑是外部性和周期性的，采取投资作为稳增长的措施是否就会出现益平担心的增加产能过剩呢？我想不能把投资和产能过剩两者直接等同起来。在稳增长的刺激政策下如果去投资一些我们已经处于过剩状况的传统产业，那当然会出现产能过剩，但是我国还有许多基础设施的瓶颈，国内也还有许多产业升级的空间，环境、环保上还有许多欠账，这些都会是经济和社会回报高的投资。那么是不是可以利用IMF最近的说法，即现在是往这方面投资的最好时机呢？

第三点是改革和增长潜力的关系。蔡昉认为如果我国做好改革，改革红利中还有2%的增长潜力可以释放出来，加起来增长潜力就会达到8%。也许我在用词上和蔡昉的用词不一样，我认为改革最主要的就是让增长的潜力能够实现，而不是增加增长潜力。不改革的话效率低，那么增长的潜力也就发挥不出来，所以，我觉得大概不能说用改革来增加增长潜力。潜力的含意是指各种条件都满足的情况之下，所能实现的增长率。当然我国要进行改革才能把增长潜力变成现实的增长率，我想蔡昉和我只是用词不一样。

在目前这种增长速度下滑的情况下，关键的问题是我国到底应该怎么应对。如果是向改革要潜力，处在经济下滑期的时候，有些改革是可以增加短期需求的，因而可以作为稳增长的措施；有些改革从长期来讲是好的，短期来讲则可能减少需求。如益平讲的我国现在最大的问题是资源、要素价格的扭曲，但是如果把土地价格放开，把资金价格放开，这两个改革在短期内可能都会减少投资需求。在这种状况之下会不会出现短期的外部周期所造成的需求下降，和改革所引起的需求下降叠加，造成增长失速而诱发出系统性风险呢？改革是需要毫不动摇地继续往前推进的，具体改革措施的出台则需要审时度势。

周八骏：第一节讨论就到这里。各位发言忽略了经济结构调整问题，希望后面的讨论能够触及，因为这很重要。我国未来20年经济增长速度无论如何会比过去30年的低，原因之一是我国经济体量大了，基数提高了。还有一个原因是可以讨论的，就是：我国过去30年改革红利被充分释放了，各种要素禀赋优势被充分利用了，以致未来增长空间收窄？还是尽管过去优势被消耗了，但是通过产业结构调整和经济增长方式调整，未来20年、30年仍可以在更高经济水平上保持较高速度且有质量的GDP增长？这两个判断是不一样的。所以，经济结构调整特别是产业结构调整无论如何是一个非常重要的问题。另一个现实重要问题就是如何看待中国房地产市场。它究竟是我国经济增长稳定的一个砝码、一个锚，还是产业结构调整的拦路虎？下面的讨论希望大家能涉及这些问题。

议题 2：环境资源约束和生产要素供给

主发言人：蔡　昉　李　周

蔡　昉：这一节讨论要素供给问题，我主要讲劳动力供给的潜力。刚才大家的发言都谈到了一些，我们都尝试着去做一些研究。首先要做的一个判断是，未来劳动力供给的潜力是有的。第二个判断是，这个潜力却不是那么容易能够挖掘出来的，需要政策努力，即需要改革来挖掘。目前中国农业劳动力的比重，官方的数据显示大概还有 31%—32%，即尚有较大比重的劳动力是务农的。这个数据明显高估了，在逻辑上不太说得通。我们都知道，过去至少 20 年中，我国经历了人类和平历史上最大规模的劳动力流动，这是前所未有的。而且我们也知道过去中国的经济增长中，人口红利做出了巨大的贡献，产业结构调整十分迅速，就业结构调整也很快。如果最后显示，我们 30 多年中劳动力转移的速度甚至不到日本、韩国在类似发展时期劳动力转移速度的一半，实在是不太合逻辑。

任何到农村去做调查的人都会知道，在一个典型的中国村庄里，几乎见不到 40 岁以下的劳动力，无论是男的女的，具有什么样的文化水平。当然我们还做了一些更实证性的数据工作，所以我的同事重新做了估算，估算结果仍然是保守的，但是这个保守的估算也显示，农业劳动力比重比官方的数据至少降了10个百分点。换句话说，目前我们全部劳动力当中务农的比重是22%。现在的情况就是，中国在2004年跨过刘易斯转折点，在10年之后我们还有22%的农业劳动力。我们再看在日本于1960年到达其刘易斯转折点、韩国于1972年到达其转折点时，两国各自的劳动力比重是不一样的。但是在这之后两国的农业劳动力比重都长期持续下降，目前日本大概不到5%，韩国7%左右。所以，即使从人地比例与我们比较接近的东亚情况来看，中国也还有较大潜力继续进行劳动力的转移。这就是说我们是有潜力可以挖掘的。

另一方面，我们必须看到，城镇的新增劳动力增量在下降。给定现有的政策环境和户籍制度的约束等因素，尽管工资不断提高，总的力量均衡是，继续转移的劳动力数量明显减少，外出的劳动力在减少，城镇本身已经没有增量了。这两年的政府工作报告中，都讲到我们每年都会实现超过1000万的新增城镇就业，2014年到前三季度已经达到了1000万，这个数据也很令人困惑。因为15—59岁的人口是以每年几百万的速度在减少，哪来那么多的新增城镇就业？

我们的城市就业统计是两条线、两个系统。第一个系统是官方只统计有户籍的、有单位保障的就业，农民工都不列入职工的名单，名单上的基本都是城镇居民，我们怎么能知道农民工的数呢？根据我们的农民工监测调查，离开本乡镇半年及以上的人目前大概有1.7亿，这些人都进入了各级城市，构成了城市劳动力市场的一部分，目前大概占到了35%。真正城镇的居民在城市劳动力市场只占65%。过去，两个统计是完全分开的，要想知道城镇有多少人实际在就业，就必须把我们系统内城里人和农民工的统计加在一起。其实这两者之间已经有重合和交叉的部分了。有一部分农民工慢慢被企业接纳为职工，签了一年合同或两年的合同，甚至还有干了多年签了无固定期限合同的。如果再统计就业人数和企业职工人数，这部分农民工也应该报上去了。

我们也在探索提高劳动参与率的各种途径。延长退休年龄是各国都要走的一条路，未来人的寿命和健康寿命都会越来越长，必然要延长退休年龄。但是中国目前还做不到。因为劳动参与率可能是制度约束的结果，如果一个制度不利于妇女就业，如果她没法儿照顾孩子、老人，社会保障也没有，那她早早就退休了，这是一种约束。还有劳动者自身人力资本禀赋也限制了他们获得就业的机会。为什么很多人早早地退休了？这是因为中国的劳动年龄人口的受教育程度是随着年龄提高而逐年下降的。从 24 岁达到最高受教育程度那一点之后，每年大幅度下降。我国劳动年龄人口受过九年制义务教育的年龄分界点是 33 岁，在那之前即小于 33 岁的人受过九年及以上的教育，33 岁以上的人则全是九年教育程度以下的，到 60 岁的时候，只受过六年教育。这里我们只是以受教育年限作为一个代理值，人力资本其实还体现在劳动者的健康状况及其他各个方面。所以，不管是雇主感觉劳动力多么短缺，他们终究不会雇用年龄大的劳动者，这部分人的大部分情况就是经常性处于那 4.1%的登记失业人口之中。所以目前延长退休年龄只能增加他们的脆弱性，达不到提高劳动参与率的效果，没有意义。延长了法定退休年龄，只不过是使一部分人拿不到退休金而已，他们在劳动力市场上苦苦挣扎，或者登记失业，甚至登记失业期满后还找不到工作，还要最低生活保障来解决。所以我认为目前从现有的人力资本状况看，着眼于延迟退休很难达到提高劳动参与率的初衷。

说到教育，现在有一个非常不好的趋势。因为目前对低端劳动力的需求量太大，工资上涨也特别快，农民工在过去 10 年里，每年真实工资增长率是 12%，而低端的、受教育程度越低的，工资增长速度也越快。所以农民工、大学毕业生的工资和城镇居民的工资有一种趋同的趋势，我们给起个名字叫“教育的负激励”，不鼓励人们上学了，而老百姓最简单的说法就是“读书无用论”。现在没有多少农村孩子想上大学，除非家里很早就发现他有特别强的学习能力。不上大学，自然就不上高中了。农民工的平均受教育程度是九年，对应目前的产业结构是劳动密集型的二产和劳动密集型的三产。

稍微计算一下，以今天的资本密集型的二产和技术密集型的三产做一个比较，他未来想跨越到那里，需要增加两年、三年甚至四年的受教育年限，这几年不是那么容易得到的。过去20年中国经历了普九和高校扩张，这么大规模的教育进步，我们20年里面才增长了2.7年的平均受教育年限。百年树人，不是一句空话。

现在上职业高中或者是上技校、职业学院等等看上去也是一个很好的选择，甚至想用技校代替大学，这些都是有误导性的政策倾向。表面看，职业教育的就业率高于大学毕业生，我们可以看看他们的就业率是怎么高起来的。第一，接受职业教育的学生与大学生的就业预期是不一样的，而我们知道较低的保留工资可以提高就业率。所以，就业率高低并不是教育本身的差异造成的。有人说，技校学生还没有毕业就被企业事先订下了，足见就业率很高，但事实上，很多技校学生被送到工厂，以实习的名义满足招工不足，领很低的工资且有很大部分被学校拿走了。这说明我们现在的职业教育并不是靠教会学生哪些技能赢得了声誉，而只是劳动力市场供求关系和分层的结果。

现在实际上存在着过度就业问题，刺激经济增长所产生的就业扩大，很可能过犹不及，不仅伤害了人力资本积累的激励，还会使农民工面临未来巨大的风险。今天过度建设，这些行业都是劳动密集型的，把农民工吸引到这些行业就业，造成了很多制造业的劳动力短缺，加速了比较优势下降。但是基础设施也出现了产能过剩。如果有一天遇到真正的冲击，这部分人首先遇到的是周期性失业。就像西班牙等欧洲国家以及美国的一部分工人一样，由于人力资本不足、不能适应新的岗位，会从周期性失业转成长期的结构性失业。所以，我觉得风险也是存在的。

归根结底，提高劳动参与率最重要可行的来源，而且是双赢的途径是户籍制度改革。第一，是可以增加农民工的市民化，从而增加他们就业的稳定性，使其没有后顾之忧，不用频繁返乡了。有劳动经济学同行做过研究，说农民工进入城市那一天之后，连续19年他们的工资都可以提高，就说明他们的生产性还是很高的。但是他们平均在城市滞留的年头只有9年，所以浪费了一半的生产力最高的年限。给他们解决了市民身份问题，他们就能安心提高他们的劳动力供给。第二，劳动力继续从农业转向非农产业，可以带来资源重新配置效率，也是一种生产率的改善。第三，从需求的角度来说，城镇化也能带来真正的投资需求，而更重要的是，农民工的收入提高、基本公共服务均等化，以及收入分配的改善也能增加消费需求。我觉得，在应该出台的诸多改革领域，如果说有一个最应该尽快出台的改革，那就是户籍制度改革。

有人说这种改革是要支付成本的，解决一个农民工的市民化要花 10 万、20 万乃至 30 万，地方哪来的钱推进这项改革呢？其实这个账算得是不对的，中国的五项基本社会保险都是现收现付，农民工是净贡献者，只是运作中有一点财政补贴而已。不过，我们还是努力测算出农民工市民化可以带来的改革红利，即提高潜在增长率的效果。这一改革红利并不一定被地方得到，但地方政府首先可能要支付改革的成本。如果我们知道这一改革红利是巨大的，我们就可以采取卡尔多改进的方式推进今天的改革。即最高的协调人和顶层设计者可以拿出预期的改革收益与改革各方分担成本，并做出将来如何分享改革收益的承诺，让改革的各方都有积极性，这样改革就能及时得以推进。

李　周：在现实中，有人把环境容量和资源禀赋不足当作中国面临的重大问题。其实，人均环境容量和资源禀赋低于世界平均水平是中国的基本国情，而不是能够解决的问题。有人把环境资源约束当作中国特有的问题。其实，世界上任何国家都有环境资源约束。经济发展的过程是解决环境资源约束的过程。例如，20 世纪 30 年代受世界经济危机的影响，美国芝加哥、底特律等城市 80%的工人失业，其中有些人是靠毁林开垦度过危机的。今天郁郁葱葱的州立公园是经济复苏后在荒芜的耕地上恢复起来的。50 年代美国的造纸厂也存在污水横流的问题。60 年代，日本城市的上空是灰蒙蒙的，以致儿童用灰色的彩笔画天空。80 年代，日本人上街仍然要戴口罩。这些都是阶段性的问题。他们能够解决，我们也能够解决，而不会成为例外。当然，这些问题的解决需要采取措施，而不会自然而然地消失。所以，现在要讨论的是如何尽快越过这个阶段的问题。

第一，突破环境资源约束的理论分析。

人类的发展史，是以稀缺性相对低的资源替代稀缺性相对高的资源的历史，也是由更易于生存的环境拓展到更适宜生存的环境的历史。这是人类在材料利用上从石器时代、木器时代，依次走向铜器时代、铁器时代、铝合金时代、塑钢塑铝时代的重要原因。这也是随着人类适应自然的能力的增强，从更易于生存而舒适性较差的热带向生存难度增加而舒适性更好的温带迁徙的重要原因。这样的主动替代和迁徙，决定于改进资源利用和环境适应的创新。倘若没有这些创新，人类社会不可能达到今天这样的繁荣。

物质可以分为资源和能源两大类。按照物质不灭定律，所有资源都是可再生的，而资源的再生需要投入能源，所以克服资源环境约束的关键是找到可再生能源。煤炭、石油、天然气等化石能源是有限的，其价格会随着稀缺性的提高不断攀升，太阳能、水能、风能等可再生的清洁能源其价格会随着利用技术的不断创新而逐步下降。这种趋势变动下去，就一定会出现可再生能源替代化石能源的局面。水资源也是如此。淡水价格会随着引水距离的增加和抽水深度的加大而不断提高，海水淡化的价格会随着技术创新而不断下降，这种趋势变动下去，就一定会出现海水替代淡水的局面，水资源短缺问题就会得到解决。

地球上的资源是有限的，要突破这个制约，必须开展地球与外部星球之间的能量交换。太阳能利用和太空育种等活动就是突破地球资源有限性制约的举措。生物资源具有再生性，但生物物种一旦灭绝是无法再生的，所以突破资源和环境制约的关键是保护生物多样性。

所以从长远看，突破资源和环境约束的关键是，持之以恒地开展技术创新、制度创新和组织创新，不断拓展资源利用空间，不断提升资源利用结构，不断改进资源利用方式，严格保护生物多样性。

第二，突破环境资源约束的实践评价。

30 多年来，针对现实中存在的环境资源约束问题，中国政府采取了建立自然保护区体系、实施天然林保护、退耕还林、退牧还草、退田还湖工程等一系列措施。随着重点生态工程的推进，初级的环境问题初步得到了解决。

1. 生物多样性保护体系基本形成。截至 2012 年底，我国共建立自然保护区 2669 个，占国土面积的 14.9%，超过 12%的世界平均水平，以自然保护区为主体的生物多样性就地保护网络基本形成。

我国设立自然保护区的目标经历了两次调整。最初的自然保护旨在维护科学家发现新物种的条件。其理由是，人类对物种的认识还非常有限，为了避免价值更大的物种在尚未被发现之前灭绝，必须把有可能发现新物种的地方保护起来。而后的自然保护旨在维护技术专家改进农作物配置方式的条件。其理由是，尽管人类采取了诸多措施，但农田生产系统的生产率仍然低于自然生态系统的生产力，弄清生态系统生产力的形成机制是解决这一问题的关键所在。在尚未弄清生态系统生产力的形成机制之时，必须把所有典型生态系统都保护起来。现在的自然保护旨在维护全体人民和全人类可持续发展的条件。其理由是，生态系统中的每一个物种宛如航空母舰上的一颗铆钉，虽然它在总体上是微不足道的，但任凭其脱落，航空母舰总有一天会崩溃。为了避免生态系统崩溃，必须保护生物多样性。这是我们所做的第一件事。

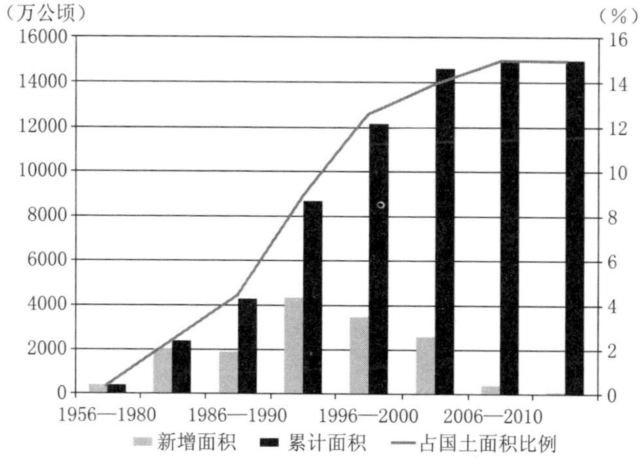

图 1　我国自然保护区面积的变化

2. 森林生态系统趋于改善。最近40年，我国森林面积由12186万公顷增加到20800万公顷，增长了70.7%；活立木蓄积量由95.3亿立方米增加到151.4亿立方米，增长了58.9%。森林覆盖率由12.7%增加到22.4%。提高了9.7个百分点。从表1可以看出，通过林业六大工程的实施，我国森林的固碳量有了较为显著的增长。

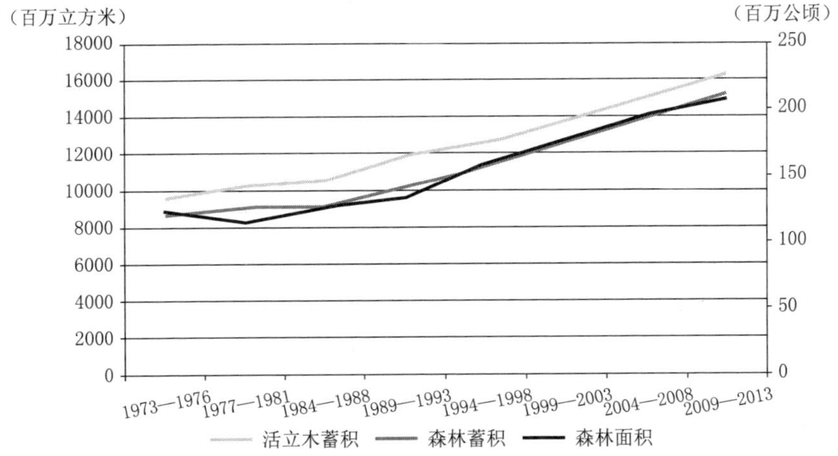

图2 我国森林面积和蓄积的变化

表1 林业六大工程（2000—2010）增加的固碳量

	总 项 目		其中新增森林面积	
	实施面积（万平方千米）	年增固碳量（百万吨）	实施面积（万平方千米）	年增固碳量（百万吨）
退耕还林工程	31.98	73.46	27.3	71.08
环北京风沙源治理工程	4.94	11.13	3.17	7.13
天然林保护工程	38.88	94.99	8.39	18.99
防护林工程	34.4	95.46	14.27	37.6
速生丰产林工程	13.33	40.2	13.33	40.2
森林自然保护区工程	9.74	22.98	0	0
合计	133.27	338.22	66.46	175

资料来源：国家林业局。

3. 草原生态系统有所改善。我国有40亿亩草地资源。有关的调查发现，按天然草原的平均产草量计算，牧民确实有超载行为，超载率通常在20%—30%之间。牧民采用这种做法的主要原因是天然草原产草量的波动很大，如果按平均产草量确定载畜量，丰年时的产草量就得不到充分利用。遇到歉年产草量满足不了牲畜需求时，则通过购买饲草、饲料和提前出栏等措施来实现草畜平衡。也就是说，超载率的大小决定于牧民的调控能力，而不是盲目无序的结果。从总体上看，这些年通过实施休牧、轮牧和种草、舍饲和草畜平衡等措施，草原生态系统有所改善，产草量略有上升。在2005—2013年间，全国天然草原鲜草总产量由9.38亿吨增加到10.56亿吨，合理载畜量由2.30亿个羊单位增加到2.56亿个羊单位，分别增长12.5%和11.1%。

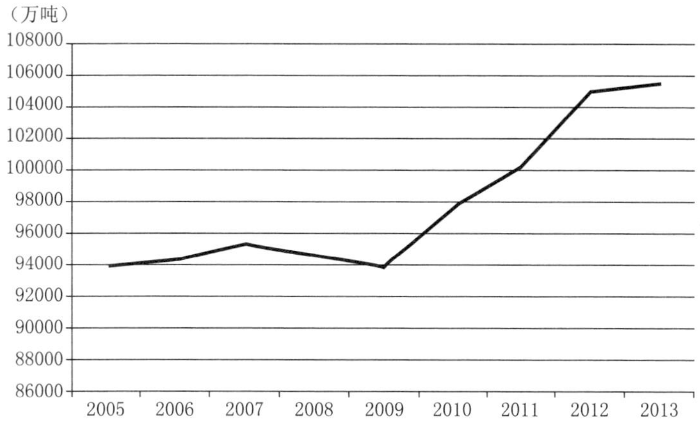

图3　2005—2013年我国草原的产草量

4. 土地荒漠化程度略有减轻。自2001年以来，我国年均治理沙化土地面积达192万公顷，目前已有20%的沙化土地得到不同程度治理。中国土地荒漠化面积由1999年的267.4万平方千米减至2009年的262.4万平方千米，缩小了5万平方千米。需要指出的是，荒漠化治理的成绩主要不是荒漠化土地减少，而是荒漠化土地的荒漠化程度下降。从表2可以看出，从1999年至2009年，重度荒漠化土地面积由56.5万平方千米减至42.7万平方千米，减少了13.8万平方千米，极重度荒漠化土地面积由70.1万平方千米减至56.3万平方千米，减少了13.8万平方千米。

表 2　我国荒漠化程度的变化

荒漠化程度	1999		2004		2009	
	面积（万平方千米）	份额（%）	面积（万平方千米）	份额（%）	面积（万平方千米）	份额（%）
轻　度	54.04	20.21	63.11	23.94	66.58	25.37
中　度	86.80	32.46	98.53	37.38	96.84	36.91
重　度	56.51	21.13	43.34	16.44	42.66	16.26
极重度	70.06	26.20	58.64	22.24	56.30	21.46
合　计	267.41	100	263.62	100	262.38	100

资料来源：国家林业局，第二次、第三次和第四次荒漠化防治公报。

5. 农产品进口减轻了我国农业资源的压力。进入 21 世纪以来，我国农产品净进口对减轻我国耕地和水资源压力的贡献逐渐增大。前些年做的计算表明，如果 2009 年净进口农产品由我国生产，需要 3425 万公顷耕地和 454 亿立方米淡水。最近 5 年农产品净进口快速增长，2014 年所需的耕地和淡水要增加一倍多。

表 3　2000—2009 年全国农产品净进口对我国耕地、灌溉水量的贡献

	2000	2001	2002	2003	2004	2005	2006	2007	2008	2009
耕地资源（万公顷）	138	396	553	1257	1984	2145	2624	2749	3047	3425
水资源（亿立方米）	−57.1	33.5	26.7	98.7	320.8	304.0	347.9	347.9	402.1	454.1

6. 我国生产要素供给中的对外依存度逐渐提高。21 世纪以来，我国大宗矿产对外依存度也在不断提高，有的接近 50%，有的已经超过 50%。1993 年我国成为石油净进口国，2009 年石油对外依存度突破 50%，2013 年达到 58.1%。2009 年我国成为煤炭净进口国，2013 年煤炭净进口 3.2 亿吨，对外依存度为 8.13%。2006 年我国成为天然气净进口国，2012 年天然气进口量 530 亿立方米，对外依存度 31.6%。2000 年我国成为铁矿石净进口国，2003 年超过日本成为世界第一大铁矿石进口国；1998 年我国成为铜净进口国，

2003 年超过美国成为全球最大的铜消费国，且保持着年均两位数的增长速度。随着资源对外依存度的提高，全球大宗商品价格波动成为影响中国经济运行的重要因素。

我国经济的快速稳定增长需要采取进口大宗矿产等措施，但更重要的是要发挥技术创新对稀缺资源的替代作用，实现经济增长方式由粗放型向集约型转变。

第三，化解环境资源约束的因素分析。

1. 转变生产方式。减轻资源和环境压力需要适当调整增长速度，但更重要的是转换生产方式，将依靠低廉的劳动力价格、土地价格的世界工厂转变为依靠创新驱动的世界工厂，尽量消除经济增速放缓对人们的投资信心的影响。

2. 强化创新管理。人们往往强调创新成果的重要性，其实创新管理更重要。创新激励不足，经济增长方式转变就无法付诸实践。只有知识产权得到有效保护，创新者能得到预期的创新收益，才能树立创新意识、培育创新精神，发育创新社会。

3. 完善制度安排。要通过外部效益和外部成本内部化的制度设计，让正外部性的贡献者得到足额补偿，让负外部性的制造者承担全部责任。由此形成把资源、环境与经济发展结合起来的价值观念和行为规范，形成珍惜资源和保护环境的文化软实力。

4. 加快技术创新。充分利用技术创新减缓经济增长对资源和环境的冲击。资源利用效率提高了，环境污染控制住了，环境功能才能充分发挥出来。

5. 健全市场机制。尽快完善资源品价格的形成机制，以及民用水、电、气等阶梯价格制度。使价格真实反映能源产品的稀缺性，促进企业改进生产技术，促进公众节约、节能。

6. 政府转变职能。政府的主要精力要由追逐投资最大化、税收最大化转为营造转变经济增长方式的宏观政策环境。

7. 全民共同参与。近年来最为突出的环境问题是雾霾。雾霾在我国波及范围之大、持续时间之长和污染程度之高越来越超乎想象。雾霾给人们的生活带来不便，对人们的心情造成压抑，对人们的身心健康造成影响。所以大家都很关注雾霾，并把问题归结在工业生产上，而不太考虑生活方式的问题。其实，工业生产对雾霾的贡献率一半都不到，且有下降趋势；而生活对雾霾的贡献率已经比较大，并有增长的趋势。所以，治理雾霾不仅要转变生产方式，而且要转变生活方式，需要全民共同参与。按 13 亿人计算，倘若每个人每个月节约 1 升汽油、1 度电，就可以减少 1170 万吨汽油和 520 万吨煤的消费量，相当于减少全国能源消费总量的 0.5%左右。这足以说明全民参与的重要性。

第四，中国的资源环境管理存在以下几个问题：

1. 关注速度而不太关注代价。每个产业、每个产品、每种技术对资源和环境的压力是不一样的。如果我们在产业、产品和技术选择上关注资源和环境问题，就能降低经济增长的资源和环境代价。我们在这些方面显然是有欠缺的。

2. 粮食、能源安全理解上的偏差。一些人认为，粮食和能源安全，决定于中国生产的粮食和能源占粮食、能源消费总量的比例，比例越大越安全，比例越小越不安全。其实从化解气候风险的角度看，农产品供给来源越多越安全；从可持续性角度看，自己的能源存量消耗率越低越安全。我们对这些问题的认识是有偏差的。

3. 环保认识不够全面。很多人只看到环境保护需要花钱的一面，而没有看到环境保护同样能够挣钱的一面。环境保护是一个产业，既能增加就业机会，又能创造附加价值。此外，政府管理也有偏差。比如农业，总想维护种植面积、提高复种指数和加大投入强度。其实，适当降低土地利用强度，从过去一年种三季变成一年种两季，再变为一年种一季，有利于维护地力，有利于减少化肥、农药过量投入，有利于解决水体污染和地下水位下降等问题。

4. 生态补偿不够精准。我国政府对生态建设的支持手段非常粗放。无论是森林保护还是草地保护，都是按面积发放补贴。谁的林地和草地面积大，谁拿到的补贴就多，既不看是否采取保护措施，也不看保护效果。适宜的做法是根据生态系统服务价值的增量给予补贴，以激励大家采取保护措施，将补贴和贡献挂起钩来。

评 论

胡汝银：现在讨论的第二个议题，即经济增长要素方面的瓶颈问题，和我关于第一个议题的发言有关。未来的发展，很大程度上依赖于生产要素品质的提升和重新配置，以及要素更有效的利用。熊彼特强调的创新，与要素生产率有关的一个极为重要的创新领域，是经济组织方面、管理方面的创新等等。这些方面，中国未来有非常大的作为，通过这些创新可以大大地扩大中国生产可能性边界。我简单列举几个方面的因素：

第一，劳动力等要素，在不同行业、地区的重新配置，以及经济要素品质的提升，包括环境质量的提升、人力资本的投资等。中国在这方面的空间很大。

第二，国内和在全球范围内的产业链和产业价值链的提升，比如产品质量的提升。中国台湾地区的企业家一直讲“微笑曲线”，它有一定的道理，但也不完全有道理。德国人就通过卓越的制造，将“微笑曲线”里利润最低的一部分变成了德国的强项和长期高额盈利的源泉。我的父母对我说，20 世纪 30 年代的时候日本生产的东洋货是劣质品的代名词，但今天日本的产品品质让世人刮目相看。而今天中国的产品在很多国家都是劣质品的代名词。还有，中国农业是典型的小农经济。毅夫一直研究农业经济，我记得毅夫曾经讲改革之前中国的农业科研投入比较多，改革后这方面的投入比较少。我的老家在农村，过节时我回家去看，现代化的水平很差。中国台湾地区，以及韩国、日本、以色列、美国、加拿大等很多经济体农业都很发达，成为支持其经济增长很重要的因素。再如婴儿奶粉，这不是高科技的东西，我们最后都做不好，还要从国外大量进口。这方面都有巨大的发展空间。还有“微笑曲线”的两边，产品的设计研发和销售、品牌经营也有巨大的空间。通过产品链和产业价值链的提升，在很大程度上也可以实现很多进口替代。我们很多东西本不需要进口，就是管理没有做好，监管没有到位。

第三，服务业比重的提升，减少单位GDP的物质消耗。即在给定的能源消耗、给定的其他物质消耗情况下，GDP可以产出更多。发达国家服务业比重超过70%，中国目前为止不到50%。这种产业结构的调整也会有很大的空间。比如养老、健康管理等是一个巨大的产业，美国在这一领域从生产到经营、到投资，整个金融链、产业链专业化了，而中国在这方面的专业水平非常差。

第四，走向国际，整合资源和技术、市场，利用中国的市场规模（像上海的复星集团利用中国的市场组合全球资源），做大中国的市场，再反过来占领全球的市场。过去，我们主要是产品的贸易，未来应该利用资本在全球范围内的资源整合，收购全球最好的企业，做最好的品牌，以此提升全球高端市场占有率。就像韩国的三星集团所做的，这也可以和外交活动等结合起来。

第五，更有效地利用现有过剩产能拓展经济增长的空间。张军讲到，利用过去的负资产发展我们未来不足的地方。我上午也提到了，中国的基础设施等很多都可以进行大量的投资。中国的电厂、钢铁、水泥等很多基础设施建设的原材料产业产能大量过剩，这些如何可以有效地利用起来？而且现在国际上经济结构调整以后，国外的矿山、铁矿石、原油等原材料价格下降了，对我们低成本进行基础设施建设是天赐良机，这些方面都是大有可为的。当然还有其他的方面。不要简单地去算资源瓶颈的账，算我们有多少劳动力、多少资本，在这些方面我们可以利用要素升级、产品升级和组织结构的优化等等，让中国更加可持续地发展。如果我们能够用不太高的经济增长率实现有质量的增长，包括生活品质的提升、产品品质的提升、环境品质的提升，这将是很好的事情。我一直和大家争论，新加坡花了40年左右的时间，变成了高收入的国家，其经验可资借鉴。新加坡在20世纪60年代初期比中国的发展还落后。我们有30多年的高速增长，到2014年为止，我们的收入水平、基础设施仍然这么落后。我们有些地方应该向新加坡政府学习，包括新加坡政府怎么做有为的政府，怎么做好基础设施建设、规划，以及自由市场的制度性设施的建设。在新加坡，企业只要达到经营的基本标准和要求，就能自由开业，没有那么多审批。新加坡的离岸金融市场等也都发展得非常快，尤其是高端的服务业，像金融服务业。这是未来中国控制和影响全球资源、全面把握自身命脉的关键所在，是很重要的平台。但遗憾的是金融服务业的这个平台发展得很不理想，需要合理规划，急起直追。

第六，将环境污染等劣势和落后领域，变成环境治理的机会和投资的机会，变成产业发展和技术创新的机会。

张幼文：生产要素供给，前面的讨论比较多的是证明生产要素供给中没有问题或者是有问题。但这些分析忽略了一个因素，即由于我们是一个开放性的经济，生产要素的外部供给或者生产要素向外流出对我们未来增长的影响如何，前面分析不够。我上午的发言提到过，我们的资本形成当中，30%是外资。在过去20年中，我们的增长率中来自贸易顺差的贡献最高年份达到4.7个百分点，出口总量占GDP平均是15%—16%的水平。这是外部市场对我们的影响，也包含了增长的来源。如果考虑外来的要素供给，则必须考虑未来开放的结构、开放的动向——现在正在进行中美BIT谈判，如果谈成，我们是投资市场大幅度地向前迈进和加强开放——开放的结果是大批服务业的进入，还会有少数制造业（因为总体来说以前制造业开放比较多）。现代服务业基本没有开放，如果谈成，很明显的一个前提条件是我们答应现代服务业开放。当然，首先是美国资本进入中国的现代服务业。这会改变我们的增长结构，也会通过现代服务业的发展改变市场机制和运行。这是一个重要的变化，是一个供给问题。二是我们也看到，由于中国和美国谈投资协议，关系到我们国家发展的新阶段的到来。我们要走出去，我们对世界各地的投资增长速度很快。现在我们需要对外投资，对外投资有助于国有企业更多地解决自然资源和能源供给的问题。同时，制造业企业、民营企业对外投资有可能迅速获得海外大公司的技术、专利、品牌，这对我们未来的增长结构升级、调整有关键性的作用。所以，生产要素的供给和我们发展模式的调整有直接的联系。

环境资源约束方面，我们明显看到，环境因素成为今天中国发展的突出矛盾，但这个矛盾和我们的体制有关系。我们的体制有优越性，比如充分调动了地方政府发展的积极性，但另一方面，地方政府发展的积极性会导致地方政府向中央政府隐瞒本地的环境破坏。有很多例子表明，地方政府牺牲环境来获得外资和实现增长。又如，太阳能电池是新能源，但制造过程中最污染的环节留给了中国，精加工留给了欧洲——这背后是我们的体制原因。

我们再进入到今天题目的核心问题。我感觉这次讨论会把这个题目提出，非常有价值。“环境资源约束与生产要素供给”，把环境和生产要素问题连在一起了，这是一个非常有价值的经济学命题，也是非常有意义的政策研究的问题。到现在为止，经济学理论和政策研究都没有把环境作为要素。一旦我们把环境作为要素来对待，会引出非常清晰的政策思路。环境为什么会没有被当成要素？因为生产要素原来有几个基本的概念、定义：首先，形成成本，它是生产的前提条件；第二，它不是无限供给的；第三，再生产是有成本的。原来在生产过程中，环境都不符合这三个条件。原来损害环境没有约束，环境是无限供给的，这是过去的生产方式。到了今天，我们已经发现环境成为约束，环境使用需要付出成本，环境的修复有代价，环境已经具有了生产要素的特点。这样一个经济学意义上（的命题）如果突破了，马上碰到一个问题：环境作为生产要素，如何对它进行定价？生产要素定价最基本的原理在于生产成本。很大程度上，环境要素一旦破坏就是永久破坏，无法修复，因此我们需要用经济学的规律去考虑、规划如何对环境要素使用进行定价。比如说现在已经有这样的一种趋势和先例——对排放征税。这个税不一定能够治愈排放对空气、水或者土地造成的破坏、影响，不一定能修复，但它的思路就是让破坏环境、使用环境的行为需要付出成本，这是对企业的约束。同时在不可修复的情况下也要有定价机制，比如以竞争、竞标的方式来使用环境。只有付出了成本，才有权排放。通过竞争过程形成对环境要素使用的价格、成本，使经济过程能够对环境使用有约束。这在中国今天的条件下特别有必要，因为制度化以后，就有可能约束地方政府无限地、没有约束地使用和消耗环境。

应该说，今天环境的约束问题如此严重，一是和我们的发展阶段有关；二是和我们参与国际分工的方式有关，西方发达国家把污染环境的环节交给中国；另外是和我们的体制有关，地方政府不关心环境。只有从经济学上把环境定义为“要素”，从政策上确定定价方式，才有可能立法来约束企业的排放。

陆　铭：我觉得我们讨论问题的时候要区分两个概念：我们是在最优增长路径上来讨论中国经济增长的问题，还是说现在的经济增长已经偏离了最优增长路径。这是两个问题。中国的一些问题，既有一些是因为参数变化，比如人口结构的变化，包括技术进步，可能会导致最优增长路径的变化。但更重要的问题是今天中国经济增长的路径其实已经在偏离最优路径了。比如说投资的问题。当然，我是绝对同意说中国和美国这样的国家相比人均资本量差距很大，从长期来讲当然要不断地持续进行投资。但问题是，如果投资的速度过快，没有相应的消费支撑和利润回报、资本回报，在短期里虽然有快速的投资，从长期来讲我们追赶美国的速度反而是下来了。这样就偏离了最优经济增长路径，就偏离了最优经济增长下投资和消费比例的黄金率。这个理论上的问题一定要讲清楚，否则很难逃脱到底是投资多了还是少了的争论。从长期来讲，中国当然还要投资，短期内提升消费可能就变得非常重要，因为这能够保证投资是有足够的回报的。

恰恰是在这样的理论分析框架之下，全要素生产率（TFP）的概念还是可以用。姚老师前面有一个讲法也是对的，TFP和经济周期有关系，经济增长慢的时候TFP容易下来。但是在我的研究里，看中国的TFP的变化，在2003年之前中国TFP的增长速度是持续往上走的；在2003—2008年中国经济高速增长的这一段时间里，恰恰中国的TFP增长速度是下来的。那么它和经济增长的周期不是同一个问题了，其中一定有低效率问题的产生。那么低效率从哪里来的？我接下来就想从劳动力、土地、资本三个方面来讲一讲我对这个问题的看法。

首先，从劳动力的角度来讲，有一些关于目前中国劳动力状况的判断需要仔细想一想。比如说蔡昉老师前面提到，现在有很多观察都说中国现在农村的劳动力剩下的都是老人、儿童和身体不健康的一些人。这个现象应该把它看成是既有制度的结果，而不应把这样的现象作为判断中国未来劳动力供给的总量和城市化进程的动力是否已经丧失的依据。之所以现在人们看到老弱病残留在农村，是因为中国的户籍制度、土地制度限制举家迁移，所以这个家庭在迁移的时候就会把青壮年的男性先送到城里。如果制度一变，举家迁移更加成为主流模式，农业将逐步实现规模化生产。与此同时，中国的产业结构发生变化，当农村劳动力数量减少，农村出现大量的技术进步和资本替代劳动的时候，劳动强度有可能会增加，这时劳动力的供给比较优势会发生变化，有一部分青壮年反而将回流到农村。现在在农村已经可以看到机械化和资本替代劳动趋势非常明显，一些青年男性劳动力实际上是在回流的。所以这些劳动力流动的现象本身是内生的，与制度有关系。

另外，前面讲到进城的成本，现在计算农民工进城的成本是非常大的理论上或者研究的误区。有两个误区。第一，就是把其实不应该由政府承担的成本都算到其中。比如说社保是要基于农民工在城里有就业，这部分钱是由雇用劳动力的企业和农民工自己交的，不应该算到政府头上。第二，是没有考虑基础设施和公共服务的规模经济效应，如果考虑到这一点，一个农民工进城所带来的成本的增加是远远低于当前城市居民的平均公共服务和基础设施成本的。这些问题不澄清，实际上是一个非常大的误导。从经济结构的角度来讲，我自己曾经算过农民工消费和城市居民消费的差距。在所有其他因素都已经在模型中控制的情况下，一个外来人口的消费比相应的城市本地居民要低30%，这是2003年的情况。在2007年的数据里，这个差距大约是17%。虽然差距有所缩小，但农民工的数量已经大大增长了。也就是说，如果给他一个户籍身份的转换，他的消费就可以增加。其中一个非常重要的原因在于社会保障对农民工的覆盖率比较低，另一方面他有未来要回老家的问题，有居住地变迁的成本，如果购买耐用消费品，有很大的移动成本。更重要的是，如果预期未来要回老家，他未来预期的收入是要下降的，所以他一定要储蓄，这就制约了消费的增长。

其次来看土地方面。从2003年以后，中国有大量的建设用地指标是配向中西部地区的。这样一来导致的情况是，中国的土地资源配置方向与劳动力继续向东部和大城市流动的方向是反的。结果导致我们现在经常讲的土地的城市化速度快于劳动力的城市化速度。而东部这个差距并不是很大，相反是中部和西部，特别是西部这些城市，面积扩张的程度远远超过它吸纳人口的速度。这实际上是由政策导致的，土地资源的配置采取的是行政的方式，而非市场机制的。

再来看资本。按道理来讲一个国家经济增长速度快的时候利率会上升，但是如果看2003—2008年这段中国经济高速增长的时期，我们的实际利率是非常低的，扣除了通货膨胀以后的实际利率基本上是在1%左右。高增长、低利率的结果一定是产业结构的扭曲，带来几个结果。第一，政府偏好发展资本密集型的产业，已经出现了一个过早的资本深化的进程，中西部尤其明显，高增长带来的就业弹性下降是非常明显的。另外，在产业结构上工业得到刺激，服务业得到抑制，因为在间接融资的情况下，工业有抵押品，所以比较容易得到便宜的金融资源。这在工业部门也会导致前面讲到的产能过剩问题。收入分配上，我也做过研究，凡是实际利率低的时候，就是工业发展比较快的时候，而工业发展比较快的时候，恰恰是中国的劳动收入占比下降的时候。所以，实际上中国的宏观收入分配的结构与低利率的政策也有关系，因为它鼓励投资，不利于劳动力分享国民收入。最后一个结果就是地方政府的负债。地方政府的负债大量是依靠便宜的经济资源。对此，不能光看地方政府的资产和负债比，要看资产是什么。如果资产可以带来未来的现金流和回报，不用急，只要债务的增长速度慢下来以后，等到资产带来回报的时候，负债率长期来讲就会下降。但是，这一轮的政府负债和 20 世纪 90 年代政府的负债不一样。90 年代政府的负债资产很多部门是国有企业，国有企业从长期来讲是可以带来产出的；而这一轮政府的负债里形成的资产大量是过剩的基础设施，还有每个县都有的工业园，这部分工业园和基础设施没有带来现金流的能力。因为这种基础设施的资产是按投资额来计算的，如果把它当成分母，资产负债率就很低。

黄凯南：我简要补充一点，和大家分享一下我们关于结构变迁在经济增长中的作用的一个研究结果。我们用了 1990—2011 年的中国行业数据。整个中国的经济增长，要素（包括资本和劳动）增长率对 GDP 增长率的贡献接近 70%。由于在不同行业就业结构的变迁带来的生产力的提升对整个 GDP 经济增长的贡献在 7.1%左右，2001 年之前劳动增长率占 GDP 的贡献是上升的趋势，但 2001 年以后是下降的趋势。而且从 2001 年前后十年来看，整个后十年，劳动增长率对 GDP 的增长贡献率大概是前十年的一半，但是结构变迁效应后十年大概是前十年的 5 倍，因为它的值非常小，它对 GDP 增长率的贡献值也比较小。但是从系数来看，产业结构变迁对经济增长的贡献大概是资本系数的 2 倍，由于它本身值很小，效果不是很明显。当前，中国正在积极推进经济增长模式的转型。如何通过全面深化改革以促进产业升级和结构转型是经济增长模式转型的重要组成部分。经济增长过程中的结构变迁将得到更多的重视。如何通过制度改革促使要素在各个行业间的自由流动，进而构建一个有利于经济结构沿着更有效率方向变迁的资源配置机制，是未来中国经济体制改革的重要内容。结构变迁效应在中国经济增长中贡献份额将得到提高，中国经济增长也将呈现更多的“结构红利”。

林毅夫：我想讨论要有点交锋，要有不同意见，才有意思。本着这个精神，我想谈谈对陆铭教授刚刚提到的关于TFP的看法。我的看法姚洋刚才也已提到。中国的TFP显然是有顺周期的特征。比如说2008—2012年的TFP，大家的意见是降低了，白崇恩的研究也证明了在2003—2007年的那段时间TFP比较高，2008—2012年比较低。可是会不会对2008—2012年的TFP是低估的，对2003—2007年的TFP是高估的？我提出这个问题是因为2008—2012年的投资是以反周期的政府刺激为主，当时很多投资是在基础设施领域。基础设施的投资规模很大，大部分由大型的国有企业来做，很多人就说2008年以后TFP降低是因为大部分投资是来自国有企业的。然而，基础设施投资的特性是什么？它是长期的项目，回收期非常长。一般的产业投资回收期可能5年、10年就相当长了，基础设施的回收期则是30年、50年以上。基础设施的收益在短期一定是低的，投入多、收益低以生产函数来计算TFP就低。但是基础设施的投资有很多外部性，因为基础设施投资建成了以后可以降低其他产业的生产活动的交易成本。交易成本降低，表现出来的就是这些产业的TFP提高。例如，2003—2007年这几年我国都是双位数速度的增长，但是这几年和2000年以前双位数速度的增长很大的差异是通货膨胀率非常低。通货膨胀率低的原因是增长的瓶颈被消除了。之所以这样是不是因为和1998—2002年间作为东亚金融危机时应对通货紧缩的挑战所采取的反周期刺激的基础设施投资有关？同样，1998—2002年间TFP是低的，因为大部分是基础设施投资。所以，在一个经济周期中衡量TFP，有时候是高估的，因为把反周期的基础设施投资建成时所产生的外部性计算在经济繁荣期时民营经济投资效率的提高里；有时候是低估的，因为在经济萧条期的投资大部分是基础设施，而基础设施很多都是国有企业做的，于是就又怪罪国有企业的TFP是低的，是没效率的。这样的估算有失偏颇，有必要仔细去分析投资活动和投资企业的特性，以及这些特性对TFP的衡量的影响。

陆　铭：林老师刚才对TFP的分析我完全同意，但是要解决这个问题，要克服宏观数据对于基础设施的回报在时间上的延迟效应，有一个办法：看企业的TFP，这时候企业的投资已经不包括政府的投资了。我前面讲的这个结论，其实是用工业企业数据库来做的，那么做的结果就是2003—2007年这段时间TFP仍然是增长的，但是TFP的增长速度却慢下来了。所以和您刚刚讲的那个是不矛盾的，我的意思是，这种状况实际上是由政府投资扭曲所导致的。而且不仅是企业层面的TFP增长速度慢了，如果看企业和企业之间的TFP的差距，这是度量资源配置效率的指标，可以非常清晰地看到2003年以后差距是扩大的，之前是缩小的。不仅全国范围内的TFP的差距在扩大，如果把样本分成东、中、西部，那么TFP差距扩大的主要是中部和西部；看所有制，则主要在国有企业内部出现TFP差距的扩大；如果再看出口和非出口，主要是非出口部门的企业之间的TFP差距在扩大。而且拐点基本上是在2003年前后，如果出现这么多个2003年，很难用巧合来解释。它正好又和我刚才讲的土地政策、资金政策导向、财政投入的内地倾向等政策上的拐点一致起来。所以我的判断就是，这是一个由政策所导致的效率的变化。

林毅夫：政府支持的投资TFP有可能确实低，但那些投资对消除增长的瓶颈和地区差距以及稳定经济增长来说可能是必要的。你发现的2003年以后中西部的投资TFP效率低，是否因为西部大开发？它大部分是政府主导的基础设施投资，TFP当然低。可是西部大开发以后，中西部民营经济的物流和交易效率提高得非常多。所以基础设施投资的影响很多反映在民营经济活动的交易成本下降，是不是有这样的情形？如果政府不做这些投资，东、中、西的差距是不是会更大？另外，2003年以后我国刚走出东亚金融危机所带来的通货紧缩的影响，出现了一种我称之为“煎焦了的冻鱼”的现象——有些产业已经投资过热，甚至已经出现产能过剩，而消费仍然萎缩的情形。你所衡量的不同企业的TFP的结果是否和这种现象有关呢？

陈 钊：其实我非常同意刚才张幼文老师所讲的。我想可以再明确一下，怎么从体制机制上保证我们对环境的保护和治理能够激励相容。即使不考虑我们当代人对后代人环境的牺牲，还有两种发生在现在的影响激励相容的负外部性需要考虑。第一个是同一个地区的不同主体之间会有负外部性，特别是工业部门的发展对当地的农业和居民的生活所造成的环境负外部性。第二个是不同地区的、跨地区的环境负外部性，比如在水污染上就有明显的体现。现在沿江的城市在布局污染企业时，往往会将其安排在所处流域或河段的下游段，这样做的结果就是我的污染不影响自己，只影响下游，于是，相应的污染水平必然上升。这就需要从地方政府的治理以及中央政府应扮演怎样的角色这个角度去考虑环境的治理。当然，刚才讲到环境的定价和付费机制，但这样的制度在执行的时候会面临信息不对称的问题，因此得由更拥有当地信息的地方政府来实施。而这个实施的有效前提是，政府的监管部门是有激励去征收环境污染税的。但事实恐怕并不一定这样，因为这种做法可能和当地政府的 GDP 导向的激励机制是不相容的。这里我们又会回到一个怎样来治理地方政府的问题，需要讨论怎样进行中央和地方政府之间的治理结构的调整，这是环境等诸多问题背后需要我们进一步去探讨的深层次的问题。一个很简短的答案就是：我们要改变现有的地方政府“为增长而竞争”的状态，要让地方政府“为和谐而竞争”。

周八骏：谈到现在，我想提几个问题引起大家讨论。第一个是，在理论上，能源算不算要素？如果算，那么似乎全世界的经验是，经济发展到一定阶段，任何国家和地区不管要素禀赋中能源是稀缺还是富裕，都难免大量消耗能源。这一点如果成立，是不是就对毅夫的新结构主义增长理论提出挑战？

第二个是现实问题：对于中国未来 20 年增长预测，蔡昉教授讲 6.9%—7.5%这个区间，毅夫讲潜在增长率更乐观一点，你们两位是不是把未来 20 年中国能源问题作为一个不成问题的前提给定了？还是未来我国能源问题依然是一个值得探讨的问题？我这样讲，是因为现在世界上地缘政治发生深刻变化。2014 年 5 月亚信峰会期间，俄罗斯同中国谈了 10 年的天然气供应取得了突破。不能否认相当程度同乌克兰、克里米亚问题相关。美欧对俄罗斯实施经济制裁后，英国石油公司对中国生意的积极性也提高了，因为中国市场是相对稳定的。地缘政治因素在一年前不可能被充分考虑，而未来其意义和影响会更显著。未来 20 年，至少前 10 年全球地缘政治不可知因素太多。

我记得 2008 年在香港，一位来自英国石油公司的策略师预测未来 20 年全球石油供求时提出一个观点：全球能源市场主要是石油市场长期供求稳定和价格稳定有赖于中美两国合作；如果不合作，那么全世界能源市场会对全球经济产生灾难性后果。现在地缘政治更复杂了，中美关系呈现较前更多的困难。讨论未来 20 年，不讨论能源问题会是一个很大缺陷。

我的第三个问题是，毅夫，能源算不算要素？

林毅夫：从经济学家的角度来看，能源肯定是算作要素的。因为土地、劳动力、资本三要素里，土地就是把任何自然资源都算在里面，能源当然是自然资源当中的一部分。

周八骏：可不可以又算土地又算资本？

林毅夫：你把它卖掉以后它就变成资本，土地也是这样的。任何自然资源卖掉以后就变成现金，现金如果不消费掉它就变成资本了。

周八骏：根据这个要素禀赋的观点，又有矛盾了，不管你稀缺还是富裕，经济发展到工业化阶段，一定大量消耗能源，生产型消耗和消费型消耗都免不了，成了一个必然出现、绕不过去的阶段。

林毅夫：没错，那就是说自然资源不管是国内自己有的，还是在国际市场上购买的，必然都是这样的。因为其他的铁、铜也是同样的情形。当然有些是可贸易的，有些是不可贸易的，真正的土地还比较难贸易。但是其他的自然资源基本是可贸易的。可贸易的自然资源当中有些国家就相对比较丰富，有些国家是比较稀缺的，土地也是这样的。这是一点。

第二点，未来20年里能源供给的不确定性，还是回到我对潜在增长率的定义。如果供给比较顺利，比较好，那潜在增长率就会更多地变成现实增长率。如果有很多冲突，供给可能非常短缺，甚至买不到，潜在增长率没有受到影响，可是实现的增长率就会降低。

张幼文：刚才主持人讲的这个题目很有意思。我们前一阶段思考这些问题的时候是这样考虑的，在国内学者很多分析当中，能源作为要素提法是比较多的。资源、能源当它还在土地下面的时候它是土地的一个属性，就像土地的肥沃性一样，属于土地这种生产要素。但是当它挖掘出来以后，作为资源产品、能源产品，这时候是产品。就比如说土地本身是一种生产要素，但是土地上种植出来的作物、粮食就变成商品。自然资源的市场规律与商品、生产要素是不一样的，所以我们一般把市场分成三类：第一类商品市场；第二类要素市场；第三类资源市场。商品市场，今天世界上高度竞争，价格高度一致，在电子商务的情况下几乎不存在信息不充分和流动困难。但能源市场、资源市场由于地理属性、国家的垄断，以及有些国家使用资源产品、能源、石油作为武器，导致局部的垄断，价格规律和商品市场的规律不一样。要素市场，由于要素的复杂性，从低级到高级，要素流动性的差异——比如说各国会吸收高端劳动力，抵制低端劳动力的流入；会争夺高级的技术，使高级技术的价格远远超出一般商品的价格；有的国家会禁止敏感技术出口——它的市场规律性也完全不一样。

刚才主持人还提到一个问题，我觉得很有意思。对环境保护，也存在一个开放倒逼改革的可能性。为什么？因为现在中美BIT谈判也好，TPP也好，关于环境都是其中的一个条款。也就是说，一个国家既不能设置过高的环境标准以致造成外资进入的困难，也不能以过低的环境标准去吸收外资，过低环境标准造成的损害是人类共同的损害。环境保护理念是国际趋势，虽然不一定会进入双边投资协议当中，因为美国如果硬要提高环境标准反而将给自己制造投资准入障碍。但作为我们来说，应该跟上国际社会发展的潮流，顺应国际组织现在的理念（保护环境是整个人类的共同要求），通过开放倒逼改革，形成体制机制上对环境的保护。而从经济学来说，只有把它看作是一种要素之后才有可能定价，这才有可能形成制度上约束的条件。

付才辉：资源约束与生产要素这个议题，我想反驳三个观点：

第一，我觉得大家提到资源环境问题，不要过于担心。环境污染曲线是随着经济结构而变化的。姚洋老师已强调过，中国服务业占 GDP 的比重已经超过工业，用不着过于担心。

第二，开始陆铭所说的基本理论问题，我不同意。我觉得现在的经济结构失衡，问题的关键不在于消费与投资的问题，因为在平衡增长路径上，消费者自己已经做了最优的消费和储蓄选择。问题的关键在于储蓄和投资之间的关系，这应该是讨论的重点。我认为，我国的问题不在于消费低、储蓄高，而在于高储蓄没有转变为促进禀赋结构升级的有效投资！关注总需求面的凯恩斯主义经济学只是周期理论而已，只关注总供给面的新古典主义忽略了违背比较优势的“高大上”的 TFP 技术可能对禀赋结构的供求造成扭曲进而抑制禀赋积累和生产升级，经济增长的新结构经济学方式超越了二者的局限性。新结构经济学认为经济增长是禀赋结构升级与生产结构升级相辅相成的动态过程，持续经济增长的第一个环节就是把居民的储蓄转换为有效的投资促进禀赋结构升级。我国目前的问题在于如此高的储蓄并没有完全有效促进禀赋结构升级。如图 1 所示，改革开放前十多年的投资储蓄比远远高于近十来年的比例。

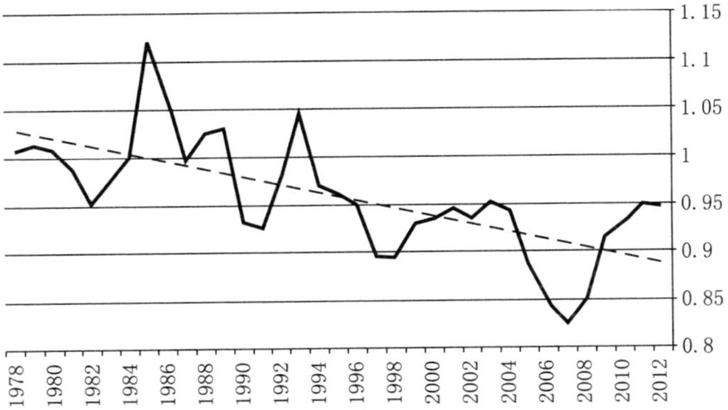

图1 我国的投资储蓄比

资料来源：根据《中国统计年鉴》相关数据计算。

用世界银行的数据，我测算了投资占GDP的比重与储蓄占GDP比重之比的国际比较。如图2所示，韩国在高速增长的时候，远远超过了1；我国大概在2000年前也达到这样的水平，不过近年来却低于1。储蓄的关键在于是否可以转变为有效投资。储蓄，对发展而言，要改变它的禀赋结构才有意义。

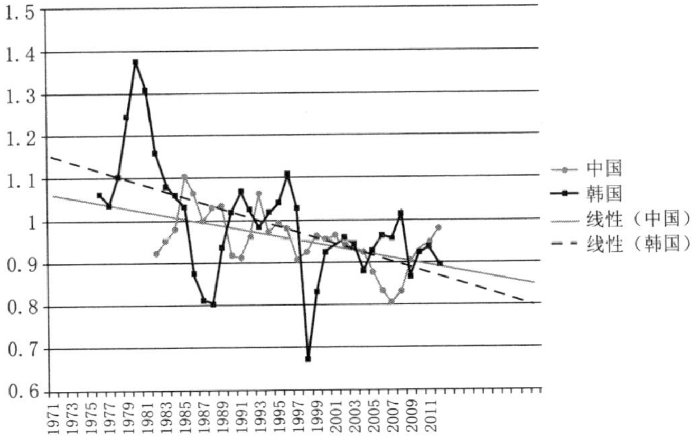

图2 中国与韩国的资本形成总额与总储蓄之比

资料来源：世界银行发展指标（2013）。

第三，很多人以为要通过政府吸收产能过剩，投到基础设施上，这不一定靠谱。因为很多过剩产能本身是无用的。政府转换过剩的产能去投基础设施，也有可能引发新的产能过剩。

我认为，关键是要激活民间储蓄，转化为有效投资。这就应该弄清楚储蓄在转换为有效投资过程中存在的渠道障碍才能对症下药。我认为，存在如下几个方面的障碍阻碍了储蓄驱动禀赋结构升级：金融市场不通畅，资本供给者不能够低成本地到达资金需求者手中；存在扭曲性的非生产性投资领域，尤其是房地产领域，挤占了居民储蓄投资。我举我们老家村里的一个例子。我们那里是生产柠檬的大县，10 个柠檬有 8 个都是我们那里出产的。我们村里的邻居举家到外面打工，打几年工就可以在我们县城买一套房子，大概 30 万元左右。这 30 万元，基本可以用来修一条从小镇到村里的马路了。如果投进去，修马路的钱能不能收回来？单以柠檬这个经济作物为例，我做了一个比较，经济上是划算的。另外一个与我们村差不多情况的村就修建出来了。我个人观察觉得，是因为当地村干部比较能干，可以协调家家户户的投资，即便你到外面打工，他也可以把你的投资搞起来。这个故事涉及房地产，虽然也可看成投资，但大部分房地产投资不进入生产函数，提升不了禀赋结构，促进不了产业升级，实际上就是阻碍了禀赋积累。通过图 3，我们可以看到建筑业占 GDP 的比重远低于房地产投资占全社会固定资产投资的比重。名义上讲，房地产投资也是一种投资。但是实际上，除了为改善居住条件的消费性投资和投机性投资外，我国居民的房地产投资很大一部分比例是充当储蓄的作用。一套闲置的住房，就可以换作修建一条具备经济合理性的小型公路。之所以出现这种状况，那是居民在扭曲的相对价格约束条件下的理性选择。除了正常需求之外，中国的高房价很大程度上是土地制度扭曲产生的，其背后很大程度上又是由土地财政与分权制度下的财税体制决定的。虽然过去的土地财政有一部分也用在了提升基础设施升级和产业政策激励上，但确实推高了居民在高房价下的非生产性储蓄，蚕食了禀赋积累，不利于禀赋结构升级，进而不利于生产结构升级。

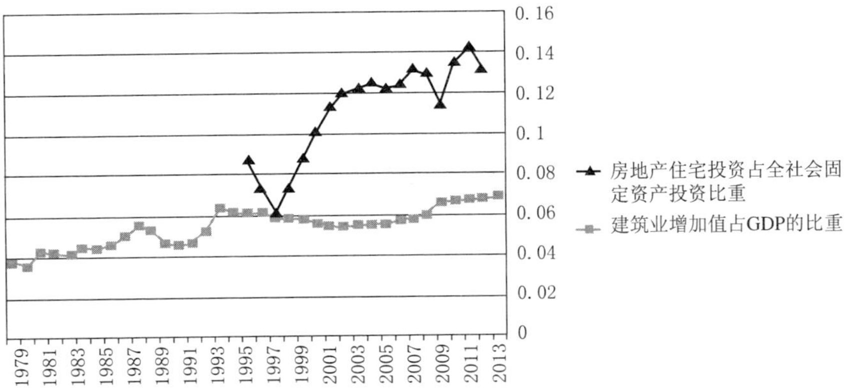

图3　我国建筑业占 GDP 的比重与房地产投资占全社会固定资产投资比重的比较

所以说，生产要素问题其实就是林老师新结构经济学讲的禀赋升级的问题。未来改革的关键，我认为是发挥市场机制，政府理顺其中的机制，把高的储蓄转到有效投资上。通过整合已有的存量，我们就可以大大提升有效的要素供给。现在许多老百姓都不缺钱，缺的是赚钱的投资机会。所以，提供赚钱机会的产业升级也是非常重要的。

议题3：国企改革与产权制度

主发言人：张曙光　周八骏

张曙光：我讲的题目是“再议国有企业改革”，从混合所有制谈起。

自从十八届三中全会提出“混合所有制”以后，“混合所有制”这个词被大家炒得很热。什么是混合所有制？一般是指一个企业资本结构不是由单一性质和形态的资本构成，而是由两种或者两种以上性质不同的资本构成，如私有资本和公有资本，外国资本和本国资本。事实上，混合所有制就是混合经济。在20世纪八九十年代讨论这个问题的时候，很多文章都讲所谓社会主义市场经济，就是混合经济。那个时候就讲了，为什么没有热起来？现在怎么热起来了？这就需要讨论。

就拿最近最热的中石化销售公司的混合所有制改革来说，25家民营企业斥资1070.94亿元，持有了中石化销售公司29.9%的股份。这个事件有什么意义？很清楚，尽管民营资本得到了30%的股份，仍然是小股东，没有决策权。而中石化销售公司虽然有了民营资本的股东，但仍然是一家国有企业控股公司。

既然混合所有制就是混合经济，我认为，就有两个层次的混合所有制。

一个是企业层次，像刚才讲的中石化销售公司。另外一个层次就是产业或者行业层次，中民投在上海挂牌就是投资行业的混合所有制。从石油、石化来看，据说中国石油商会准备把几十家石油民营企业组织起来，成立一个中国民油集团，这也是行业层次的混合所有制。如果在现在的“两桶油”或“三桶油”之外，再多“一桶油”，似乎意义不大，只是在寡头垄断里面多了一家寡头，在垄断竞争的市场结构中增加了一个竞争者。但是如果多了“中民油”这一竞争者，市场结构和市场竞争的状态就会改变。而且，民营集团本身的治理结构也和中石油、中石化不一样，这就有了一个比较，到底哪种治理结构好，从而对于今后市场经济的发展会有比较好的影响。从这个角度来说，我觉得与其把力量花在企业的混合所有制上，不如把力量花在行业的混合所有制上。而行业层次的推进，也会对企业层次混合所有制的发展有好处。

第二个问题，关于收入分配改革，主要是通过“利改税”和“分税制”，把税收和利润分开了。把原来国有企业利润全部上缴、投资全部下拨的“统收统支”体制改革了，结束了国有企业不纳税的历史，这是一个很大的进步。但是，1993 年的分税制改革方案明确规定，“1993 年以前成立的国有企业可以暂不向国家上缴利润”。所以，从 1993 年到 2008 年，国有企业没有向国家上缴一分钱的利润。但是，随着经济形势的变化，特别是“拨改贷”、下岗分流、资产剥离、“退二进三”、资产重组、引进战略投资者这样一系列的改革措施之后，加上整个经济形势的变化，国有企业从原来的严重亏损，变成利润大增。在这种情况下，2008 年国资委和财政部发文，要央企向国家上缴利润，同时也给一些国有企业补贴。这就是国有企业收入分配的现状。

应当肯定，利和税分开确实是国企改革的一大进步，但这个进步仍然有着极大的局限性，就是在租金、利润、税收这三个范畴里，只把利润和税收分开了，租金和利润、租金和税收仍然混在一起。因为租金和利润没有分开，所以企业上交所得税的时候，也有一部分租金包含在内，所以租金和税收也没有分开。由于租金和利润是合一的，所以任何一个改革都会扭曲。比如说，现在很多央企引进了战略投资者，要实行股票期权制度，解决经营者的激励问题。但是租金包含在利润中，虚增的利润使国有企业老总拿到的股权也虚增了，其行权中也就包含了一部分租金在内。从这一情况来看，国有企业改革只走了半步。

所以我认为，在现在资源要素价格改革没有解决的情况之下，先把租金收回来。至于租金怎么收，应该按现在的市场价格、国际价格收，土地给民营企业多少，也给国有企业多少。其他的资源要素根据国际价格，算多少收多少。收回来后怎么分配呢？租金是老百姓的财产，可以人人有份，可以按人均分，也可以充实社保基金。同时租金既然是收入，政府也可以征税。征税以后，政府收入增加了，也可用以支持减税。所以，我认为先收租再分利是最好的办法。租金收回来了，国有企业的产权改革也就可以推进了。

周八骏：我之所以选择这个议题作为主发言人，是从实际工作出发。下面着重讲几个问题。

一是怎么理解混合所有制经济。1999 年中共十五届四中全会关于国有企业改革做了决定。2012 年十八届三中全会关于全面深化改革若干问题的决定（以下简称《决定》）在经济体制改革部分提出发展混合所有制经济，这是第一个新提法。如果因为十八届三中全会提出让市场在资源配置中起决定性作用，就断定发展混合所有制经济即深化市场化改革，不能说不对，但是不全面。十八届三中全会《决定》名称是“全面深化改革”，同十年前、二十年前党的十六届三中全会和十四届三中全会的两个《决定》都不一样。十四届三中全会是“关于建立社会主义市场经济若干问题的重要决定”，十六届三中全会是“关于完善社会主义市场经济若干问题的决定”，而今则是“关于全面深化改革若干问题的决定”。过去两个都是讲市场经济，也就是经济体制改革，而今却是完善社会主义制度，经济体制改革是其中一部分。经济体制改革固然是全面深化改革的重点之一，目标是要让市场发挥资源配置的决定性作用，要理顺政府和市场关系。因此，我们要辩证地理解发展混合所有制经济，需要把握两点。一是发展混合所有制经济同让市场发挥资源配置的决定性作用是一致的；二是要始终把握全面深化改革总目标——完善社会主义制度。大家看到，最近中央做了一个重要决定，那就是央企领导干部薪酬制度改革，那是和不少人所理解的市场化目标相悖的。

发展混合所有制经济的第二层考虑是回应民营企业发要求。1999年以来，国企改革"抓大放小"，很多中小企业放掉了。有些省份民营企业很多，例如浙江省，特别是宁波市，国有企业占GDP的比重已经很小。但是近几年，民营企业份额又有所下跌。一方面，在艰难环境里，一批民营企业不但生存下来，而且发展起来。阿里巴巴当然是佼佼者，还有其他一些大型成功的民营企业。它们需要更大的发展空间，需要更大的市场参与，包括行业参与，国家需要回应这方面诉求。另一方面，国企改革取得了成果，也产生了问题，主要是如何进一步市场化。

发展混合所有制经济，既要控制政治风险，又要使国企、民企取长补短、或者强强结合，中央将这一课题作为全面深化改革"顶层设计"的一部分提了出来。如何实践，需要将原则细化。我同意张曙光老师的话，发展混合所有制经济有两个层次。一是行业，包括那些过去对民营企业不大开放的，比如金融业。不久前中国银监会就批了几家民营企业试办银行的牌照，完全是由几个民营企业合作组建。如果事成，中国银行业混合所有制成分就提高了。二是企业，两种不同性质的资本合办企业，或者原来国有控股的企业允许民营企业参股。这种参股和上市公司不一样，现在所有国有控股上市公司可以说都是混合所有制企业，大量小股东都不是国有资本，但是它们不参与企业经营管理，只是分享投资收益。在混合所有制企业中，非国有资本这一方入股后，即便是小股东，也要进董事会，参与重大决策。

我在中国医药集团下面两家上市公司担任独立董事，它们都是混合所有制企业。中国医药集团是央企，100%的国有资本。集团下属国药股份是中国医药集团和复星集团合资经营，11年前，复星集团投入资金，中国医药集团将原来药品销售这一部分国有资产折成股份，股权比例为49∶51，中国医药集团控股。国药股份2009年在香港上市，2012年就跻身世界五百强，从上市时7亿元（人民币）盈利到现在30多亿元，上了几个台阶。这个企业的特点是，董事会按照股权比例从两大股东中派董事，还请了一些独立董事；但是，经营管理层完全由中国医药集团委派，复星集团不参与经营管理．这是一种模式。中国医药集团下面另外一个在香港的上市公司现在叫中国中药集团，其前身是广东佛山的一个窗口公司，后来卖给几个民营企业家，成了百分之百非国有经济；2013年初，被中国医药集团收购了控股权。现在，董事会是中国医药集团的居多，但是仍主要由民营企业家继续经营管理。这是又一种模式。两种模式分别存在着一些具体问题。

这几年担任几家混合所有制企业独立董事的经验，让我思考几个问题。第一，如何评价国企改革？人们普遍认为国企缺乏效率。但是，中国军事工业尤其航天工业百分之百国企，它们的效率、效益是不错的。否则，我国航天军工领域的成就很难解释。另一方面，在新兴互联网经济领域，没有一家成功的国企，阿里巴巴、腾讯、百度等都是民营企业。这里面就有很值得总结的经验。既不能一边倒说国有资本经营都不行，但是，又不能不承认21世纪新兴的互联网企业没有国企。都说民营企业家在打天下，这是一个值得思考的问题。

第二，混合所有制企业能否做到不同资本企业相互取长补短或者强强结合？这需要探索。现在方针定了，具体实施细则非常考验功夫，总书记说细则很重要，要防止国有资产流失。我倾向于国有资本企业与民营资本企业合作，一定应是已经合规范、具规模的民营企业，不能与个人合作，与个人合作很容易以权谋私。当然，杜绝以权谋私要靠加强法治、反腐倡廉、制度建设以及建立规范的宏观经济环境。

中国市场仍是欠规范市场。民营企业在中国市场打拼，大多靠不同程度的违规来生存和发展。中国市场规范化伴随着民营企业规范化。改革深化不但是国企改革深化，也是民企改革深化。很多具体的政策问题还要思考，我今天提出的问题多于答案，希望抛砖引玉，引起讨论。

评　论

胡汝银：过去二三十年，我一直在进行国企改革和治理机制这一课题的研究。以前和OECD、世界银行、国家经贸委也合作开过这方面的专题研讨会，很多上市公司也是国有控股的一些企业。国企改革有几个层面的问题，大家议论比较多的，一是市场垄断问题；二是内部人控制和企业资源滥用的问题；三是高管任命和企业经营的行政化问题。关于企业财务资源滥用和内部人控制问题，从上海证券交易所开始强调上市国企分红之前，国企在整个财务资源配置中是没有分红的，企业赚钱之后都变成利润留存由企业一直使用，企业控制权的私人收益特别高。有一个矛盾的现象，中国一方面是领导人的行政任命，另一方面又是内部人控制，导致资源的滥用。

关于国企如何进一步市场化的问题，一个是经理人的市场化，另一个是产品的市场化，还有是资本配置的市场化，这实际上是三个问题。在经理人市场方面，像我们特别关注的新加坡，以及法国、澳大利亚等很多发达国家，经理人基本上都是市场化的，这一点是中国今后要推进的，包括经理人的激励机制。中国香港等地区上市公司高管的激励机制有一个问题，就是在进行股权激励时，授予高管们的股票期权的行权价，远远低于合理价格（fare price）。在美国，基本上是当前市场价格（current price）再加一个20%的溢价。经理人应该像公众股东那样拿出比较多的真金白银来持有公司的股票，如果经理人在公司没有实质性的利益，不会很好地经营这个公司或者会滥用公司的资源。

资本配置的市场化方面，新加坡的经验是搭民营企业的便车，但对民营企业本身又有一套很好的监管。我们对中国上市公司的研究发现，民营企业是最不规范的，诸如信息造假、不当关联交易、官商勾结等等。这种事情要怎么解决？其实是需要整个市场机制、法律机制的完善，包括商业文化方面的变革。我们以前研究了很多方案，其中有一个方案是，可以通过 ETF（交易型开放式指数基金）的形式，把股权转让给广大的投资者，包括让社保基金进来持股，通过公众化的股权分散，避免少部分民营企业家，尤其是非常大的企业集中持股。即使是民营企业，一旦形成垄断性的经济结构，也很难期待它有非常好的市场行为。

还有是产品市场化的问题，这方面我就不展开了。

史正富：关于国企改革，我也有些想法，2012 年我出版过一本小册子——《看不见的所有者：现代企业的产权革命》，在这本书中，我对这个议题有比较系统的阐述。

首先，我要指出的是，实际上我们已经经历过一轮国企改革，而本轮国企改革应该是建立在上一轮改革的基础之上的，所以我们要先回顾下上一轮国企改革究竟改了什么。

上一轮国企改革中，中国政府做了两项重大决策，一是抓大放小，即仅保留几百家特大型、关键企业为国有；二是资产资本化，即通过重组、上市等公司化、股份化的途径，将过去行政干预的企业管理问题逐步转为由控股股东主持的公司治理问题。结果，国有资产经营者成为既是“党管干部”原则下的官员，又是从事资产重组、股权投资、企业并购等现代资本运作的金融家。

从 20 世纪 90 年代中期开始国有企业战略性重组以来，国有中小企业已基本全面完成转制，目前主要在中央与省两级保留了一定数量的大型骨干企业。剩下 100 多家中央国企多数完成了国内外证券市场的公开上市，是家喻户晓的产业龙头。省、市、县在地方国企基本实现转制之后，也保留了少数国有企业，尤其在上海、北京、天津等发达地区。但就全国而言，地方国企总数在整体经济中比重不算高。近年来，各地政府通过引导性投资又陆续控股、参股了一些企业，其中地方金融机构、城市建设投资集团、高新科技企业是投资的热点。虽然这些企业被称为“新国企”，但实际上，除城市建设投资集团外，地方政府多数既不控股、也不主持企业经营管理，而是作为股权投资者进入企业，以拉动辖区经济总体发展为目的。

也就是说，经过上一轮的国企改革，政府已经从国有企业的管理者转变为国有资本的管理者，已经大幅提升了国有企业的效率。

那么，这一轮改革还要改什么呢？绝大多数改革方案都是从西方经济学产权理论的角度出发，认为大型国有企业存在所有者缺位和垄断经营两大问题，导致效率损失，影响经济可持续发展。确实，中国国企在经营管理方面存在着种种问题。但现今的国有企业基本都处于高资本密集度的行业，这些企业的效率问题不应与中小型的民营企业比较，而应与西方发达国家同类行业中的现代大型公司对比。通过合理的比较，我们发现，实际上当代西方发达国家的大型企业同样广泛存在着所有者缺位和垄断经营问题，反过来说，所有者缺位和垄断经营不是中国国企独有的。

下面，先说说所有者缺位问题。20 世纪 30 年代，美国学者伯利和米恩斯揭示了现代企业的两权分离，也就是所有权和经营权的分离。从美国财富 500 强主体企业数据资料可以看出，实际上，当代大型企业已经不仅仅是企业所有权和企业经营权的两权分离，而是资本所有权、资本经营权即企业所有权与企业经营权的三权分离。其中，资本所有权和资本经营权的分离是最后出现的变化。现在主流大型企业中的股东，即所有权的代表人，基本上是共同基金、养老保险基金、企业年金、社会公益基金等基金管理机构。这些机构所使用的资本并非自有资本，而是来自千千万万的私人投资者、公益财富的持有人，这些出资人才是真正的终极所有者，机构仅仅作为终极所有者的替身担任企业的股东及董事，在企业内部执行管理职能。为什么众多的终极所有者愿意把财产委托给他人来代行所有者职能呢？一是因为多数终极所有者是中小投资者，用于投资的是劳动收入中的余量，投资并非主业，必须依靠专业机构代劳；二是企业股权投资日益复杂，需要投入大量人力、市场等专业资源；三是创建企业的老一代资本家过世后，家族中的继承者虽然拥有企业的大宗股权，却因为缺少企业经营的实际能力，仍然会按照风险控制和资产分配的现代投资理念将资产重新配置，使得家族从控股股东变成资产配置者。因此，股权的分散，股东的多元化、替身化，即所有者缺位，是现代大型企业发展的自然归宿。上述现象在西方发达国家早已发生并存续数十年。

国内一些学者由于忽视或不了解上述发展变化，在评价中国国有企业时往往想当然地将国有产权等同于效率低下。其实，对巨型企业，比如中国石油、中国移动、中国银行而言，在产权制度上的对标企业只能是埃克森-美孚、通用电气、联合利华、花旗银行等这类公司。而这些企业产权制度的共同特点就是真实所有者的缺位。它们的股东数以万计，最大股东的持股不超过 5%；持股量最大的前十名股东基本都是各类机构投资者，包括私人出资集合起来的投资基金、国家法规授权创立的退休养老基金、社会捐助形成的社会性公益与慈善基金等。这些投资机构的经营者都不是真正的资本所有者，而是由真正资本所有者聘任的职业资本管理人，我称之为“替身所有者”。相比之下，中国国企在上市之后，虽然股东有多元化的趋势，但仍存在控股股东，即国资委。由此看来，中国央企与美国 500 强都存在“所有者缺位”问题，但两者的“替身所有者”不同：在美国是各类投资机构，而在中国则是国资委。进一步说，在这些大型企业的公司治理结构中，西方大型上市公司往往没有控股股东，而中国国企则由国资委作为控股股东起作用。因此评判国有企业效率关键在于：依靠国资委作为股东和依靠资本市场的约束，两者谁更有效？对此，目前并无实证研究，也缺少实事求是的理论研究，这仍是一个有待进一步总结经验并探讨的问题。所以，简单地将问题归结为所有者缺位无助于问题的解决。中国的国企改革确实有待深化，但民营化显然文不对题。为此，我提出“三化”改革战略，也就是国有资本的权益资本化、持股主体的社会（机构）化、收益方式的年金化，将国有企业的资本，除少量保留在国资委名下，用合适的方式分解为三类，从而把国有资本做实做真。

我具体谈一下我的“三化”构想。

一是将国有资产转变为社会资本，即通过国有股权配置给原本享受财政拨款的社会事业与公益机构，使这些社会公益机构行使国有产权所有者的职能，并以股权红利和增值来支持相应的社会公益事业；与此同时，国家财政相应调减对这些机构的年度财政拨款。社会公共事业需要公共财政的资助，将大型国企的股权配置给这类公共事业单位，用本来应归全民的国资利润支持为全民服务、让全民收益的社会公共事业，既理所当然，也有助于在减少国家公共财政支出的同时，推动事业单位构建相对自主的基金和收入来源，从行政事业单位变成真正独立的社会法人。

二是将国有资产转变为国家所有的股权资本，即将企业的国有股权通过合约方式委托给专业产权经营公司运作，定期进行终止结算，对委托期的产权增值由国家和产权经营公司按预定合同规则进行分配。这样，国企中的国有资产变成国有股权资本；国资委考核产权经营者的资本管理能力，而产权经营公司代替国资委出任国企的股东和董事。

三是将国有资产转变为国家的年金资本，即通过将国有产权出售变现为货币资本，再用货币资本对可以带来稳定收入的资产进行投资，从而增加一项由资产产生的稳定收入来源，即“年金资本”。这类资产通常指能源、交通、电力、城市公用事业、出租性房地产等基础设施。如果（1）将产业企业中的国有股本金卖出，加上利用国家信用发行长期公债，筹集长期资金，转变成为永久性国家投资基金；（2）投资基金用于投资和回购具有稳定现金流的资产，如水电管网、路桥收费权、城市商铺等；（3）通过招标将这些设施委托给专业公司进行运营管理；那么，既可实现国有资本的保值，又为国家提供长期稳定的财产性财政收入。

经过上述分解以后，就形成了国有资本经营者的行业。通过这一改革，国资委的职能也将再次发生变化。它将从承担国有资本保值增值的职责人，转变为国有资本经营者行业的监督管理者，职能类似银监会对银行业的监督管理，从而大大减轻政企不分、官僚主义等弊病。

再回到垄断问题。事实上，垄断经营问题在现代西方大型企业中也广泛存在。国内舆论经常批评国有企业靠垄断获得利润，从结果而言，批评有一定道理。但问题是，能不能将央企所在的行业变成自由竞争性行业呢？事实上，现在央企所在的许多行业，在国际上也是垄断型，或者准确地说是寡头竞争型的行业。比如石油行业，中国有三大石油公司及为数不多的地方性石油经营企业。从全球范围看，经过多年的产业整合，美、欧总共剩下不过埃克森-美孚、英国石油（BP）、壳牌、雪佛龙等寥寥可数的几家；俄罗斯经历叶利钦改革之后，私人寡头获得石油公司控制权，形成尤科斯等几大石油公司，经过普京的整顿，基本上又形成俄罗斯国家石油天然气公司一家独大的局面。类似的情况同样在电信、铁路、矿产、航空行业存在。在这类产业中，中国除了企业的控股股东不同，产业的竞争格局或垄断程度与西方发达国家并无实质性区别。为什么在这些产业会形成寡头竞争，而不是大众所期望的那种自由竞争呢？标准的经济学理论中提及了多种原因，如规模经济、交易费用、范围经济、沉没成本、自然垄断等。总之，在具有上述特征的产业中，众多企业参与的古典式自由竞争基本上已被寡头竞争所取代，不论是国企还是私企，一定程度上的垄断利润必然存在。问题在于：这种较高的利润是由私人企业获取，还是由国有资本获取？答案不言自明。

由此看来，所有者缺位和垄断经营这些被普遍谈论的现象，并不能作为国企效率低下的证据，仅仅是由产业性质决定、在世界各国普遍存在的现象。因此，没有任何先验的理由认定，在经济运行效率和长期发展能力上，国有企业必然低于非国有企业。事实上，近年来中国的国有企业取得巨大利润的原因，一是受惠于总体经济发展；二是归功于国企战略调整后聚焦于现代主导产业部门，并且实现了企业所有权与经营权的分离；三是反映了现代核心产业中平均利润高于完全竞争产业的市场规律。因此，它是可持续的。

同时，国有企业的存在为中国提供了在国民收入初次分配中进行资本收益权调节的依据，从而为减轻二次分配中财政调节的压力与负担、有效平衡市场经济自然的收入不平等趋势，提供了重要物质基础。虽然目前国有企业利润使用上还存在着种种弊病，现行利润分配和使用制度尚未将上述潜力充分发挥出来，但是，通过健全国企利润分配与资本预算制度，国有企业仍应是社会主义市场经济的长期支柱。

陈　宪：国有企业改革在中国是一个很特殊、很复杂的问题。昨天张老师说国有企业改革推动完善了50%，如果是这样的话，我觉得进行后面50%的改革是更加难的。因为在这个问题上现在中央对国企改革的态度也不是很明朗，国有企业自身也没有足够的动力。

我今天想讲一点，我们怎么来看现在在国际投资谈判和经济谈判当中的竞争中立原则问题。对于竞争中立原则现在有一种看法，就是在国家范围内是可以讲的，即国家范围内的国企、民企、外企竞争中立。但是在国际上竞争中立原则是不存在的，因为一个国家在各自的发展阶段都曾用产业政策来推动企业的发展。现在碰到这样的问题，如果说它对我们有很大影响的话，这可能就是很多人讲到的后发劣势。应该说竞争中立原则和现在中国国企改革的原则是一致的，它可以对国企改革产生一种倒逼，当它内部动力不足的时候，运用这样一个原则，开放倒逼改革。至少可以在政企关系方面、在公平竞争的环境中，考虑国企如何更好地剥离公共服务职能，把公共服务剥开后，商业性的这一部分如何去适应竞争中立的原则。

两位主发言人还谈到一个问题，就是混合所有制，现在国企改革讲混合所有制比较多。混合所有制的改革可能还有一个很重要的问题，就是解决长期以来要解决的国有企业治理问题，国有企业如何形成企业家治理的模式。

张　军：关于国有企业的改革，我认为还是需要回答四个问题。

第一，国有企业到底有没有存在的必要，我们允许国有企业存在吗？如果允许，那么为什么要允许它存在？与此相关的问题是，我们承认不承认市场失灵？过去我们解释国有企业存在的那些理由，包括初始条件和约束条件，今天到底有没有发生变化？如果我们承认有市场失灵，那么关于国企存在的那些领域是否有它的正当性和合理性这个问题应该是有答案的。

第二，我们允许大企业存在吗？答案我想当然是。大企业有大企业的优势，今天讨论的很多国有企业存在的问题，其实在某种意义上讲可能也是大企业的问题，这恐怕是全球的大企业面临的问题。大企业最大的问题是治理是否有效。

第三，在今天我们也需要问问自己，国有企业作为一个部门对中国经济的发展还重要吗？35年的改革开放到现在，国有企业对中国经济发展的重要性是增加了还是下降了？20年前的国企改革之所以那么重要是因为它是整个中国经济改革的核心与关键环节，我相信今天它的相对重要性已经大幅度下降。所以今天我们在讨论国企改革的时候，也必须看到国企的相对重要性下降这个问题，它已经不是我们经济改革的最核心环节了。

第四，我们还要问问现在的国企在绩效上的表现到底是恶化了还是改进了？虽然我们听到很多关于国企缺乏效率的议论，但是我们也要知道，最近大量的研究其实更多地证明或者发现中国国企的表现在全球来讲还算是过得去的，肯定不是那么糟糕。很多人不愿意承认这个现实，那是出于别的原因。这是经济研究上的发现。换句话说，经过近20年的国企改革、重组和治理结构的现代化，国有企业总体上在它们集中的这些领域，治理结构方面的改革还是取得了不少进展与效果，在国际上的竞争力有所提高。所以，如果我们把中国的国有企业放到全球的视野中，应该说它们的表现算是过得去的。

基于这四个问题的回答，总体上我认为，十八届三中全会中提出的关于未来国有企业改革的总体设想，特别是分类改革的想法，是可以接受的。也就是，那些竞争性环节的国有企业尽量通过更市场化、更具竞争性的方式来进行改革。但是在那些公益性显著的领域基本上还可以保留国有的状态。刚才史正富讲到的治理结构的改革思路，不仅仅对国有企业适用，对所有的大企业也应该都适用。将来更多的大企业还是要上市成为公众公司，由分散的社会性的机构投资者参与其中，而且从全球的视野来看，治理结构的改革趋势恐怕就是这样的，需要更多的机构投资者进来。至于像大学那类事业单位将来可以成为持股的机构，这是可以讨论的。不管怎么样，对于国有企业而言，治理结构的改革最终还是要能够剥离与政府在行政上的关系，能让它更市场化，更加独立，有独立于政府行政干预的治理结构。这很难，但必须是国企改革的终极发展方向。

姚　洋：刚才史正富讲到一些问题，我补充一点。因为最近读了《21 世纪资本论》，其中提出资本的集中问题。整个西方世界资本集中的程度非常高，又由于资本回报率要高于经济增长率，所以导致一代代下去，财富就向少数人集中。中国是一个高速增长的时代，积累了很多财富。是不是应该像史正富所说的社会化的改革方向走是我们应该考虑的问题。社会化的改革方向是以各种各样的途径让全民持股。现在老百姓手上也有一些钱，能否把这些国有资产都变成民间资产，通过上市等方式，最后变成全民持股，使得我们的资本不会像西方那样集中，这对我们未来的经济增长、收入分配都会比较好。目前我们所谓的混合所有制无法根本解决国有企业的治理问题，国有企业不可能放弃持大股的状况，也许通过上市这条路，与国际接轨，有可能改变我们现在国有企业的治理状况。

华　生：我也觉得刚才史正富教授讲的这个问题很重要，就是他说的“替身所有者”的作用更大。传统意义上的所有者到位实际上是不可能的，那是在小企业、原始资本主义的时候才可以，现在是不行的。这是现代经济发展提示的一个重要方向，所以我与史教授以及姚洋教授在这一点上的观点是相同的。

这个问题也是我们国家的根本性问题，政府没有解决的问题，学术界研究也比较少。一般学术界的主流想法认为，国企改革后基本上和西方现代公司治理一样了。像刚才姚洋教授提到的，即使在西方有那么多调节的情况下，仍然出现了财富的两极分化。中国今天在央企占有这么大比例的情况下，两极分化还是大大超过了欧洲、美国，就是说按照现在的思路改革央企，贫富分化会更大。真正的出路在哪里，这个问题我倒觉得确实是学术界值得认真研究的。

林毅夫：关于国有企业的改革，我们在《中国的奇迹》这本书，以及后来根据该书的框架又出版的另外一本书《充分信息与国有企业改革》中，就想提出国有企业为什么经营不好的替代假说以及国有企业改革的新的思路。国有企业普遍经营不好是事实，不仅中国是这样，世界上其他大多数国家的国有企业一般也经营不好，因此容易认为这是产权的问题。学界一般认为这是因为国有企业的所有者不是经营者，经营者不是所有者，于是会存在激励不相容，产生道德风险的问题。但我认为这只是一个表象，一方面就像史正富所讲的，在抓大放小以后，现存的国有企业都是大型企业，在资本主义社会里的大型企业实际上所有者和经营者也是分离的，正如华生所讲的所有者和经营者能结合在一起的只是微型企业、小型企业。在《中国的奇迹》及后来的《充分信息与国有企业改革》中，我们认为大型国有企业最大的问题是所在的行业普遍不符合这个国家的比较优势。我国在20世纪五六十年代建立的大型国有企业资本很密集，但是我国当时是一个资本极端短缺的贫穷落后国家。这些企业所在的产业不符合我国的比较优势，在开放竞争的市场中，这些企业是没有自生能力的。也就是这些国有企业承担了一种战略性政策性负担，另外，还有冗员和养老的社会性政策负担。有了政策性负担也就会有政策性亏损，谁应该为政策性亏损负责？当然是政府！于是，政府就必须给这些企业政策性补贴，有了政策性补贴以后就会有预算软约束。在这种状况下即使把国有企业民营化、私有化，这些产业同样是不符合比较优势的，企业同样是有政策性负担的，同样是有政策性亏损和政策性补贴的。在昨天的报告中我简单讲了一下，前苏联、东欧国家的国有企业私有化以后，对那些大型企业的补贴普遍比在私有化之前的补贴多，效率比在私有化之前的效率低，有大量的实证经验来证明这一点。所以，我们跳开了国有企业的改革必须以产权改革为核心的思想。我们认为国有企业改革重要的是把政策性负担剥离，创造公平竞争的环境。如果是在一个公平竞争的环境之下，企业的盈利状况就会变成经营者经营好坏或是不是有道德风险的一个充分信息的指标，有这个充分信息的指标才有办法设计一个合理的激励机制，让经营者与所有者的激励相容起来。就像史正富所讲的才能找到一个合适的代理人。

20 世纪 90 年代我们谈到这个问题的时候，要创造一个公平竞争的环境很不容易，因为大型国有企业资本很密集，很多又和国防安全有关，是国家安全之所需，不能没有它。到了现在要创造公平竞争的环境已经变成可能，因为我们经过这 35 年高速发展，资本快速积累，许多原来不符合比较优势的产业今天已经符合比较优势了，比如说大型装备业、汽车产业已经是我们的比较优势了，在这种情况之下，已经没有政策性负担，可以把政策性补贴取消，也就是张曙光老师讲的把那些补贴的租金消除掉，以建立一个公平竞争的市场，国有企业、民营企业都在同一个市场里公平竞争。如果真能公平竞争，其实国有企业并不一定就经营不好。我们知道新加坡的国有企业一般经营得不错，很重要的一个原因是它们所在的行业都是符合比较优势的竞争性行业。法国、欧洲也有很多国有企业经营得不错，同样是它们所在的行业是这些国家的比较优势。

国有企业改革关键是必须把现在还不具有比较优势的少数与国防有关的产业，同发达国家一样，由要素价格扭曲的暗补改为财政上的直接补贴。另外符合比较优势的那些国有企业把各种经由要素市场的扭曲和产品市场垄断的暗补消除掉，以创造公平竞争的环境。十八届三中全会提出发挥市场在资源配置上的决定性作用，前提是消除各种扭曲。在公平竞争的市场上，大型国有企业或是民营企业的所有者与经营者都是分离的，只能在市场的竞争中来决定哪一个企业比较有效，不能说国有企业就一定经营不好，民营企业就一定经营得好。在公平竞争的状况下，国有企业竞争不过民营企业，就让其破产，或让民营企业兼并掉；反过来讲民营企业经营不好，应该破产，或者国有企业也可以把它并掉。而且如果是有公平竞争的市场，民营企业兼并国有企业应该支付多少钱，才会知道什么是合理的价格。我们感到高兴的是90年代我们形成的那套思路到今天还有参考的价值。

蔡　昉：我提几个值得深入讨论的问题。第一，国有企业是不是国家经济安全的保障，我们应该给予回答。如果没有了足够比重的国有企业，国家经济安全是否就不能得到保障？换句话说，国家经济安全应该怎么得到保障？

第二，有人说国有企业是共产党执政的一个经济基础，我们需要论证是不是如此。如果没有国有企业的较大比重，共产党执政的经济基础是否会被削弱？这也应该给予正面的回答。

第三，也有人认为国有企业是抑制收入分配差距过大的一个很重要的因素。甚至有外国学者都认为，因为中国有大量的国有企业，所以我们的收入差距没有扩大到更加严重的地步。我觉得这也是一个实证性问题，应该给予回答。

第四，我们知道中国企业的低效问题其实是竞争不充分的问题，无疑，国有企业肯定有垄断作用的，但是中国的垄断是否全来自国有企业？很多民营企业的企业家，社会地位比央企的领导人还高，甚至政治地位也不低，他们的企业应该也有很强的垄断性。对此都应该一起加以讨论。

黄益平：国企改革的问题争论很多年，我觉得现在可能有两个问题纠缠在一起，第一是治理结构的问题。其实是政府能不能不干预企业的经营，这个不干预包括对高管的任命、对其他行政力量的运用。

第二个问题就是刚才蔡昉说的垄断问题，这个问题在一定意义上有政府力量支持垄断的问题，但也有很大程度是因为我们“抓大”。“抓大”的意思就是说很多大企业是在所谓的战略性产业中，很多都是垄断性行业，其实很多国家都如此。这个问题要怎么解决，没有特别好的思路。

所以我的第一个问题是假如说我们要改产权或者说产权改革不是特别重

要，应该怎么做出治理结构改革。林老师提到政企分开。曾经有一段时间我们一直说政企分开，到最后做得不彻底。姚洋说的上市，以后可能是一个路子，我觉得上市也可能是混合所有制的方向。但我们最近做过很多研究，研究上市企业的行为，发现上市的国有企业和上市的非国有企业的行为有很明显的差别，无论是在现金持有、投资行为，还是对利率的敏感性上，完全不一样。是不是因为产权改革不彻底，或者政府的影响、控股还需要减少，我不知道，所以我把它提出来。这是一个很客观的问题，今天的这些大企业要想用传统的原来“放小”这样的方法来改产权，恐怕不太现实。

要怎么反垄断？一方面是政府减少干预，增加竞争。但事实上有很多领域就是天然的垄断领域，那我们要怎么做？这两个问题不应该完全混在一起，但对于改善、改进国企的效率可能同样重要。

林毅夫：我澄清一点，我讲的是消除政策性负担，不是政企分开。如果政策性负担还在的话，政企分开后，企业同样有政策性负担。即使把国企民营化以后，还是有政策性负担。这是第一点。

第二点，垄断不管是国有企业还是民营企业都经营不好，这有大量的实证研究可以证明。垄断可以分成两种，一种是自然垄断，比如电力、有线通信。对这种自然垄断行业，国内外都要求政府必须有监管，对它的成本、价格和盈利必须有一定的管制。但是，即使这样，效率也不是很高。另外有一些大型企业不见得一定是自然垄断，尤其是符合比较优势的装备业、制造业，虽然是大型，但还是竞争性的，有的是与国内的其他企业竞争，有的是与国外的企业竞争。这种企业只要所在的产业符合比较优势，在开放竞争的市场中有自生能力，消除政策性负担和相应的政策性补贴后，只要经营好，在市场中是可以竞争的。

陈　钊：刚才提到了国企是否应该保留，这个问题是一个很好的视角。沿着这个问题我们进一步去问，即使理论上国企有存在的前提，比如说市场失灵，但是现实中我们的国企是不是就起到了纠正市场失灵的作用？我们的国企在起什么作用，它所起的作用非国有企业是不是就不能替代？再回过来讲，那些在国际上国企比重很小的国家，类似的问题又是怎么解决的？

刚才林老师讲到政策性负担，公平竞争的环境，这在20世纪90年代是特别重要的问题。但是时至今日，我们去看看今天的国有企业，就算它承担了些政策性负担，现在留存下来的国有企业往往拥有垄断地位，其凭借行业进入壁垒所获得的垄断利润，我相信是远远超出它的政策性负担的。所以我们讲公平竞争的环境应该是怎么样允许行业的自由进入，就是在当前环境下怎样保持充分的竞争。这个问题如果能够解决，我们也就不需要去纠结到底应不应该保持国企多少份额，因为市场就会决定是怎样的份额。

最后我想说，我们讲国有企业，其实也要区分两个概念：是让国有企业直接生产，还是政府或国有部门来控制生产？其实生产不需要非得由国有企业进行，完全是可以政府控制生产，通过外包的形式把生产交给非国有企业来做。这样可能让我们对这个问题有一些新的视角。

林毅夫：有政策性负担，当然就要有政策性补贴，由于信息不对称和激励不相容，政策性补贴一定会大于政策性负担，要不然，这个企业必定是亏损的，对不对？所以，刚才你讲政策性补贴高于政策性负担，不能再讲这些企业有政策性负担，这个推论不对，负担还是负担，补贴还是补贴。在前面我已经讲了，前苏联、东欧国家的国有企业私有化以后，今天拿到的补贴，大于它的政策性负担，而且比在国有时的补贴还多。因为如果有政策性负担作为借口，民营企业去寻租的积极性常常会比国有企业高。

我也同意现在的情形与20世纪八九十年代不一样，那时候我们是一个资本极端稀缺的低收入国家，今天我们是中等偏上的国家，资本已经不再那么短缺，有一些产业现在已经符合比较优势了。在这种情况下，我同意张曙光老师讲的改革顺序，先把政策性补贴取消掉，如果政策性补贴不消除掉，开放民营企业进去，比如说各种资源价格的补贴不消除掉的话，民营企业同样会去享受那些补贴。或者是那些行业还是用行政的手段让它有垄断，民营企业进去同样是去享受垄断利润。我同意张曙光老师讲的先把那些租金以及各种暗补取消掉。今天的暗补很多是以人为的要素价格抑制或扭曲的方式来进行，所以，要由竞争的市场决定价格，不是用行政的方式决定价格。等这些扭曲消除掉了，再来讲产权改革、民营企业进入，或是怎样实行混合所有制才有基础。

陈　钊：补充一点。刚才林老师讲的政策性补贴有两种，一种是通过价格扭曲导致的补贴，这个我完全同意林老师的说法。但是另外一种补贴其实就是因为限制更多的进入所导致的垄断地位产生的租金，这就必须通过放松管制来实现剥离。

林毅夫：这我同意。

金　煜：刚才姚洋老师已经提到了皮凯蒂的研究。他的一个重要结论是资本回报率如果高于增长率，那么收入分配不平等会越来越大。蔡昉老师也提到了企业改革要把收入分配和执政基础这两个方面同时考虑进来。我理解之所以皮凯蒂得到他的结论，很重要的假设是资本没有被收税。资本没有被征税的情况下，增长率高于国民收入的增长率，会导致收入分配的差距扩大。如果对资本征税，最终的收入差距并不一定会扩大。我们从宏观理论当中可以知道，在稳态的时候资本被征税会造成价格的扭曲，这是资本不被收税的经济学基础。但是实际上，如果回到林毅夫老师的《新结构经济学》，我们的经济并不一定是在稳态的，经济可能一直在转移动态当中。那么在转移动态当中，资本是不是应该被收税？我们没有充分地讨论。我们现在的劳动收入是被收税的，但许多资本收入没有被收税。如果资本被合理收税，政府并不一定要参与国有企业的经营、控股，可以通过税收的方式获得它的收入和执政基础。因为政府有足够的税收后可以完成它的社会功能，也可以使收入分配变得更合理。而如果劳动收入被收税、资本不被收税，这样的价格扭曲可能会是更大的。

华　生：刚才蔡昉提的几个问题，我觉得非常好，把问题突出和尖锐化了。我简单说一下我的想法。第一，国家安全是不是必须依靠国企？我认为不一定，也用不着，有各种办法。美国国防工业不是国企，我看控制得比我们还严格，中国企业、中国人去了连摸点边都不行。所以我认为国家安全并不必然要求必须国家所有。

第二，国企是不是共产党执政的经济基础？我个人的观点，国企不是，但肯定有什么东西是，某种形式的公有经济、公有资本恐怕不可缺少，经济上公平的制度安排必不可少。

第三，国企在目前是扩大了收入分配差距，还是减少了收入分配差距？我认为在现状下，客观地说，它是减少了财产和收入分配的不平等。如果没有国企，如果都是现在的民企和目前的分配状态，财富和收入不平等会急剧扩大。当然，尽管目前的状况国企客观上起了作用，但不是说它是唯一的形式，不是说非通过央企、国企的存在方式我们才能把贫富差距减小，这是两回事。如果没有央企、没有国企，我们的财产和收入会更不平等，这是我个人对现象观察理性推导的结果，但这并不意味着我认为，尽管政企不分，尽管有裙带关系，尽管效率很差，还一定要用央企和国企作为唯一的办法解决我们的收入分配和财富分配的问题，这个我不同意。我认为有多种形式可以探索。

关于垄断，我想大家的意见是一样的，都是要反垄断。国企也好、私企也好，垄断的影响都是负面的。关于政策性负担，我觉得完全可以剥离，没有不可剥离的政策性负担，可以用多种办法解决。至于刚才有谈到对资本征税，包括征重税的办法（如法国皮凯蒂在《21世纪资本论》一书中的建议），我认为并不现实。在全球化时代，不是哪个国家想征重税就可以征的，硬征会造成严重的资本外流，故这件事西方国家做不到，中国今天的实力更做不到。因此，要解决贫富差距扩大的问题，恐怕还要另辟蹊径。

周八骏：国企改革非常复杂。我个人同意蔡昉教授提出的问题，他以提问题的方式表达了自己的观点。毅夫则是从经济角度，发表了他的见解。

凡是市场能起决定性作用的地方，央企未必要从所有者角度去看，而是要从经营方式、从国家有关政府部门和国企的关系角度去改。政策性负担能改则改，政策性补贴要改掉，这个思路是对的。当然，我不是说其他朋友讲的不对。中国的问题要从中国的实际情况出发，即使国际上，也不能脱离特定时空条件谈哪一种所有制形式更好。例如，20 世纪 80 年代撒切尔夫人在英国推行“非国有化”，这次苏格兰独立公投，有人就追根溯源认为当年“非国有化”出了问题，是促使苏格兰独立运动高涨的因素之一。2008 年全球金融危机爆发后，从美国开始，西方国家普遍用国有化方式来应对。时任美国财长鲍威尔一边痛心疾首地表白他坚决反对社会主义，一边却动用 7500 亿美元以国有化方式拯救那些巨型金融机构。在英国，撒切尔曾将国有化比重减得很低，但是 20 年后，国有化的比重超过 50%，按照 GDP 统计，比中国国有化程度还高。

理论概括要全面，分析具体问题要从特定时空的具体条件出发。我们环顾全球、应对当前，中央对深化国有企业改革、发展混合所有制经济是逐步推进的，至少，近几年不可能大步迈开。

议题 4：市场体系建设与监管

主发言人：孙　涤

孙　涤：接着大家的题目讲，政府在市场中的作用到底如何，这样的问题有非常浓厚的价值判断色彩，局限在经济学的解释，很难证明，也很难证伪。

毅夫等写的《中国的奇迹》一书提升了经济发展的中国模式的话语权。这本书有一个特色昨天没有谈到，就是有为的政府。三位作者提出，过去中国政府的干预是有效的。在过去 20 年中世界发生了很大的变化，现在各界对中国的经验非常之关注。从国内外的经验乃至大众传媒的报道来看，中国话语权的确在不断提升。林毅夫在书中一如既往地坚持这样的改革模式，坚持政府在改革中发挥的作用。随着时间的变化，西方学者关于政府在市场中的认识也在长进，英美市场中的体制安排被发现有很多缺失，比如说政府没办法做决策，政府虽有辨认产业政策的能力，但是没有办法执行有针对性的产业政策，只能批评说是纳税人的钱不能用来偏袒某个行业。美国学者曾经探讨政府是不是应该有作为，现在来看，美国政府是相当无作为，政府包括国会的支持率达到 9%以下，奥巴马的支持率降到 20%以下。

回到议题，市场秩序或者说市场规则的建立以及怎么样维持下去，事实上是国家秩序的建立和怎么维持这一问题。当年我们去留学之初，理论学界大力提倡任由市场来解决各种问题，“小政府”的论调非常响亮，转了一圈回来，发现凡是政府几乎无不越来越大，而且感觉政府也没法再“瘦身”下去了。至于市场的监管，我联想到一些问题：人是不是要监管？监管谁来做？如何达到监管的目的？下面我想讲个现实生活中的小例子，也许能引发一些经济学的思考。

记得 2006 年我还在深圳发展银行工作时，有一个深夜我加班后走回家。半路上闹肚子，急着要上洗手间，急步赶回到自己的小公寓门口，在 34 层楼，却发现忘了带钥匙。当时已是晚上 11 点了，只得让门卫找锁匠来开门。锁匠在电话里回话说平时开门是 100 元，现在半夜三更了要价 200 元，我只能同意。半个小时内他就赶来了，效率极高，非常复杂的门锁，大约 5 秒钟就给打开了。顿时我不觉得肚子痛了，注意力完全改变。我装着问他，你 5 秒钟就收我 200 元，是不是太过了？他说不然，解释说，凡是开锁对我们锁匠来讲都不是难事。那锁又起什么作用呢？他说，100 个人里面有 2 个人，你就是不锁他也不会偷，另外有 2 个人，你再锁他也照样偷你的东西，真正有意义的是对余下的那 96 个人。你的锁对这些人是管用的，你不锁他会想偷，锁了他就不来偷。拿这个故事来比喻市场监管的话，比方说在瑞典，可能是 2 个人无论如何要偷，8 个人无论如何不偷，余下的 90 个人会看你锁没锁；在中国，可能有 2 个人无论如何不会偷，有 8 个人怎么都会偷，而 90 个人需要靠监管。

市场的秩序是否可以让松散的个体自由地联合起来落实，如此这般就不需要监管了？人类从原始家庭和部落发展到现在自由的个人，来参与扩大的经济合作。以前假设，个人只要给予他充分的自由，就会有理性的选择，然后就不会有侵害其他人的企图心。其实这样高贵的野蛮人从来就没有过，历史现实告诉我们从来不是如此。从家庭扩大到氏族，事实上搭便车的可能性变得大而且多样了，个人不合作不出力，反而往往得利。事实上如果不能有效遏制搭便车的行为，人类的合作根本就无法拓展。以至于合作的范围发展到现代的社会，针对90个人也好，针对96个人也好，监管都是必需的。那么谁来监管呢？按照韦伯的观点，现代国家无非就是一种垄断的强制权力。有些人误以为，如果政府不足以动用它合法的强制分配权，我们就可以不交或少交税了。也有些人认为我“合理”赚的钱，不该由政府以税的形式转移给其他人。当然有一点是清晰的，这种垄断的再分配权利，唯一合法的来源只能是政府。接下来的问题是，如何有效达到监管的目的。第一个完成近代国家的强大的集权政府的，是秦始皇。问题是秦始皇一旦得到权力以后，冲出了家、氏族、豪门的藩篱。但是，秦皇朝获得垄断的公权力后，谁又能制约他呢？集中的统一政府这第一步是由中国人踩出来的，不过之后的两千年来，中国再无建树。大约1600年后，英国等西方国家开始认识到公权力确实需要约束。西方在约束政府权力方面做得好一些，建立了一些规范，这些规范有效与否可以讨论。不过西方的政府之路走到现在，也处在一种逐渐涣散的境地。不仅经济学者，社会、政治学者也在研究这个问题。所以，中国的经验特别引起他们的关注和重视。

人类学的研究也在不断发现，需要监管不是一个理性的选择，甚至不是一个后天学得的东西，而是内在化到人心里面的东西。不允许其他人搭便车的理由和诉求是天生的，是人类共通共有的，并非理性的选择。经济学的主流假设认为那是人的理性选择，因为人被假设成“白板一块”，生而平等，原本就没有什么内在化的知识，所有的信息都是后天获取，并可以任意重塑再造的，这是一个深刻的误判。以前认为政府干预民众的权利，是干预了他的天然权利，其实这类解释回溯到本源，应该是人类脱离动物界，之所以成为人，演化出来的大脑新皮质其实就是通过合作而来的。比如，合作守护营火的需要，是因为如果不能共同保护火控制火，就吃不到煮熟的食物，人类的大脑就不能成长发育，进而脱离动物界，有效竞争过其他物种。再者，人也没有办法在一开始就独立自主生存。比如，婴儿的大脑须在子宫里发育到极限，也就是80%左右，然后才能到体外缓慢成熟。人在8岁以前必须依赖其他人抚养，否则无法存活，这和其他物种全然不同，也就是说，所谓代际的合作是必不可少的。一系列的原因都说明人在进化中从来就仰赖合作，而为了合作，从来就需要且尽可能地杜绝“搭便车”的行为。讲到国家的“搭便车”行为，我们还缺了两层：怎么使垄断的公权力能够被问责？依据的规则又是什么？这是市场和国家治理——统治和被统治之间关系的关键。

最后说一下方法论的问题。我觉得《中国的奇迹》写得很好，因为作者用了历史的方法和观察的方法。刚才讲到的 2 个好人，2 个坏人，96 个需要监管的人，并不是一成不变的，不同的人会互动变化，可以变成好人，也可以变成坏人，全在于不同体制安排下个人的不同选择。三位作者借鉴了一些历史上曾经发生过的改革，改革的经验可以殊途同归，然而改革却不能像市场交易这样反复进行，不断试错。政府在选择秩序或规则方面，以及改革过程，也是没法反复试错来求得“最优”的。市场秩序怎么建立，还有监管问责的体制安排等等，这些只能在历史过程中演进。选择了一条道路，基本上就不可能随意放弃，重新开始另一条道路，自由选择推倒再来不过是奢想而已。所以说，这也加重了改革时期经济学者的挑战性和处理问题的难度。

中国的选择充满了变数，也充满了群体的智慧。但要期望“水到渠成”之类的坦途，恕我直言，则是不切实际的。

评　论

潘英丽：法制和监管问题是政府和市场关系当中很重要的部分。我想讨论如何发挥市场机制的有效作用，包括政府行政管制如何退出的问题。其实我们要把握的是如何创造有效市场的条件。微观经济学讲的有效市场或者完全竞争市场，其实需要符合三个条件：一是要素的自由流动，涉及行业的准入。二是信息是充分的。现在的问题是市场缺乏透明度。比如说股票市场，企业如果存在财务欺诈行为，市场资源配置功能就会瘫痪或者错配，老百姓的储蓄就可能被一些特殊利益集团卷走。所以怎么让信息能够充分有效地披露，显然是政府需要监管的重要领域。三是产权的界定和保护，这是一个普遍问题。

从监管的角度来讲，因为市场不完全有效，所以要监管。监管本身是否有效？市场约束力是否存在？市场约束力又涉及两个方面，一是产品市场的竞争，市场竞争本身就是企业之间的相互约束。另外就是消费者或者中小投资者是否得到了法律保护，具有司法救助或自救能力？最后是行业的自律。制度是有层次的，目前我们所有的制度改革都还只是浅层次的。就股票市场制度而言，最浅层次的是交易制度，比如股票市场涨跌停板制度等等，属于浅层次或者技术层面的。第二个层次涉及管理制度，有微观的上市公司治理结构安排，股票定价制度，也有宏观层面的发行审批或注册制度等等。第三个层次或深层的是市场经济的基础性制度，这就是有效保护中小投资者权益的法律制度。这些方面都需要推进，核心应该是法律制度的有效性。我们已经到了非常紧要的关头，在法律制度变革上要有重大突破。金融交易本质上就是权利和义务的约定以及合约的实施，如果合约实施的有效性不能保证，金融业就会陷入混乱，并导致系统性风险的不断积累。如果这些市场经济基础性制度不健全，行政管制退出，就可能陷入20年前“一放就乱，一乱就收，一收就死”的局面。所以改革的突破口显然是法律制度变革，实现司法的有效性需要制度变革有重大突破。

周　文：关于市场体系建设与监管问题，先从林毅夫、蔡昉、李周教授的《中国的奇迹》这本书谈起。在这本书里，从理论上解释了中国经济发展成功的原因并先验地预示了中国经济增长的奇迹。书中谈到我国计划经济时期“三位一体”下的要素价格扭曲问题，正是资源的计划配置阻碍了发展。因此，中国的改革正是在市场化改革下，推动了要素价格的市场化，形成了资源的优化配置，成就了中国的增长奇迹。但是今天来看要素市场化是不是未来发展的唯一出路？或者说，要素是不是应该完全市场化？比如说现在一些战略性资源要素问题。因此，要素市场化改革是一个方向。但是，资源要素应该有一个分类，不能所有要素都市场化。我们在肯定中国市场化改革的同时，也应该反思改革发展中的问题。今天来看，中国经济发展中的问题，既有市场化不彻底的问题，也有市场化过度的问题。比如十多年前中国开始住房商品化制度的改革，今天来看房地产问题主要是存在过度市场化，而对保障房的建设认识不足，带来了今天的很多问题，如泡沫化、资本炒作房产。由此引申出下一步的土地改革问题，我们要警惕土地市场化中的问题，如果全面的市场化很显然也会带来今天房地产市场的同样问题。

进入后改革时代，面临的问题相对比较复杂，过去温饱问题很简单，只要经济发展了，经济速度起来了，温饱问题就会解决。但是今天温饱问题解决了，我们面临着更多的发展中问题，而解决这些问题比解决温饱问题相对复杂得多。我们提出市场体系建设的问题，更需要我们对过去市场体系建设问题的回顾和反思。过去讲市场体系的建设，只是一味地强调市场化。当前，我国市场体系有不完善、规则不统一、秩序不规范、竞争不充分的问题，也有政府干预过度、审批程序繁杂和监管不到位的问题，更有公共服务不配套，社会保障不到位、不健全的问题。因此，对市场体系的建设也应该全面地、辩证地来看。例如下放审批权限，是不是就意味着放松监管？或者说政府职能转变到位没有？审批与加强监管应该是并驾齐驱的，没有好的监管，下放审批会带来市场秩序的混乱。

所以政府和市场两者不是一个简单的关系，政府有为不是因为市场失灵，才需要政府去修正。过去30多年，政府与市场关系始终是中国改革的核心。而中国改革开放的伟大实践，应该说是经济学理论上的一个重大创新。在主流经济学理论中，强调市场万能，政府只能无为无治，仅仅是守夜人，因此，成功的政府与市场关系是“大市场”与“小政府”。过去在传统的计划经济时代，我们简单地信奉计划无所不能，政府统领一切。所以，计划经济的模式是“大政府”与“小市场”，甚至是不要市场。中国改革开放的实践证明，这两种模式都有问题，市场和政府可以是共生共赢的，不是零和博弈，而是正和博弈，政府与市场之间的关系不是简单的此消彼长的关系。关于这一点，林毅夫教授提出的新结构经济学，提出有为政府与有效市场的结合，也是对中国经济奇迹的很好解释。十八届三中全会提出市场在资源配置中起决定性作用，而政府应该发挥更好的作用，我想这是对中国改革开放35年来取得成功的一个最好的关于市场和政府定位的总结。这个总结在理论上创新了新古典经济学的理论，也回答了今天所谓的中国改革开放很多不能解释的问题。西方很多理论说中国为什么能够改革成功，是因为推行了市场化。这个逻辑太简单，不足以解释中国改革开放的成功。因此，对市场体系的建设和监管应该全面看待和全方位认识，不能简单化地下结论。如果说林毅夫教授在90年代提出“中国的奇迹”，而中国改革的实践也验证了中国的奇迹，那么下一步中国的奇迹不再是经济增长的问题，怎么样把发展中的问题解决好才是再创中国奇迹的落脚点、立足点。

张幼文：关于市场体系建设和监管问题，本来已经是中国国内市场经济发展的难题，但现在面临着新的挑战，也就是说市场要面临新的、高水平的开放。以中美双边投资协议谈判为标志，也许就是中国的市场经济要跨入一个新的阶段。很多人比喻说这个谈判相当于中国再次入世。如果具体到这个谈判以后，中国市场的开放特征最显著的就是负面清单模式下的市场准入。再具体讲，就是没有事先审批，只是登记。对在取消审批前已经进入中国市场的外商投资企业，如何监管成为整个国家市场体系建设的新问题。同样，对国内企业也有一样的问题。注册、登记非常简单，营运资本、实缴资本没到位，以注册资本就可以开始运作。所以，一系列的新问题随着市场更高水平的开放和改革、审批制的取消而出现，市场的监管将更困难。事实上我们现在看到，监管本身存在的问题已经相当严重。本来说外资企业是守法、守规的，但现在到了中国被同化了。葛兰素史克事件和上海福喜食品公司事件就是很好的例子，我们不能庇护这些外资企业，我们不能说它们犯的罪是中国市场环境造成的，但是我们要从理论上讨论这一问题的严峻性。具体来讲，就是事中事后监管。上海自贸区建设到现在一年多，可以说这个题目基本没有突破。这样，我们开放性市场经济体系的建设和监管问题，成为比原来更突出的问题。

未来市场经济体系建设，是三个主体、三个系统。所谓三个主体，一是政府，二是中介、社会组织，三是企业本身。这三大主体和原来的体系建设有一个区别，最重要的区别就是社会中介组织——某种意义上独立的第三方或者专业组织。过去我们谈市场监管，更多的是谈政府监管企业。随着政府职能的转变，更多的市场监管技术性层面有新的发展，社会服务更加提升，社会中介组织、独立第三方的作用的发挥，是市场监管非常关键的一个环节。类似于公正、认证、见证这样技术含量比较高，同时市场上认可其所出具的证明的机构，是整个市场建设中的关键机制。现在最成熟的是公证书，整体上大家是认同的，因为它是经过非常严格的审定而出具的，认定某一个事实。但如果同样的见证、认证等以技术为支撑的证书能够获得社会共同认可，市场的监管就会达到一个更高的水平。

三个主体之外有三个体系，第一个体系是企业诚信体系。现在年检制改成年报制，这是一个开始，必须由审计支撑。企业诚信的制度，单由黑、红名单分类没有用。列入黑名单，社会已经受到损失了，关键是如何防止企业上黑名单，这才是最重要的制度。所以诚信体系的建立，在中国是最核心的难题。第二个体系是专业支撑体系，要从政府分离出来，发展壮大。大量的社会中介组织和服务机构是这个体系的关键。第三个是信息共享体系。今天政府监管的困难，很大程度上在于各部门分头监管，相互不合作，社会也难以了解其他企业的信息。所以，信息的共享和信息的公开制度是整个监管的基础设施。任何一个企业可以了解到其他企业商业的所有信息，以及政府可以公开的所有信息。现在的情况是，政府各部门之间的信息相互不沟通，大家分别让企业提供各种信息，然后相互间不共享，导致了今天监管非常大的困难。所以这样的三大体系建设，是整个市场监管体系的基础建设。

今天我们的题目是“市场体系建设与监管”，我觉得，对于体系我们注重的是各种类型的市场和各种类型的主体，更重要的是背后的体制。只有把所有这些体系建设的内容变成制度化的、法律化的，这个体系才能够有效运转，监管才是有效的。

左学金：我感觉市场监管的问题很重要，因为上海搞自贸区，有一个很重要的考虑，就是减少审批，加强事中事后的监管。但是这个问题的背后，还有一些比较深刻的问题。

实际上市场经济是一个利益多元化的经济，这背后还是有一个平衡不同利益的问题。市场问题当中，有供给、需求、生产、流通和消费，不同市场主体的利益诉求都有所不同。如果没有一个适当的利益平衡机制，没有一个利益的表达、辩论和妥协的机制，就难以实现适当的均衡并会造成一些问题。比如中国的消费者的组织化程度和受到的保护相对来说比较弱。还有市场准入的问题。根据世界银行的商务环境报告，中国中小企业发展的商务环境总体上排名比较靠后。中国创办一个新企业的商务环境、申请建筑许可的商务环境在全球的排名都非常靠后。由此反映出一些比较重要的问题。

第一，政府要有好的监管，必须减少价格扭曲所造成的行为扭曲与市场违规问题。典型的例子如药品流通和药价虚高的问题。最近我国政府查了葛兰素。坦白说，我参与了医改，外商药品在中国的流通还是相对比较规范的。中国的国产药在流通领域的问题就更大了。我们现在到医院花 100 元买的药，药厂的出厂价一般低于 20 元。相当于零售价 80%多的是不同环节的药品流通费用。为什么会发生这种情况？这里的关键是医疗服务的价格严重扭曲，药品价格虚高，但医院的医生护士和其他相关人员的合法收入压得很低。医院要维持下去，只能靠多卖药（以及耗材、高科技检查等），尤其是多卖价格高的药。我国抗生素滥用的问题已经非常严重了，中国 13 亿多人平均每人每年用掉大输液 8 瓶，中国人均抗生素的消费量是英国的 10 倍。抗生素滥用会带来非常严重的公共健康问题，如病菌的抗药性问题、超级细菌的问题等。

再比如说地方政府土地滥用的问题非常严重，建设用地摊子铺得太大，既造成我国稀缺耕地资源的损失和征地带来的腐败及社会冲突，又带来建设用地的非有效利用。实践证明，这些问题光靠中央政府监管效果非常有限。关键是机制问题，在现行土地制度下，地方政府征用农地按农业用地来补偿，这样一级市场土地价格被严重低估。如果地方政府能通过出售农村集体的地来赚钱，就会拼命去卖。实际上是机制出了问题，这样的问题靠监管是解决不了的。

金融产品价格扭曲也很严重，金融很容易乱，要拼命监管。国有银行贷款利率相对较低，但是体制外借贷的利率可能就是银行贷款利率的很多倍了。这些问题都要解决，市场监管才能解决好。

第二，监管不能光靠政府，光靠政府监管不了，一定要多元化地参与。像行业协会、消费者组织、舆论监督等，都很重要。但是现在监管主要是靠政府，还没有鼓励市场一起来做。我认识一个欧美同学会的会员，留学美国后在美国 FDI 工作过，在食品药品检验方面有相当丰富的实践经验。她把美国的工作辞了，和几个朋友一起回国，用自己的资金，到上海来做食品药品检验，最后申请资质遇到很多困难，无法营业。前一些时候我看到报道，说消费者要检验一块肉，可能这块肉价格 200 元，检验费是 2000 元。诸如此类的消费者需求很难得到满足，因为食品药品检验还没有向社会开放。其实这些工作完全可以更加开放。

第三，要尽量减少和克服信息不对称的问题。比如绿色食品价格是正常食品的几倍，你愿意买吗？如果你感觉真的是绿色食品也许会买，但有的时候你拿不准是真的绿色还是假的绿色。德国有一些产品，比如巧克力，包装里会有一个小纸条，提供了生产者的相关信息。所以要做到产品的优质优价，就要努力减少信息不对称的问题，避免欺诈行为并增强消费者的信任。如产品流通过程的设计，要让消费者能直接追溯到生产商。如果是这样，我们就可以鼓励优质优价。一些产品优质不能优价，是因为消费者缺少可靠的信息，结果就不能鼓励优质产品的生产，优质产品就会越来越少。

第四，要营造一个鼓励诚信守法的环境氛围。我不太同意一种看法，即认为有些问题看起来是道德问题。实际上很多问题不是简单的道德问题，比如说借钱不还的问题。我所在的上海社科院经济所，有一些研究经济史的学者研究中国的金融史，他们发现历史上无论是钱庄本身还是借钱庄钱的企业都很讲信用，道理很简单，如果不讲信用今后就很难混下去。现在借钱不还，到底是道德水准低，还是存在一些鼓励不还钱的不当激励？多年前一家金融研究所做的研究发现，不还钱的主要是国有企业，民营企业的还贷率要高得多，因为民营企业不还钱的经济后果要比国有企业严重得多。

又比如我们一直认为中国人不喜欢排队，上海世博会开馆前，有人说中国人排队的耐心最多是 1.5 到 2 小时。但实践证明，中国观众可以排七八个小时，有些热门的展馆入场需要排 8 小时的队，大家还是秩序井然地排队了。为什么？如果有一个好的秩序环境，也就是说，如果排队不吃亏，不排队占不到便宜，大家都会耐心排队。反之，如果插队有好处，大家就都不排队了。同济大学有一个关于路边行人过马路等候交通灯的研究，该研究表明，中国人在路边等候交通灯的最长时间是 90 秒，实际上比国外的行人更有耐心。问题是我们有些路口的交通灯设置的等候时间过长，有的长达 180 秒以上，所以违规过马路的情况就多了。

目前社会上经常发生老人跌倒无人搀扶的事，这实际上也不是一个简单的道德问题。如果一个年轻人扶了跌倒的老人，结果老人说是被他撞倒的，法院就会判年轻人承担一部分赔偿责任，这样做实际上是不鼓励行人去扶跌倒的老人。很多问题，我们还是要从根本上来加以克服。我认为，中国的市场监管，不见得比其他国家难，关键是消除违规的激励，这是非常关键的。

黄凯南：我补充一下，对孙老师提的理论问题谈谈我的看法。孙老师提得非常好，他认为公平的偏好是我们与生俱来的。这事实上涉及我们对人行为的假设，以及我们对市场形成过程的理解。在生物演化中，亲缘性利他和互惠性利他都可以用自私的基因来解释。但是，对于纯粹性利他，则无法用自私基因来解释。纯粹性利他在群体选择中可能被保留下来。对于群体内部来讲，利他基因会被利己基因打败，利他基因的比重会下降。但是，对于群体间的竞争来讲，利他基因比重高的群体具有更高的生产力，群体规模会得到扩张，这样，对于整个种群来讲，利他基因的比重则未必下降，利他偏好或社会性偏好能够被保留下来。我要强调的是，在经济学研究中，对人偏好的假设必须留有利他偏好或社会性偏好的位置。市场形成过程是人类合作秩序不断扩展的过程。合作半径在一定范围内、参与主体的人数在一定范围内，自发秩序能够维系这种合作秩序，但是，当合作半径或者参与者人数超过一定阈值时，社会的复杂性会增强，于是单靠自发秩序就很难维系这种合作秩序，这时建构的力量会发生作用，市场是演化和建构力量共同发力形成的。当第三方监管力量存在是必要时，谁来监管监管者是一个重要的问题。我认为，这是一个更为高阶的合作问题。在每一个阶段，这也是相对有限主体的博弈过程，从长期看，这又是一个演进的过程。为什么我强调对人偏好假设必须有社会性偏好的维度？因为在公共政策制定过程中，如果忽略了这个维度，很多激励机制设计会把这种偏好挤出，这会导致整个社会的监督成本非常高，或者说制度运行的成本非常高。

周其仁：现在的市场体系看起来该有的都有了，但仔细看这些架构也很有意思。最重要的市场都由部委管着，证监会管资本市场，保监会管保险，银监会管银行，央行和外管局直接管外汇交易中心。管的模式，差不多都是管人、管事、管资产，而市场之“事”包括交易规则和参与服务的相关各方，所以比国资委管央企还要管得宽。这个架构怎么评价？如资本市场，当年要建，是因为我国的间接融资权重太高，直接融资太小。改了几十年，现在比例合理了吗？中国的产业和企业，无论调结构还是解决过剩产能和升级，都要靠资本市场。最近阿里巴巴到美国上市，人们有很多议论，其他大一点的好公司，融资也非往境外跑不可。中国这么高的储蓄率，为什么我们的资本市场弄来弄去，在资源配置中的份额还是这么小？到底卡在什么地方？所以我们对要素市场的现状要有一个基本估计。

张维为：我是学政治学的，这几天听诸位经济学大家谈观点，深受启发，学到很多东西。现在讲几句外行话，和大家探讨。我自己学政治学，有时候也听别人讲讲外行话而受到启发。

我在瑞士、法国生活了24年，两年多前全家回到上海。所以我经常比较西方和中国，在国内外走了很多地方。首先有一个感觉，在多数西方国家和非西方国家，至少在欧洲的主要国家，包括法国、德国、西班牙、意大利，“新自由主义”基本上已经是一个贬义词，但在中国，由于种种原因，它在经济学界内似乎还很主流，这是一个比较奇特的现象。

首先是关于市场体系，我举个上海的出租车市场的例子。我觉得一直到两三年前，上海的出租车市场管理得还是相当不错的，现在不敢说了。当时出租车市场为什么比较成功？我看了一些材料。一个原因是在政府监管没有到位的时候不放开市场，一放开，出租车公司成百上千家，没有监管能力就放开，效果不好。北京现在可能就是这个问题，政府监管能力弱，结果市场比较混乱。如果有了监管能力，就可以大胆放开。另外，宏观把握上，上海的做法是国有资本为主的几个大出租车公司，包括强生、锦江、大众，几乎占了半壁江山，至少是三分之一，这样形成政府和市场的互补，这似乎是一种比较成功的混合经济模式。当然，现在这个行业遇到了新的挑战。我曾经写过一篇文章，关于世界计程车指数比较，最高是5分，上海当时可以打到4分，这在全世界都是不错的，这个案例也许可以给我们一些启迪。

其次是关于市场化改革。我特别想问一些经济学家，你们心中理想的完全市场化的国家到底是哪个国家？恐怕就是美国吧。我在西方长期生活，美国去过无数次。我很想问，过去20年，在美国模式下，美国多数老百姓的实际收入提高了吗？瑞士是发达国家中的发达国家，最自豪的是金融业，最大的两家银行瑞士信贷和瑞银都是私营的。大约一半的瑞士人把钱放在这两家银行里。但在2008年金融危机的时候，两家银行几乎倒掉，幸亏瑞士政府手里还有钱，拯救了它们。我们很多人没有经历过金融危机，要知道放在那里1000万、1亿、几亿，如果没有政府托底的话，可能一下子都没有了。我们一定要实事求是地看问题，毕竟造成美国金融危机的华尔街投行等都是私营的，所以国有企业有它的问题，民营企业也有它的问题。

80年代中期，时任国务院总理很主张市场化改革，但他当时也说过：我就不信，新加坡的航空公司也是国有的，不是搞得很好吗？我觉得中国的很多事情，应该先肯定，再改进。彻底市场化的国家到底有没有？如果有，大概就是东欧。80年代我去过匈牙利，变制之后我也去过，65%的匈牙利人说还是20多年前的卡达尔时期更好，我和很多人谈过这些问题。匈牙利的自来水厂也私有化了，计程车公司卖给了英国、土耳其的公司，结果计程车费和瑞士一样贵。自来水厂卖给法国公司，本来希望法国公司可以开发匈牙利丰富的矿泉水资源，结果它就是不开发，只卖它的依云矿泉水，所以匈牙利人很恼火。这个问题怎么看得更全面？我们有很多问题，但现在已经是新一代的国企了，当然还可以改进，可以做得更好。我认为至少在目前的阶段，如蔡昉老师提到的，国企还是国家经济安全的保障和屏障。如果我们搞私有化，接下来就是被西方资本洗劫一空，席卷而去，一定是这样，整个东欧几乎都是这样的。这里面是国家战略利益问题，随着我们的改革进一步发展，也许华生老师的观点可以成立。

三是我在想经济学是否要考虑一些指标方面的创新？我刚才听了很多学者的观点，大部分人还是完全用西方经济学的各种指标。我自己走的地方多，越来越觉得中国这样一个超大型国家相当于100个欧洲国家的规模。新加坡和中国相比，就像是把临港镇和江苏省、上海市比，不成比例。上海是10个新加坡的面积，北京是25个新加坡的面积，人口差别更大，当然新加坡有的经验我们可以汲取，而治理超大型的国家，确实有它的一些特点。我自己一直对中国比较乐观，即使现在的水平，中国模式在世界上也是有竞争力的，毕竟不是我们陷入金融危机，而是西方陷入金融危机；不是我们20

年来财富没有增长，我们是爆发性的增长。过去15年、20年移民到西方的人，今天回来可能是穷人了，真是这样的。我们的外汇储备从5年前的2万亿，一下子到4万亿了。我们现在主要不是害怕资金外流，而是关注如何用好外汇，包括做好对外投资和并购。去年我看到的材料，中国移民才19万，这太少了，说明按人口比例中国是世界上移民最少的国家之一,一个上海移民19万也没有问题。我刚刚去了新西兰的奥克兰，它的机场已经只有两种语言了，即英文和中文。奥克兰的繁华程度也就是江苏昆山的水平，与上海大都市的繁华差距很大，它还是新西兰最发达的城市。两周前我们在青岛考察，我说青岛和法国的里昂都是港口城市，我在法国生活了十几年，今天的里昂和青岛比，更像第三世界。

我自己用三个指标来比较，一是购买力平价，二是家庭净资产，三是人均寿命。今天中国的家庭净资产和美国人相比差别已经不大了，2010年的美国中位家庭净资产是7.73万美元，也就是47万元左右的人民币，这在中国发达板块属于弱势群体了。中国有这么大的财富积累、爆发性的增长，但我们很多人还是不自信，我不能理解。还有人均寿命，非洲是50岁左右，发展中国家是60岁左右，中国是75岁，美国是78岁，而我们的人口是美国的4倍；纽约是79岁，还是美国最高的，我们整个发达板块是78岁到82岁，上海、北京都是82岁。这一定是有原因的，我们一定在不少方面比美国做得好。所以很多东西，换一个指标体系看，就完全不一样了。

最后是服务业比重的问题，西方国家服务业占GDP70%多，很多人觉得这是令人羡慕的。但你在西方生活就会了解到，其实西方人非常担心这个问题，他们觉得经济彻底空心化了。这是我们未来要注意的问题。我们今年6月和牛津大学举办了一个中国模式非洲发展论坛，英国学者说英国在非洲还能做什么？眼巴巴地看着中国企业进入非洲，中国外汇储备就是4万亿，是非洲GDP的两倍。他说你们可以把整个非洲买下来，我说中国不会做这样的事情，但是英国人说：我们现在没有什么产品可以卖给非洲，因为经济空心化了；我们也没有钱，因为政府深陷债务危机。那么英国还剩下什么？剩下

ideas，也就是思想，所以英国到处提供思想，出售思想的咨询服务，向全世界出售。以我的观点，经济空心化、政府陷入债务危机，正好说明 ideas 出了问题，但英国的 ideas 还能忽悠世界上不少人，包括不少中国学者。

胡汝银：讲监管，有几个问题，一个是监管者的职能如何界定，以确保有效监管，包括监管的专业化、非政治化或去行政化的问题。中国在监管方面存在的最大问题是什么？我们看实体经济很多领域都有严重的问题，背后的问题在什么地方？比如说食品安全、环境污染等问题，这是影响我们福利水平的最大因素。背后的最主要的问题在于，地方政府主要是追求 GDP 挂帅，同时在很多领域它们又是监管者，所以最后基本上是不太监管、监管不到位、不作为或选择性监管。因为监管是要得罪人的，也会影响短期的 GDP，所以最终是拼命去寻租，甚至为有不当行为的企业提供保护。我们有很多领域、很多市场都由中央部委主管。部委管了以后变成了它的自留地，最后没有监管或者是放松监管，这是监管体制的问题。监管制度建设一定要注意政府机构怎样避免工作目标冲突，避免监管腐败问题、官商勾结问题。

第二个问题是整个监管体系建设，包括监管机构的管理体制，还有社会监管机制建设问题。这方面需要一系列的体制机制建设，包括对不当行为的惩处一定要有足够的威慑力，民事诉讼、行政处罚以及刑事处罚的手段在中国都是比较弱的，需要多方面的大力改革。

议题5：市场体系中的中央与地方政府和新型财政制度的构建

主发言人：韦　森

韦　森：我是不是讲一下《预算法》的修改过程。

关于预算法定和预算民主、税收法定的基本条件，从2007—2008年以来，尽管我在国内的一些媒体上一直在讲，可能财政学界和法学界关注比较多，但经济学界还是比较生疏。预算法定已经写进了我们十八届三中全会的《决定》，财政体制改革和预算体制改革写进了十八大报告的经济体制改革部分的第一条，政治体制改革部分的第一条，两个第一条都是讲这个问题。这是基本上符合人类现代化的大方向，西方发达国家无论是英国、法国、美国还是任何西欧国家，乃至东亚一些国家，都是从税收法定、预算民主开启了现代化过程。像英国大宪章就把管住征税权作为现代化的第一个缺口提出，美国的建国、法国大革命、荷兰的建国都是从征税上引起的。

税收法定这个基本理念发展了近代民主政治的建构，按照税收法定的基本理念，为了防止政府财政税收权的滥用，必须抑制自由权力，结果造成了几乎所有国家（没有例外）的征税权都由议会来控制，同时这也构成了税收法定的基本内容。不仅仅是西方发达国家，80多个国家的宪法里都明确规定非经议会讨论不得随意征发。所以征税权实际上非常重要，这也是我从2007年关注财政体制改革之后一直认为的是现代民主政治的核心，投一票只是形式，核心是管住政府的征税权和政府的财政支出权。

回顾中国社会的发展，经过30年的改革，现在正好到了预算民主改革的当口。看一下中国的财政收入，30年计划经济后，根据林毅夫的数据，1978年中国的GDP总量是3700多亿，其中财政收入是1076亿，相当于GDP的三分之一。这么一点点钱基本上是吃饭财政，发钱都发不了，钱都不够大家花的。到了1994年分税制改革后，随着经济增长税收接近5000亿。又过了20年的发展，经济高速增长，现在政府控制的财政收入有17万亿，其中税收12.91万亿，土地出让金4.1万亿，加上社保基金和其他基金，按照周天勇的估计目前政府的收入有21.7万亿，占GDP的44%。如果GDP的44%掌握在政府的手里，如果花钱没有规章制度来制约，不就必然造成乱花的局面吗？因此，中国的预算体制改革的核心问题是管住政府的财政收入怎么花。不管是社会主义制度还是资本主义制度，要建立现代化的国家制度和治理体系，核心就是建立预算管理体系，这是必须做的事情。

那问题是什么？要怎么进行预算管理？必须从预算法开始。我国《预算法》于1994年制定，当时的核心是肯定了分税制改革制度，这是一个很大的进步。但问题是1994年立法通过后，1995年就发现问题了，发现中央财政的收入越来越多，怎么花才合理？另一个主要的问题是，2001、2002年发生了央行与财政部关于国库管理之争，央行到底是“经理”地位还是“代理”角色。财政部一直想把国库管理权拉回到财政部去，不想通过央行管理。而央行不同意，央行为管理国库专门配备了10000多职工，如何安置这些人员呢？历史上，从1952年开始国库都是在央行里，叫金库。2004年《预算法》要进行修改，人大启动了《预算法》的修改过程。启动之后到2007年就制定了第一稿，主持第一稿的主要是财政部原副部长高强，他了解整个财政预算过程，第一稿应该说制定得非常好。2007年我开始关注预算法，但是在此之前财政学界和税法学界已经认为要管理、管住预算是一个现代化国家的核心，或者说最基本的制度建设，如果在2007年执行这一稿修改的《预算法》就非常好。第一稿基本上按照税收法定、预算民主的概念，想以法律条文约束政府的征税权和政府的财政支出权。人大财经委制定的第一稿出来以后，让财政部看，财政部认为这么一弄没法儿干活了，中央就采取了一个折中方法说，人大财经委往后退一退，财政部也设立一个起草小组，从2009年起两方面开始起草修改方案。两稿都出来之后高强在上海举办了一个《预算法》的讨论会，我是参加这个讨论会的。当时上海财政学界的同志基本上参与了，我们想学界也弄一个方案，共三个方案。三个方案最后还是无法达成一致。所以一直拖到2010年，2010年上半年，财政部以其自己拟定的方案为基础，要求人大财经委以及少量学者于11月16日提交了一审稿的方案。

从整个《预算法》的修改过程来看，最高决策层和人大法工委还是充分听取了我们学者的意见的。先不说内容，仅从格式上说，三审稿和四审稿人大公布的版本都是我们在收到二审稿后21位学者提修改意见时所提供的格式。2012年7月5日的二审稿在人大网上公布时，只是把修改的一稿放在那里，让人无法判断改了什么。在2012年7月26日我们20多位学者在上海召开“《预算法》二审稿修正案专门理论讨论会”之前，我先让会务组人员把老的《预算法》、新的《预算法》的条款都一一对应罗列出来，把变化突出标示，一目了然，然后再空出一栏，填我们专家学者一天会议的修改意见。今年的三审稿和四审稿，都是采取我们这种格式。

当然，在内容上，我们几次会议的建议和全国各地学者的建议都显然被吸收进去了。所以这次《预算法》的最大进步，就是立法宗旨都变了。原来二审稿中财政部门对政府其他部门和下级财政部门的财政资金收支的“管理法”，在一定程度上变成了“控权法”。这充分体现在第一条的修改上。1994年的《预算法》的第一条是：“为了强化预算的分配和监督职能，健全国家对预算的管理，加强国家宏观调控，保障经济和社会的健康发展，根据宪法，制定本法。”2014年8月31日第十二届全国人大常委会第十次会议所通过的新的《预算法》修正案，第一条则变成了："为了规范政府收支行为，强化预算约束，加强对预算的管理和监督，建立健全全面规范、公开透明的预算制度，保障经济社会的健康发展，根据宪法，制定本法。"就是说，从原来的"健全国家对预算的管理"和"强化预算的分配和监督职能"，变成现在的"为了规范政府收支行为，强化预算约束，加强对预算的管理和监督"，这本身就意味着立法宗旨变了，这是一个重大进步。新通过的《预算法》修正案接着还加了一条，即现在的第二条："预算、决算的编制、审查、批准、监督，以及预算的执行和调整，依照本法规定执行。"这又进一步显示了《预算法》已经具备了对财政部门预算收支行为的控权法的性质。

总的来说，我觉得这次《预算法》的修改，已经碰到了单一法律修改的天花板，其他许多预算监督和制衡的问题，已经不是《预算法》本身的问题了，而与未来我国的国家治理体系的现代化建设和国家基本制度建设有关了。原来的《预算法》以及2012年的二审稿基本上还是财政部管其他部门和下属部门的法律。这几年来，财政学、税法学和经济学界的许多学者，包括我们所组织的两次《预算法》修改讨论会的学者，在各种场合和媒体上发表了关于税收法定和预算法定文章，不断传播税收法定和预算民主的理念，逐渐为社会所接受。在这次《预算法》漫长的十年的修改过程中，实际上许多人大代表和人大常委会的领导，以及各省市的人大预工委的领导，也在推进《预算法》修改、加强人大对政府财政预算监督方面做了许多实际工作，许多人大代表都提出了诸多意见。最后的结果是，这次修改已经呈现出一个形式上"规范政府收支行为，强化预算约束，加强对政府预算的管理和监督"的控权法。至少从立法宗旨上来看是这样的。并且，在新的将要实施的《预算法》的十三条，又明确规定，"经人民代表大会批准的预算，非经法定程序，不得调整。各级政府、各部门、各单位的支出必须以经批准的预算为依据，未列入预算的不得支出。"这里就内含着"预算法定"的精神了。在其后的许多条款，还规定了预算的编制、审议、批准、实施和监督的许多细节。这些细节都很重要。这是个很大的进步，但是怎么落实、能否真正做到，还是另一回事。我和北京大学的刘剑文教授，以及许多参加两次会议的大多数学者一致主张，要建立人大预算委员会，作为一个专门的常设机构来参与政府预算的编制，预审每年政府的预算案，向全国人大提供每年预算案的审议报告，乃至在预算批准后日常监督和制衡每年政府预算的实际执行和实施。

评　论

蔡　昉：我从政府转型的角度，谈一些中央和地方在支出责任和财政能力间不对称的问题。笼统地讲中央和地方之间的事权财权划分不完全准确。应该把原来意义上的中央，就是我们的最高决策者党中央，甚至国务院、全国人大，看做是决策者、仲裁者或者是协调者。而我们在这里讲的地方和中央关系，是指地方（省市各级政府）与中央各部委权力机关之间的关系。只有这样划分，才能把两者看做是不同的利益集团，讨论它们之间的利益博弈。从这个意义上来说，改革开放以来，地方政府总体上做得不错，可以从两点看。

第一点，在经济体制转向依靠比较优势来配置资源方面，表面上看用了很多政府行政手段，但仍然是很积极的努力，并不总是违背比较优势的。我们总是批评地方政府用零地价吸引外资。其实就吸引外资的目的来说，最初可能是缺资金，我们用土地换资金。土地看上去价值很高，但在特定时期、特定地区土地的机会成本其实是很低的。在改革开放的一定阶段上，土地成本总体上是非常低的。我们用所有的机会成本低的资源，最初是换取稀缺的资金，随后是换取我们缺乏的配置资源的能力，我觉得这也是一种发挥比较优势的体现。

第二点，从追求GDP的传统政府职能转向提供基本公共服务的政府职能转型中，地方政府也起到比较积极的作用。从理论逻辑上来说，查尔斯·提波特（Charles Tiebout）的研究发现，美国的地方政府利用它所提供的基本公共服务及其调节，吸引地方所需要的资源，主要指的是人力资源，包括对待移民的态度等等。其实，中国现在已经开始出现了这种苗头，地方政府过去只是要吸引投资，现在有的地方政府开始直接帮着企业吸引工人，比如与其他省份的地方政府或职业学校订协议或者合同，甚至直接到火车站帮助企业招工，当然还有通过局部进行的户籍制度改革等，来留住农民工或者技术工人等。所以，从这个角度来说，资源的稀缺性会发生变化，地方政府的导向、激励也会有所变化。

现在来看，地方政府职能转变至少比中央更有激励，因此也来得更积极。近年来，各部委把应该提供的公共服务，或者是公共投资服务等等，分割成一个个任意性较强的专项转移项目，越来越呈现碎片化倾向，部委分配资源的权力也随之越来越大，许多处长就可以设一个专项。财政转移支付项目中，一般性项目的比重一直不能提高，特定用途的专项越来越多，形成了多如牛毛的不同的账户。所以我认为，这时候财政分权有利于政府职能转型。但是，涉及分权特别是划分财权，这件事特别敏感，我还没有现成的答案。大家都承认，地方政府承担超越其财力的支出责任。但是，改革的思路却不尽一致。权威的观点是认为可以通过加大转移支付力度，或者把事权向上收的办法解决问题，而不主张让地方政府得到更多的财政收入份额。所以，我们发现最近的改革有一个趋势，即中央可能会把一些事权收上来，但还是迟迟没有给地方政府更大财力的举动。

付才辉：中央和地方的关系，以及预算法问题，都涉及国家治理能力的现代化问题，尤其是国家整体上的治理模式，我想讲两个问题。

第一个问题接着蔡昉老师的讨论。现在我们很多的讨论，一个维度是中央和地方的分权，一个维度是产权与国企改革。其实，这两派文献我们去查，很多都是分开的。我想了很多年，每个维度看中国都是很复杂的，如果两个维度叠加起来就更有意思了，这其实涉及我国的国家治理结构及其变迁的大问题。

我用两个维度来测度我国的国家治理结构，一个是集权（*cr*），一个是产权（*pr*），构成了四个象限，四类治理模式。纵轴是集权维度，一个常用的指标是用中央和地方的财政收支比例度量。横轴的产权维度有一个简单的度量，就是工业中非国有经济的占比。我的测算结果如图 1 所示。

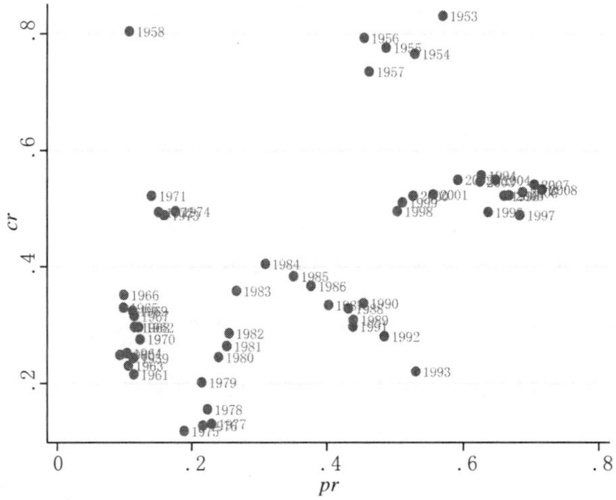

图 1　我国国家治理结构及其变迁

资料来源：发言人根据《新中国六十年统计资料汇编》测算。

我们可以看到一个简单的演变轨迹，很有意思。从新中国成立后开始社会主义建设到 1958 年“一化三改造”完成之前，治理模式是从中央控制的市场经济转到中央集权式计划经济。“大饥荒”之后到 1978 年改革开放之前，治理模式是中央集权式计划经济转到地方分权式计划经济。改革开放之后到 1993 年分税制改革之前，治理模式是地方分权式计划经济转到地方分权式市场经济。分税制改革之后到现在，国家治理模式开始逐步从地方分权式市场经济向中央集权式市场经济转型，似乎绕了一个大圈又回到了新中国成立初期的国家治理模式。

昨天张军老师说到了，林老师这本书写成于1994年，之后的故事没有讲得很明白。其实，如前所讲，1993年分税制改革之后到2008年全球金融危机之前，国家治理模式整体上是开始逐步从地方分权式市场经济向中央集权式市场经济转型。但是，好像最近一些年月步调有些迷茫。如图2所示，未来我国国家治理模式应该如何调整：向左？向右？向下？向上？不同的人可能有不同的看法，我的看法是分开走，具体问题具体讨论：该向上的向上，该向下的向下，该向左就得左，该向右就得右。

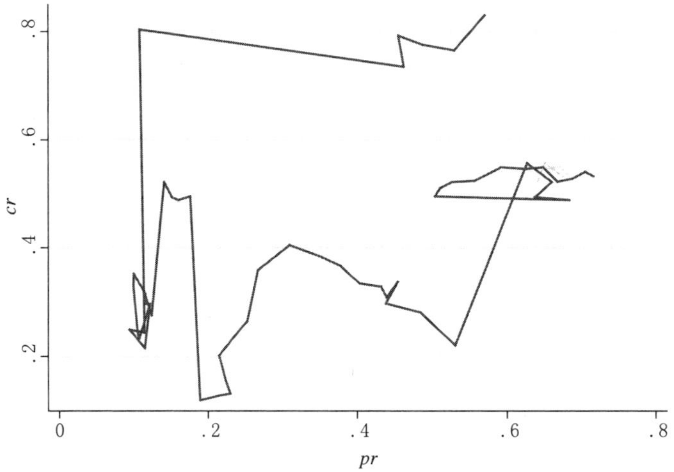

图2 我国国家治理模式应该如何调整：向左？向右？向下？向上？

资料来源：发言人自己绘制。

比如，目前阶段的户籍问题，不仅是城乡之间的问题，而且可能是区域之间的问题，区域间横向的处理往往更需要中央的协调。环境、教育、司法、科研、基础设施等具有广泛跨区域外部性的活动还需进一步集权。医疗、养老、社保等重大民生公共服务也需要逐步集权以加大跨区域转移支付。还有许多产业政策我觉得应该向上集权，未来的全球化战略必须加强中央政府的职责。这就是向上。一些鸡毛蒜皮的公共服务，规范统一的标准化市场监管之类的活动，规定动作之外的经济发展任务统统下放给地方政府。这就是向下。那么向左的是什么呢？就是加强政府权力的地方。许多人认为政府权力太大，我倒觉得许多地方政府权力太小，干不了事情，被许多利益集团捆住了手脚。我认为，还应该强化政府在基础实施、重大民生、产业政策协调和激励、全球化战略中的作用。那么向右是什么呢？尽管我使用国有经济比重的指标测度产权，但我的实际含义是指政府与市场或民间的权力分布。因此，向右就是弱化政府权力的地方。必须强化政府职能审查，取缔不合时宜的规定，把市场的资源配置权彻底转移到市场中去。现在我觉得习主席领导的深改组应该组建一个政府职能审查委员会，凡是违宪的政府行为和规定，统统取消掉。

第二个话题，我想补充预算科学的问题。美国有两套体系，一个是总统预算办公室制定的，一个是国会预算办公室制定的。总统预算办公室制定的差不多类似我们的财政部制定的。但美国国会预算办公室CBO制定的那套体系是怎样的？对于像我国的一些技术改造政策、能源政策等产业政策，地铁收费、基础设施建设项目等等，CBO有一个严格独立于党派的专门委员会，会做一些严格的成本收益分析，假设是什么，模型是什么，数据是什么，哪里来的，在评估报告中都说得一清二楚。议员根据这些评估报告进行评判，投或者不投赞成票。对于一些重大的方案，我们的人大代表也投票表决，但是没有专业的评估。有专业评估是在预算民主的基础上，更向前推了一步，这是一个科学的问题。对于今天讨论到的政府预算支出这方面，以前很多人说是要从发展型财政转向民生型财政，即便如此，那剩下的很大一部分依然是政府生产性支出。生产性支出再细分下去，在中国来讲无非就是两大部分，包括教育、科研在内的基础设施的投入和产业政策投入。我想，林老师的新结构经济学在评估政府生产性支出的科学性上应该具有很大的前景。这就是怎么推进国家治理能力的现代化的问题。不仅是民主层面的，还有科学维度的，我觉得要引起重要的思考。

张曙光：我讲两个问题。第一个问题是，30年来中央和地方的关系问题的提法变了三次。最早是事权和财权相匹配。十七大改成事权和财力相匹配。

十八届三中全会改成事权和支出责任相匹配。刚才蔡昉讲的，现在是要把权收上来，收的依据就是事权和支出责任相匹配，大家可以思考。第二个问题是，财政的问题有两个基本原则我觉得违背不了。一是税权法定，二是预算公开。如果违背了这两个原则，财政是做不好的。不管是吃饭财政也好，还是资本预算也好，这两个问题都违背不了。

胡汝银：我从资本市场的角度讲一下中央和地方政府的关系，不讲公共设施建设和公共服务提供的问题，只讲和企业投资等有关的行政分权的问题。从改革开放之前到现在，我们一直面临着行政权力收放交替即“一收就死，一死就叫，一叫就放，一放就乱，一乱再收……”的问题。这些年来因为这一因素导致了很多问题。比如国内普遍的重复投资、重复建设、产能过剩，造成巨大的资源错配和社会浪费。这个问题怎么解决？按照十八大精神，不是行政分权，是市场化的分权。企业的投资决策权应该放到企业去。为此需要推进一系列配套改革。

第二个问题，资本市场早期有很多乱相，源于行政分权条件下沪深两地政府恶性竞争。最后中央决策，把地方政府的权力都收到中央政府的手里，收到国务院和证监会的手里。但收的结果是什么？什么都由中央来定，市场几乎没有创新，发展很扭曲。归纳到一点，中央和地方政府的关系改革，一定要跳出行政集权和分权的老框框、旧思维，要按照市场经济有效运作的基本逻辑来重新考虑中央政府、地方政府和企业、市场的权力配置与角色定位问题。

议题 6：现代金融体系和中国金融改革

主发言人：黄益平　潘英丽

黄益平：金融改革的问题比较多，我说三点。

第一，30 多年改了什么？

30 多年的金融改革成绩很大，变化也很多。简单说 1978 年底改革刚刚开始的时候，中国只有一家金融机构，当时叫中国人民银行，既是商业银行也是中央银行。现在我们看到金融体系已经非常庞大，所以应该说成就是有目共睹的。但我们在总结过去 30 多年金融体系变化的时候试图用一句话来概括，就是金融改革有做得好的方面，也有做得不好的方面。好的方面是我们的体系建得非常完整，今天有“一行三会”的监管机构，有国有商业银行、政策性银行、证券公司、保险公司，所有能想到的金融机构今天我们几乎都有了，而且数量非常大，从体系来看似乎比较完整。同时，金融规模、资产规模也做得非常大，经济学家喜欢用的一个综合性的概念，就是 M2 广义货币占 GDP 的比重来衡量一个国家的金融资产的相对规模。我国 M2 占 GDP 的比重在全世界都已经算是相当高的了，200%；美国是 80%。多数研究认为我国的债券市场不发达，但我国债券市场的规模在全世界已经排到第三，2013 年债券市场的融资在全世界排第一。从这些数字来看，无论是从体系的建立还是从市场和金融交易规模的发展来看，在国际上都不是太落后。

我们做得不太好的也有两个方面：一是市场机制没有真正能够发挥作用，也就是说虽然债券市场、股票市场和银行体系都建起来了，市场看起来非常大，但是市场机制没有很好地工作。我们的利率是受到管制的，汇率受中央银行的干预，银行的资金配置其实多少还是受到当局意志的影响，跨境资本流动更是直接受到政策的管制，再加上大多数的金融机构都是国家控股。从这些方面来看，市场并没有真正发挥作用。有一个常用的指标，就是 IMF 构建的金融抑制指数，它是利率、信贷、准入、产权、资本项目、监管等七个方面政府干预程度指数的一个平均值。中国的金融抑制的程度不但远远超过中等收入国家的平均水平，甚至比低收入国家的平均水平还要高许多。也就是说我们国家政府干预金融体系的程度在国际上也属于相当高的。另外一方面做得也不是特别好的，是虽然经过多轮的产权等方面的改革，但金融机构的治理并没有得到明显的改善。很多国有商业银行其实都已经是上市公司了，但它们的行为和典型的商业金融机构还是有差别。

第二，这些改革的效果怎样？

很自然地，不少学者会提出这样一个问题：虽然认为金融改革的问题这么多，但是我国经济的增长效果很好，说明这些扭曲也没有造成太大的问题。那么究竟应该如何解释一方面政策体系高度扭曲、另一方面经济持续高速发展这样一个奇怪的组合？为了回答这个问题，我们做的第一个工作是看金融抑制与经济增长之间的关系。我们首先做了一组中国的金融抑制指数，这个结果和 IMF 的结论基本一致，也就是说虽然当前金融抑制的程度还比较高，但改革开始以来金融抑制的程度一直在不断降低，说明改革没有停止。

然后我们试图用金融抑制的指标来解释过去的经济增长，我们的基本结论是在 20 世纪 80 年代、90 年代金融抑制对经济增长是有正的贡献，但进入本世纪以来这个贡献变成负的了。为什么会这样？我们认为金融抑制影响经济增长其实是有两个效应，一个是麦金农效应，另一个是斯蒂格利茨效应。

麦金农效应是指金融抑制或者政府对金融市场的干预会降低经济效率、遏制金融发展，从而不利于经济增长，这也是比较容易理解的机制。但后来经济学家们发现还有另外一个机制，就是斯蒂格利茨效应。斯蒂格利茨在研究新兴市场国家金融开放经历的时候，发现在这些国家有很多并没有出现效率改善和增长加速，而是导致金融的混乱甚至危机。所以，如果中国1978年就把金融体系完全放开了，还有没有可能实现高速经济增长？可能很难说。道理很简单，也许我们已经经历过好几轮的金融危机了。在经济发展的早期，政府干预金融活动会导致效率损失，但它还可能支持金融稳定，而且能帮助将储蓄快速地转化为投资，有效性是很高，虽然传统意义上的效率不一定非常高。用斯蒂格利茨的话说，在低收入国家，适度的金融抑制的条件下更容易应对信息不对称的问题。当然，我国经济在过去几十年间，金融抑制政策对于经济增长的影响已经发生了转变。头二十年可能是斯蒂格利茨效应占主导，但是慢慢地我们看到金融抑制对经济增长的负面影响变得越来越突出，可能是麦金农效应开始占主导。这是为什么我们认为不论过去的绩效如何，就增长效应来看，改革必须往前走，因为现在的政策已经成为制约经济增长的因素。

还有其他的一些理由支持进一步推进改革。比如大家都在讨论的影子银行、热钱等问题，其实我们可以把影子银行看成一种变相的、自发的利率市场化，当然这里面有很多具体的问题，暂不讨论。在我看来影子银行发展到今天这么大，最主要的原因就是当下的金融抑制政策难以持续。简单来说，储蓄的、投资的和融资的主体可能不愿意再受制于抑制性的金融政策。因为正规体系的利率被压得非常低，直接结果就是把钱存在银行没有回报，所以就会想其他办法。变相的利率市场化其实是有道理的，当然这个变相的利率市场化也会带来相应的金融风险。热钱也是这样的道理，我们有很多资本项目管制的手段，但热钱却变得越来越多，说明我们的资本项目管制措施的有效性在不断下降。过去管住的现在管不住了怎么办，只能继续往前推改革。

还有一个必须推进改进的重要理由，过去政府管住了金融危机的风险，现在看来这方面也很难持续下去。很多方面的金融风险都在上升，地方平台、国有商业银行、影子银行等等，这些风险因素的形成或多或少都与我们的金融抑制政策有关系。只不过我们目前的金融风险的体现方式可能比较特殊，不一定表现为很多市场经济国家一样的金融危机。因为我们所有的金融风险背后似乎都有中央政府的信用在支撑，换句话说，很多机构都在透支中央政府的信用。比如我们觉得平台不会有问题，因为中央会保它们；商业银行也不会有问题，因为政府会支持它们。所有的金融风险累积起来最后都是挂在中央政府的身上。目前来看这些问题还只是流量问题，不是存量问题，因为政府有足够的财力可以解决这些问题。但是如果这个流量一直延续下去，总有一天会兜不住。周其仁老师说到日本的问题，日本是主银行制，银行和企业互相持股，公司出现财务困难，银行就会去救。所以在很长时期内日本没有失业、没有破产，直到系统性崩溃。我们也有这个风险，当然，如果我们发生危机，可能不会是韩国、泰国那样的现行的金融危机，最可能的情形就是像日本这样的情形。政府不得不兜底，越兜越多，兜到最后再也兜不动，经济增长无法持续。所以无论从哪一个角度看，现在必须推进金融改革。

第三，下一步金融改革改什么？

这个问题非常难，只能给一个简单的回答。十八届三中全会的决定里面有 11 条金融改革，这 11 条概括起来其实是三个方面：第一准入，第二市场，第三监管。换个说法，在所有这些改革措施里，纲领性的东西有两个，对内主要是利率市场化，对外是人民币国际化。人民币国际化的问题后面环节还要讨论，这里我简单谈论一下利率市场化的问题，因为利率市场化其实是可以统领很多其他国内金融改革的。为什么要改利率？除了利率管制难以持续以外，它也可以帮助解决很多当前的问题。举个例子，我们都说中小企业融资难、民营企业融资难，政府一直想降低融资成本，融资成本高的原因很多，金融抑制政策是一个重要的原因。政府把正规市场的利率压得非常低，导致了一系列的后果。第一个后果就是存钱的人得不到实际收入，所以有人把它看作是一种穷人补贴富人的机制，穷人存钱富人借钱，从穷人向富人进行收入再分配。把正规市场的利率压得很低的另一个后果是形成很多对资金的过度需求。这样中央银行或商业银行就得信贷配给，把一部分对资金有需求的机构给挤出去了，大部分被挤出去的都是中小企业。这样就提高了非正规市场的利率。所以说，融资难、融资成本高和金融抑制有很大关系。

利率市场化说简单也简单，说复杂也复杂。因为大部分利率包括债券市场和货币市场的利率都已经放开，最后中央银行还在管着的是存款利率的上限。说简单就是哪天央行把存款利率的上限管制一取消，利率市场化就完成了。但实际并非那么简单，要把利率放开，首先需要考虑放开之后会有什么样的后果。所以，建立存款保险制度很重要，地方政府和融资平台的软预算约束的改革很重要，国有商业银行的改革也很重要，还需要有一个完整的国债无风险收益率曲线，一个有效的短期资金市场。不然把价格放开来，无序竞争可能导致施恩严重的后果。也就是说如果没有做好准备工作就放开利率，也许还不如不放开。所以推进利率市场化第一要有紧迫感，第二要充分考虑改革次序的问题。周小川行长说一至两年内可以完成这个过程，最后还是要看必要的条件是否已经具备。

最后我简单介绍一下我们最近做的一个研究的结果，主要问题是如果我们如计划推进各方面的金融改革，会给中国经济带来什么样的影响。这个研究我们主要是用其他发展中国家的数据做分析，利用前面说到的IMF的七个方面的金融抑制的指标，假如中国金融抑制的程度能从现在的水平降低到中等收入国家或者高收入国家的平均水平，会造成哪些变化。我这里简单地介绍一下结论，首先，从效率改进的角度来看对经济增长是有利的，也就是说金融改革最终有利于改善资源的配置，提高经济增长的速度，大概能够提高GDP增长速度0.7—1.4个百分点。这和蔡昉介绍的政策改革可以加快经济增长速度的结论是一致的。第二，我们发现正规系统的实际利率有可能会上升，这点对于现在大量从银行借钱的机构来说是一个相当负面的变化，同时我们也会看到利率市场化和金融体系的改革其实是解决中小企业融资难的一个重要手段。当然不能从根本上解决问题，因为中小企业融资难是一个世界性的难题，但是我们国家的中小企业融资难相当一部分是政策扭曲造成的。所以正规市场的利率会上升，非正规市场的利率会下降，同时会发生很多收入再分配的过程。第三，我们发现资本项目的开放和对外体系的开放最后会导致大量的资本流入。这和最近IMF和香港金管局的一些经济学家所做的研究不太一样，他们认为开放了之后资本会使劲地往外流，我们则发现在有些领域会往外流，尤其是证券投资。与IMF和香港金管局研究的主要差别在于我们除了考虑资本项目放开，还同时考虑了国内多项金融改革。大家可能觉得资金大量流入在短期内是好事，因为它会支持我们的资本市场、支持投资。但是如果看过去新兴市场国家的经验，其实大量资本流入正是应该引起我们高度关注的，因为所有国家的金融危机往往都是从大量的资本流入开始的。金融危机的风险也会上升，货币危机和银行危机的风险同时会上升。但是我们不太担心货币危机的问题，因为我们现在的经常项目还比较健康，同时还有四万亿美元的外汇储备，这是其他很多新兴市场国家没有的。值得担心的是银行危机的风险，放开之后会发生一系列值得担忧的变化，包括利率和利差的变化、竞争的加剧、业务的转型等等，可能对银行造成巨大的压力。不过如果银行出问题，更可能是像1998年时坏账率非常高，最后由政府买单，而不是像韩国、泰国那样发生显性的银行危机。不过这里有一个值得注意的发现，金融开放很难避免金融风险增加，因为效率的提高和资本流动的不稳定性可能是同时而来的。但根据过去中等收入国家的经验，在放开的时候，如果能大力改善监管的质量，就有可能降低金融危机的风险。

潘英丽：我接下来从不同的角度，谈谈中国的金融问题和未来怎么改革。

最近我们的研究有几个新的成果和大家分享。新中国成立后的前30年虽然没有现代金融业，但是有金融政策。我将过去65年的金融抑制政策分了五个阶段。金融抑制政策主要有两个特征，即政府实施低利率政策，并对资金进行行政配置。第一个阶段是实施农产品统购统销和工农业产品价格剪刀差的时期，通过价格剪刀差获取农民剩余是我们金融抑制政策的第一个阶段。全部由国家支配，并且没有还本付息，这是我国政府通过价格剪刀差实现工业化的资本原始积累。第二阶段，1979 年到 1994 年《中华人民共和国人民银行法》颁布，是我国货币化利益的收获期，主要特点是中央银行货币投放的增长率超过经济增长率加通货膨胀率的超发部分成为财政可支配资源。这部分超发货币不引起通货膨胀，因为它们被国民经济的货币化进程消化吸收了，这也可以看成是没有成本的财政资源。第三个阶段，从 1985 年拨改贷开始，到 1997 年东南亚金融危机发生，是银行功能财政化时期。银行功能财政化容易理解，这里不展开讨论。第四个阶段从 1997 年证监会发布 15 号文件开始到 2006 年。15 号文件提出，证券工作要为国有企业改革与发展服务，为国有企业增加资本金、收购有发展前途的亏损企业尽心尽力。这是股票市场功能的财政化。银行功能和股票市场功能的财政化，在渐进改革进程中是有实践意义的。我们的制度可以看作是社会基础设施，制度变革也是一项基础设施建设，先有投资后有收益。制度改革要有可行性就必须实现改革成本和未来改革红利的跨时期转移。这个成本和收益的跨时期转移，本来借助国债市场作为载体来实现，而我们实际上是借助银行和股票市场实现了改革成本的跨时期的转移和跨时期的社会化分摊。抽象掉国有企业低效率与国有资产流失等问题，国有企业的亏损和银行系统的不良资产可以看作是改革的社会成本在国有企业和国有银行的沉淀，1997—2006 年的十年，实际上是政府通过股票市场实现改革成本社会化分摊的阶段。股权分置改革结束之后，股市逐渐恢复，这是金融抑制政策全面退出的最佳时机。金融抑制政策的历史使命已经完成。中国金融的市场化改革，应该从 2006 年开始推进。我们错失了改革的良机，改革的延误导致金融体系严重扭曲。2006 年以来的第五个阶段就是金融体系严重扭曲阶段。这个阶段金融管制政策基本上是负面的，没有正面影响。结果是对银行体系的过度依赖，导致产业结构的扭曲，制造业、房地产业和地方政府基础设施建设出现过度投资泡沫，导致金融和国民经济的低效率和高风险。

第二，我们探讨了利息的起源和金融机构获取利润的合法性基础。前一段时间社会对商业银行在实体经济十分困难时期获取暴利颇有微词。2001 年我研究虚拟经济的时候，经过系统研究马克思的虚拟资本，对利息起源做出了新的解释。利息的起源与资源优化配置相联系。社会部分处于闲置或低效率使用的资源，通过金融机构中介，转移到高效率使用部门，从而在社会资源总量没有增长的情况下在高效率部门创造出新增产出或新增财富。由于让渡资源是优化配置的前提，占有资源的低效率部分有权参与新增财富的分配，金融机构的中介具有核心作用，代表产业发展方向，其资源优化配置的功能是金融机构获取利润的合法性基础。利息起源于资源配置的优化带来的新增财富创造。我们需要防范金融机构通过操纵市场或垄断在未能优化资源配置甚至导致资源配置扭曲的情况下获取暴利。

第三，我们发现信贷占 GDP 比例达到一定水平后，信贷增长与经济增长、人均收入增长之间出现了负相关关系。2013 年我和胡永泰、萨克斯等学者主编了一部国际论文集（《十字路口的金融体系：国际经验与中国选择》，中国金融出版社），其中瑞士学者 Jean-Louis Arcand 的论文《信贷配给、银行救助政策以及信贷的负面影响：基于中国的实证检验》，利用 1000 多个县市数据进行实证分析得出，信贷占 GDP 比例超过一定水平后，信贷增速与人均 GDP 及人均 GDP 增速指标呈显著负相关。信贷占 GDP 比例每增加 1%，人均 GDP 下降 0.164 个百分点。这个实证背后的逻辑其实很容易理解，新增贷款如果支持的是低效率或无效率项目，或项目回报率低于贷款利率，信贷的增加就会减少当地的人均收入。在这种场合，银行变成了“吸血鬼”。中国整个金融体系存在对银行的过度依赖。银行中长期贷款实行抵押政策，这就导致制造业、房地产业和地方政府等有抵押品的行业出现投资泡沫和产能严重过剩。没有抵押品的轻资产行业，如农业、服务业和高新技术产业，就得不到银行的支持。另外，银行的长期贷款主要用于支持新增项目，再加上抵押要求，银行信贷的扩张只会加剧而不是改善产业结构的扭曲。这是目前一个很大的问题。中国的结构调整，包括系统性风险的化解，突破口还是在股权融资渠道的拓宽上。

我接下来讲银行和股票市场制度怎么改的问题。

银行业需要推进结构改革。我认为，中国银行业已经是仅次于制造业和房地产业的第三大过剩产业。我原来的一个改革思路是要求大银行试点支行的分拆和民营化。政府可以允许大银行扩大业务范围作为改革激励。一个操作性更强的做法是地区性中小银行中的国有股份退出。这些小银行，包括城市银行、农村商业银行，全部民营化和属地化经营。改变现有银行的所有制结构，并扩大小银行的个数。关于利率市场化，我同意黄益平的观点，利率市场化最有利时机已经错过，目前条件不太成熟，这将是一个渐进过程。现在最需要做的，是打破刚性兑付，把无风险利率降下来。目前最需要研究和解决的是如何打破刚性兑付的问题。

股票市场制度变革，我提出“一个中心、两个基本点”，“一个中心”是政府立场的转变，政府的立场应该从帮助企业筹集廉价资本（过去65年都这么做的），转变到保护中小投资者和最终债权人防范商业欺诈。“两个基本点”，第一个基本点是提高股票市场的融资成本。融资成本是投资的门槛，只有提高融资成本才能将有限的社会资源导入真正高效率或高成长的产业和企业。具体做法一是取消审批制度以增加股票供应量，降低发行市盈率；二是要求传统行业有更高的分红比例；三是引入退市制度。通过这三项制度可以提高股市融资成本。我们做过测算，过去20年上市公司红利分配占年末股票市值的股息率平均只有1.99%，而一年期存款平均的名义利率是5%，三年期贷款的平均利率是8%。如果考虑3%—4%的通货膨胀，股票市场的融资成本实际上是负的。谁都想进入这个市场圈钱，这种制度扭曲是资本市场腐败的根源。只有提高融资成本，才能让真正高收益企业有机会来融资。第二个基本点是提高监管的威慑力。这里涉及司法的独立性和执法的有效性。现在证监会管不了央企，也管不了地方企业，顶多只能管管证券公司和基金。因此，防范商业欺诈需要健全整个市场经济的基础性制度，有效保护中小投资者和最终债权人权益的法律制度。

最后谈谈自贸区试验的问题。我给《金融时报》中文网写了一篇文章

《自贸区金融改革实验未找准方向》，提到一年来，上海自贸区金融改革开放分两个部分，一是金融改革，三个监管部门出的21条政策，基本上都是迟到的改革，2006年就应该出台，没有必要试验。放到自贸区试验实际上可能延误改革。另外一部分由人民银行30条构成，核心是叫自由贸易账户和分账核算管理制度推进，涉及人民币的自由兑换和资本账户开放。我的批评是：在自贸区改革试验的三年内推进资本账户开放或人民币自由兑换是不合时宜的，条件不成熟。第一，资本账户开放应选择国内外利差相对小的时候，以减少开放带来的冲击。第二，国内的融资渠道必须拓宽，资本流入可以便利地进入实体经济，促进经济发展，现在国内金融体系严重扭曲，国内的资金都难以找到出路。第三，资本账户的开放顺序，应该先有宏观经济金融稳定、利率市场化、汇率有弹性，然后才轮到资本账户开放。目前这些条件都不具备。改革的方向是什么？从自贸区设立的背景来看，一是我们想为中美双边投资协定的谈判创造一些条件。二是国内需要由点及面推进经济、金融的改革和转型。我梳理了一下美国BIT模板的内容，基本上有：保护私产、经济自由（政府不干预、资本自由流动）和平等竞争（涉及环境保护、取消补贴、采用国际用工标准等）。现在的改革试验，选经济自由作为突破口。我个人认为，改革的突破口应该放在保护私产上，建立一个有效保护投资者和最终债权人的法律制度。如果我们这方面没有重大突破的话，取消行政管制、实现经济自由化，就可能像20年前一样，陷入“一放就乱，一乱就收，一收就死”的恶性循环。

评 论

胡汝银：我讲几个问题。中国的M2很高，有央行官员辩护说这和央行的过度货币供应没有关系，央行没有出现过度货币供应。央行的政治目标之一是控制通胀。因为中国的CPI水平一直比较低，所以中国没有通胀，央行货币供应政策是适度的。我完全不同意这种说法。信贷供给应该也是央行政策的一部分，尽管它不是M0。信贷的过度膨胀，导致投资膨胀，投资膨胀导致很多部门产能过剩，导致产品价格下降、企业现金流不足等一系列问题，也包括最终产品市场过剩，使CPI下降。最后通货膨胀出现了变形，一部分商品和服务的价格包括房地产等价格上升，但另一部分供应过度的商品价格不升反跌，与传统的通货膨胀完全不一样了，传统通货膨胀是价格的全面下降。这表明过去央行货币政策的独立性、适当性和专业性都存在很大的问题。这对现在资本市场的改革和创新、发展造成了很大的障碍。比如债券市场，那么多资产质量很差，如果发债，然后把贷款变成债券，债券市场的风险就会高得不得了。还有上市公司，它的投资回报一定是很低的。所以，这是目前金融市场改革所面临的很大困境。

资本市场这些年来最主要的问题是供给受到政府的管制。但是有一点我不太同意刚才潘英丽的说法，这些年来，政府并不完全是为了便利国有上市公司融资、圈钱，不是这样的。对这个市场加以管制，限制了供给、限制了上市，怎么是便于圈钱？不是的。很多投资者一到股价下跌时就反对发行新股。所以现在IPO的自由化面临最大的挑战是什么？是投资者，二级市场的投资者巴不得市场没有IPO。最终是什么？保护二级市场投资者获得足够的回报。政府与投资者之间的这个互动的结果是什么？长期而言，等于是高风险低回报。但始作俑者是谁？是投资者和政府的互动，导致政府维稳第一，努力满足股民的救市诉求。吴晓灵行长现在一直在主导《证券法》的修改，我一直主张引入集体诉讼这些法律规则。如果有像美国那样的集体诉讼，上市公司造假公众投资者就可以提起诉讼，让它赔得倾家荡产。我们目前只允许共同诉讼。我一直在呼吁要推进资本市场的金融自由化，同时强调，对外自由化和对内自由化有一个先后顺序的问题，应该先推动对内自由化，包括资本市场的IPO改革、产品创新，这些要自由化。之后尽早推出国际板，尽快将国内资本市场做大做强。这样，我们就能够很便宜地在国内证券交易市场配置到全球最好公司的股票，何乐而不为呢？

潘英丽：我讲到2006年是什么意思，根据1997年的文件，要为银行和国有企业增加资本金注入。到2006年，其实银行业赚钱了，国有企业也赚钱了，资本金早就符合条件了，这个时候就应该放开了。它没有放开，让很多创业板、中小板都起来了。民营企业的创业板，发行市盈率88倍，2005年以后的平均发行市盈率是53倍，又没有监管，这些上市企业拿了大把的钱不知道用到哪里。实际上就是怎么花钱没人管，这就带来了严重的财富转移，股票市场变成掠夺老百姓钱财的场地。

补充一点，当平均市盈率低于10倍的时候，是行政管制退出的最佳时机，股市可能会跌一下，但是社保基金等进去马上就涨上去了。其实股灾早就发生了，2008年跌了73%，现在只不过是市场瘫痪，老百姓信心没有恢复。这时正是放开的时候。还有是法律没有跟上，法律是瓶颈。

林毅夫：我谈一下对金融改革和资本账户开放的几点个人看法。

金融改革，主要目的当然是提高金融体系配置资金的效率，以使经济更好地发展。我们现在的资金配置效率低，表面来看是抑制了利率，那是不是利率放开和自由化是现在金融改革最核心的问题？对此，我觉得可以商榷。目前在金融体系当中得不到融资服务的是哪种群体？农户、微型企业、小型企业、中型企业，它们贷款难、贷款贵。为什么会贷款难、贷款贵？主要是和金融结构的问题有关。我们的金融结构是以大银行和股票市场为主。由于缺乏合适的抵押品和交易成本的问题，农户不可能向大银行贷款，农户也更不可能上市。微型、小型、中型企业面临同样的问题。

所以我认为，解决金融效率的切入点是，发展适合我国当前发展阶段主要生产活动中资金回报率高、创造就业率多的这一生产群体的融资需求的金融活动，也就是满足农户和微型、小型、中型企业的融资需求。最好的解决途径还是地区型的中小金融机构。现在互联网金融也许可以部分解决这个问题，但根本解决还是要靠金融结构的改革，要更大幅度地去发展地区性的中小金融机构，包括地区性中小银行。这个问题，2005 年第三次全国金融会议就提出来了，要发展地区性的、能够为农户和微型、小型、中型服务业、制造业的企业提供融资服务的中小银行。根据 2005 年的政策，要设置地区性的民营银行，一个先决条件是必须有现有的商业银行作为战略投资者。但是，现有的商业银行已经从中心城市以外的地区退出来了，怎么会有积极性做新设立的地区性中小银行的战略投资者？这次新出台的政策把这一条拿下来了，没有这个要求。但是现在已经两年了，不过就批准了 5 家民营银行。

我认为真正要解决我国的金融效率问题，结构的改革应该是最关键的。当然要发展地区性中小银行，可能有监管的问题。监管怎么做？这个值得研究。在改善了金融结构的基础上，我同意利率放开是有意义的，但如果结构不改革就放开利率，农户和中小微型企业还是得不到融资服务，他们必然还是要到非正规的市场融资，非正规市场必然利率更高。

至于资本账户开放的问题，目的是什么？同样和金融改革一样，服务实体经济。就服务实体经济而言，资本账户开放可以分成三个领域来分析：一是外国企业到中国来的直接投资。二是允许中国的企业，不管是金融企业还是实体企业到国际上融资。三是允许短期资本的自由流动，在债券市场或证券市场投资的短期资本的流动。

外国直接投资，从新结构经济学的视角来看，会增加实体经济、产业升级的资本供给，还会引进国外的先进技术，对实体经济是有好处的，并且也不会产生期限不配套或货币不配套的问题。但这个方面我国已经完全放开了，外国直接投资到中国来，基本没有障碍。

第二，允许中国的金融和实体企业到国外融资。如果放开这个领域，最好的状况是什么？不管是金融机构还是实体机构，从国外融回来的资本在国内进行实体投资，这是最好的状况，这样可以增加我国实体经济的资本供给，提高我们的生产力。但就是这样，也埋藏了两个可能的风险：期限不配套和货币不配套。国外融资的期限是短的，回到国内来做实体投资期限是长的，等到要还本付息时会有期限不配套的问题。再加上要还的钱是外币，即使融回来的资金投到实体经济上是做出口导向型的企业，但是经济有周期，可能到要还债时出口减少、外汇收入减少，缺乏可以还本付息的外币而诱发金融经济危机。所以在最好的状况下，还可能会有期限不配套和货币不配套的风险。更何况如果融回来的资金是搞房地产投机或者是股票市场的投机，不仅对实体经济的发展没好处，而且货币不配套风险和期限风险仍然都在。所以从第二点来讲，资本账户开放是弊大于利。

第三，如果允许短期的国外资本流进，这些资金通常不会进入到实体经济，而是进入到有投机性质的股票市场或者是房地产市场。允许这类资金进来，可能会造成股市泡沫、房地产泡沫。同时，大量短期资本流入，必然逼使货币升值，减少出口竞争力。等到房地产、股市有泡沫，出口竞争力又减少时，国际上的投机家马上就会说这个国家风险太大了，开始唱衰，然后大量资金流出，造成股市、房市泡沫破灭，甚至金融经济危机。

我们在谈资本账户开放的时候，要很清醒，什么领域的开放对我们有利，什么对我们没有利，不能把资本都看成是同质的。有利的领域我们该开放就要开放，没有利的领域，该不开放就不开放，或者要想很好的办法，把可能的风险都堵住再来开放。

潘英丽：我们做的研究全部支持你的观点。

黄益平：我当然很赞成林老师的主张，现在金融机构的结构确实有问题，中小金融机构不够多。而且我们需要更多从事直接融资业务的机构，比如创新企业、中小企业等。所以创办更多的中小金融机构应该作为改革的方向之一。但如果继续保持利率管制和资金配置管制，中小型金融机构为中小企业提供融资的空间仍然会受到很大的限制。中小金融机构的优势是对这些企业比较了解，成本比较低、信息比较充分。但它们也有明显的不足，资金配置往往意味着中小金融机构资金不足，更重要的是在利率管制的情况下，中小机构很难进行有效的风险定价，最终的结果是即便中小金融机构也不太愿意贷款给中小企业，因为风险、回报不匹配。就像前一段时间末日博士鲁比尼到中国来访问时我们一起讨论的影子银行问题。他认为影子银行会导致中国经济崩溃，我当然不太同意。我问他究竟应该怎么办？他说很好办，把所有的影子银行都变成正规的银行，这样影子银行业务就可以接受资本金的管制、存款准备金的管制并获得央行作为最终贷款人的支持，等等，这样风险就没有了。但我问他一个问题：这些影子银行为什么会产生？我的答案是利率管制使诸如给中小企业贷款之类的业务没法做。现在互联网金融、小额信贷等它们都在做，但其实是绕开了正规系统的利率与资金配置的管制。单纯地把影子银行转为正规银行不足以解决中小企业融资难的问题。多办一些中小金融机构，也不能从根本上解决中小企业融资难的问题。所以我认为利率市场化与创办更多的中小金融机构，应该双管齐下。

林毅夫：这当然是可以在实证经验上仔细观察一下。首先，影子银行这几年为什么发展这么快？主要的原因是在2008年国际经济危机发生后，商业银行的金融杠杆率太高，政策上要求商业银行降低杠杆，商业银行减少了贷款，实体企业有资金需求，就逼着发展影子银行来解决。但是影子银行是谁办的？是几大商业银行自己办的，只不过是明的账变成了暗的账而已，并不是其他的金融机构去发展影子银行。

第二，即使在目前的利率管制状况下，是不是地方性的正规中小金融机构就不愿意给中小企业贷款？从台州的例子来看，并不是这样。台州的泰隆银行和台州市银行发展得非常好，服务的客户也都是地区性的中小企业。现在，最主要的问题是地区性中小银行数量太少，根本不能满足地区性中小微企业和农户的需要。虽然新建了几家地区性中小民营银行，但是数量太小，和需求相差太大，到最后农户和中小微企业的融资还是只能依靠非正规金融来提供，我想这是更重要的原因。在改善金融结构的前提下，我同意利率放开是重要的。

唐毅南：林毅夫老师已经分析了中小企业融资难问题和金融自由化之间并无必然联系，金融自由化还具有不可忽视的副作用。我赞同林老师的观点，金融的市场化和自由化肯定不是一回事。人类历史上也还没有出现过金融自由化成功的先例。发展中国家就不用说了，自由化的结果是反复的危机和痛苦；就是美国的金融自由化，结果也只是战术上有好处，但从战略上看是失败的。

美国是金融自由化的发源地，它获得的战术上的好处，就是很长一段时间内维持了美国人的高收入和高消费能力。金融机构创造的货币，可以通过金融交易直接变成资产性收入。资产性收入再通过消费、发工资奖金等途径介入实体经济，可以在没有实际的生产和服务增加的情况下增加 GDP，这可谓是真正的消费驱动。所以我赞同林毅夫老师的观点，中国还是要靠投资才能有可持续的经济增长。中国没有美国这么强大的金融市场，像这样的消费驱动现在是没有历史条件去考虑的。那么，美国这样创造的“虚拟”GDP 有多少？从美联储公布的国民经济核算套表 Z.1 表格里可以发现，直接借债消费和货币创造推动的资产性收入转化形成了美国每年 GDP 至少 10%以上的份额，很可能还超过 15%。

金融自由化虚增的大量 GDP 维持了相当长时期内美国的繁荣，但副作用非常大，所以它在长期战略上是失败的。美国金融自由化战略上的失败主要体现在两方面：第一，美国金融市场失去了在美国国内配置资源的功能。自由化体制下，长期过高的金融资产回报率将金融资源从国内实体经济活动中抽走，促进了工业生产的全球配置，美国工业生产大量转移到发展中国家尤其是中国，加速了美国实体企业的衰落。第二，美国失去了对货币和金融资产有效的价格建构能力。按照史正富老师提出的要素的建构价格理论，货币是一个国家非常重要的战略性基础要素，其价格（在某些场合是利率，在某些场合是汇率，等等）对一个国家的经济增长至关重要，需要国家、私有资本、市场力量三者有机协调保证其价格稳定合理。美国自金融自由化以来，迅速地丧失了建构货币基础价格的能力。从20世纪50年代到80年代的金融自由化之前，美国金融市场价格运动的规律性，也就是市场的稳定性，是比较理想的，基本上可以把金融资源当做一个大家都可以有效使用的要素对待。但从80年代开始，美国金融市场的稳定性迅速丧失，连稳定定价都做不到，就更不要说良好的定价了。美国金融稳定性的丧失还分两个阶段，第一阶段从里根的自由化改革开始，美国金融市场的稳定性丧失了一部分；第二阶段从90年代后期两大金融自由化新政开始。两大新政第一个是混业经营，第二个是不监管OTC衍生品，从此美国金融市场可以说是基本没有稳定定价的能力。这可以从美国股票市场和国际货币市场的经验数据中观察到。

因此这就回到了大家最关注的问题，即金融自由化、市场化、监管以及管制应该是什么样的关系？自由化可能是其中最不可取的，想要靠监管去克服金融自由化的问题，美国目前做不到，中国也不应轻易涉险。比如，从美国的经验和我个人的观察来看，利率自由化标志着货币价格的决定是短期的，但实体经济中固定资产投资又是长期的，也就是林老师说的期限不匹配。要素短期价格决定和要素长期使用的中间要靠衍生品连接，由于衍生品的灵活性，华尔街的经验是任何监管都能绕过，技术上完全不存在什么困难。因此金融自由化的后果是不可控的，提出金融改革的方案要谨慎思考其是否真的符合我们的战略方向。

张维为：关于腐败问题，我也想说几句。亨廷顿教授有一个观点，一个国家在经济高速发展与财富迅速增长的时候，往往也是腐败增加最厉害的时候，因为财富创造的速度往往比法治和监管到位要快，监管是后来才逐步跟上来的。中国的腐败情况是比较严重，但与类似发展阶段的国家相比，如印度、巴西、俄罗斯、乌克兰，我去考察过这些国家，他们的腐败确实比我们要严重，而发展却远远不如我们。现在我们的监管也正在跟上来。

另外，我觉得我们不少学者或多或少地把西方看作是一个理想的彼岸，包括在反腐问题上。实际上情况恐怕不是这样的。美国现在这么多的州，市一级的政府都破产，什么原因？很多也是腐败原因。州长、市长都往中国跑，想借钱。我可以举一个德国的例子来说明问题。李克强总理今天到德国访问，德国的新柏林机场2006年开建，当时是12亿欧元预算，到2013年年底已经增加到42亿欧元，其中大部分是违规资金，这成了德国今天最大的腐败丑闻。我查了一下我们的两个已经完工的跨世纪工程：一个三峡工程，违规资金是多少？根据审计署的报告是36亿元人民币；一个西电东输工程，违规资金是多少？是64亿元人民币。加起来正好100亿元人民币，即12亿欧元左右，这当然是需要认真处理的严重问题，但它还是低于德国新柏林机场的违规资金。按照国际标准比较，德国已经是公认的发达经济体，也是公认的腐败较少的国家，但一个机场工程就暴露出这么多的违规资金，这个工程的规模还没有浦东机场大，至今还不知道什么时候完工。柏林、汉堡等德国城市，不光是机场建设的问题，还有火车站建设的问题，港口建设的问题，烂尾楼工程很多，大家从英文网站上可以查到这些材料，国内也有这方面的报道了。所以在我们研究自己问题的时候，一定要头脑清醒。今天还把西方世界当成理想的彼岸，恐怕太天真了。当然，西方也有不少值得借鉴的经验，比如说2008年金融危机的时候，瑞士的两家大银行差一点破产，但是多数小银行都很健康，它们比较谨慎，从而避免了金融危机。西方今天存在着大量问题，对此我们要心中有数。刚才有学者说，中国人出国就感到不自信，我的感觉是恰恰相反，对于多数国人，出国后会变得更加自信，也会更加爱国，这个比例至少70%。前两天BBC记者问我怎么看中国按照购买力平价超过美国，我说“happily modest”，也就是说，我们很高兴，但我们也谦虚谨慎。我们自己还有不少问题要解决，但我们的模式就现在这个水平，也可以与西方模式竞争，我们一点也不害怕这种竞争。

徐朝阳：刚才几位教授都谈到了现在我们国家中小企业融资难的问题。我注意到几位教授主要是从我国的金融体制方面来解释，讲银行结构的问题，利率的问题，刚性兑付的问题，这些我都同意，但是这些体制上的问题是不是长期存在的？中小企业融资难的问题，不是现在才开始的，其实一直都存在。而我们现在谈的中小企业融资难，主要是指2010年以后比以前更加突出、更加严重的中小企业融资难的问题。我们的体制没有变得更差，所以不能用体制原因解释2010年以后中小企业融资变得更难的问题。那么如何理解更难呢？我个人的看法是这很大程度上是2010年以后宏观经济政策调整导致的。我们都知道2009年四万亿经济刺激政策导致了比较严重的通货膨胀问题，此后我们国家的宏观经济政策做出了调整：为了应对通货膨胀，我们的货币政策开始转向中性偏紧；而为了保增长，财政政策还相对比较宽松。这个我们都很清楚，宏观经济学的一个基本结论告诉我们：偏紧的货币政策和偏松的财政政策会产生挤出效应。另外还有一个因素就是房地产。2010年我们房地产投资占GDP的10%左右，而到了2013年提高到15%，所以财政政策的挤出效应再加上房地产的扩张，这两部分吸走了很多资金，而我们的货币政策相对比较中性偏紧，这很显然就导致了利率的上升，从而体现出我们的中小企业融资比以前更难了。所以这是宏观经济增长调整导致的，要解决这个问题，办法就很直接了：一个办法是我们货币政策再松一松，M2的增长速度再适度提高一点，可能很多人都不愿意用这种办法，但它的确可以解决问题；另一个办法是把我们的财政政策收一收，把我们的基建规模稍微紧一紧，大概也可以解决问题。至于哪一种办法更好，这里限于时间，我就不展开讨论了。

议题7：全球经济格局与中国经济结构调整

主发言人：胡必亮

胡必亮：研讨会设计了一个议题来专门讨论“全球经济格局与中国经济结构调整”问题。我感觉这两个方面联系得非常好，把全球经济格局和我们国家的经济结构调整联系起来了，如果能把这个问题解决，就可以部分地回答会议前半段讨论的一些关键问题。这个题目既涉及毅夫、蔡昉、李周这本书所讨论的基本问题，也涉及为什么我们以前的30年很成功的问题，还涉及以后30年我们该怎么办的问题，这也是一个出路的问题。因此，我愿意接受这个“命题作文”来谈谈自己的粗浅看法。

第一，如何看待全球经济格局的变化。

总体的判断是，全球经济格局的变化速度非常快，比我想象的快，有许多事情是我5年前绝对想象不到的。为什么说5年呢？因为我近5年主要是研究新兴经济体的发展问题，在继续关注欧美的同时，我自己跑了非洲、拉丁美洲、中亚的不少国家。一方面，我发现世界经济格局正在快速发生变化；另一方面，我发现这样的新变化为我国经济的进一步发展提供了很好的机会，也就是说，我们可以通过国际经济格局的大变革来调整我们的经济结构，维持经济更长时期的可持续发展。比如说，大家都知道的，前几天有两条重要新闻，对不少人而言，可以说是爆炸性的：一条新闻是说，IMF 认为中国的 GDP 按照购买力平价计算，2014 年将超过美国，达 17.6 万亿美元，美国为 17.4 万亿美元，中国占世界总量的 16.5%，美国只占 16.3%，这样就将终结美国近 150 年来 GDP 世界老大的历史。另外一条是说，作为新兴经济体代表的新 7 国集团的 GDP 2014 年会超过老 7 国集团，这是一般人想象不到的，因为老 7 国集团都是十分富裕的国家，包括欧洲的德国、法国、英国、意大利四大经济强国，再加上美国、加拿大和日本，这 7 个工业化国家在我们心目中多少年都是富裕的代表，而 7 个新兴市场国家长期以来都被认为是比较贫穷的国家，包括金砖五国中的四国，即中国、印度、巴西、俄罗斯，再加上墨西哥、印度尼西亚和土耳其，这 7 个国家的 GDP 按购买力平价计算，2014 年就超过 7 大老牌工业化国家，是不是不可想象？这个新的 7 国集团的 GDP 为 37.8 万亿美元，而 7 大老牌工业化国家却只有 34.5 万亿美元。这样，新的 7 国集团所占比重达到 35%，老牌 7 大工业化强国只占了 32%，反过来相差 3 个百分点。所以，这个全球格局的变化是很大的，近期来看，已成定局。

如果我们稍微看长远一点，情况又会是怎样的呢？最近几年，我组织我的学生根据我们研究的需要翻译了三本书：《2050 年的亚洲》、《2040 年的拉丁美洲》和《2050 年的非洲》。根据这三项研究的结果，可能性比较大的情况是，2050 年亚洲将占全球 GDP 的 50%左右；非洲将占到接近 10%，目前是 2.7%；拉丁美洲现在是 6%—8%，2040 年前后将到达近 15%。如果我们将这样的预测结果加起来，就将占到全球经济总量的 75%左右。也就是说，30 多年后的世界经济格局将与现在的格局正好颠倒一下，现在发展中国家占全球的经济总量大约三分之一，几个发达经济体占三分之二，到 2050 年前后就倒过来了，新兴经济体占三分之二，发达经济体只占三分之一。当然，但凡预测都会有一些不确定性，这几项研究也指出了其中的一些风险，但是比较倾向于会向着积极的方向发展。如果是这样的话，那么从今以后，每年都会有一些重要的相关消息出来。总之，全球经济格局正在发生重要变化，如果我们再用老眼光看问题，可能就会耽误很多事儿。

那么，为什么会发生这种变化呢？我认为主要有三个方面的原因：

一是和毅夫、蔡昉、李周的这本书所提出的理论相吻合，就是说这些国家都有很好的比较优势，包括丰富的自然资源、充足的劳动力供给等。根据以上提到的研究，从现在起到2050年间，这些国家在自然资源、劳动力供给等方面都具有很强的比较优势，这些优势不仅存在，并且在快速有效地发挥作用。此外，由于这些国家正处于快速成长期，处于从孩童到青年的快速成长期，这就是后发优势；而发达国家则已经出现了衰落的迹象，譬如说整个社会出现老龄化现象，国内投资需求递减，等等。中国改革开放以来的快速发展历史就是一个很好的例证。这是从内部来看的。

二是从外部来看，全球化的因素非常重要，全球化导致大型跨国公司的快速发展。前一段时间我参加与部分企业家的座谈会，我发现这些企业利润中的相当大一部分都已经是来自国外的了，比如说中国有色集团，2013年利润的一半来自海外市场，主要来自非洲国家，包括南非、赞比亚、刚果（金）等；华为2013年60%多的收入都来自海外市场；中兴通讯在全球160多个国家或地区有业务，50%的收入来自海外；联想集团、徐工集团、三一集团、中国化工、中石油、中石化等企业都有大量的海外业务。还有工业化向新兴经济体的转移与扩散，也有助于促进这些国家的发展。中国有大量的企业在非洲建加工基地，设立合资企业，已经建立了一些工业园区了，都是以企业命名的，双方的政府都积极支持这样的合作，然后招商。有了工业园区，政府实行特殊保护政策，一方面比较安全，另一方面成本也比较低。总之，全球化促使跨国公司、工业化、城镇化、产业转移、技术转移这些因素在世界范围内紧密结合在一起，十分有利于催化新兴经济体比较优势和后发优势的发挥。

三是新兴市场国家的群体崛起，带来了很多新的机遇。以中国为主，印度等新兴市场也都开始开拓海外市场。困难的一点在于，由于非洲国家以前主要是欧洲国家的殖民地，因此当中国来投资后，它们是会进行比较的。可喜的是，我的基本判断是，经过多年的观察与合作，现在非洲从总体上讲开始信任中国和中国人了，拉丁美洲的情况也大致如此。上月底我刚从智利的圣地亚哥回来，通过与多位拉美国家的政府官员和学者进行座谈之后，我发现他们现在非常担心两件事：一是担心中国经济继续下滑，因为中国经济继续下滑就会减少从拉美国家进口资源性产品了。他们认为拉美的发展目前就得靠出口资源性产品来启动，因为他们需要通过出口这些产品后来取得资金进行基础设施建设，提高人力资本，然后进一步地同中国合作发展产业。他们说，如果中国现在经济继续往下滑，不再进口拉美的资源，拉美刚刚启动的发展就会胎死腹中。拉美从20世纪60年代到80年代进行了20多年的工业化，但由于债务危机，一夜回到了从前，工业化几乎回归为零。所以它现在很希望依靠中国，扩大与中国的经济合作关系。可喜的是，经过近10多年的努力，中国与拉美之间的贸易总额从100多亿美元增加到目前的接近3000亿美元；同期美国占拉美进口和出口双双下降了20个百分点。当然，中国现在还是排在第二，美国第一，但很快中国在拉丁美洲就会超过美国；在非洲已经远远超过美国了；在东南亚也远远超过美国了。所以中国对于其他新兴市场国家都具有重要的意义，同时也为我们未来的发展带来新的生机。

第二，中国经济结构在全球经济格局发生变化的情况下，如何进行调整。

我们的经济结构调整一定要结合国际经济格局的大变化来进行，基本做法就是以对外投资为主要手段，以本国为中心，建立更大范围、更加全面的全球经济大循环系统。80年代初期的“两头在外，大进大出”也是国际循环，但只能称为小循环，现在是要建立起以中国为中心而带动全球经济循环的大循环体系。一方面，近年来中国对欧美的并购增长很快，其中不少都是以研发为核心的并购，以在发达经济体建立起研发中心，同时根据需要和可能逐步增加对中国的高科技进口。另一方面，中国与亚非拉国家密切合作，共同发展农业、制造业、基础设施建设等。这样，就可以逐步构建起一个新的大系统，以中国为中心，将全球经济带动起来一起转。这样，有助于我们解决许多长期以来我们所担心的问题，譬如说产能过剩、通货紧缩、产业转移、产业升级，等等。我们就有可能更好地构建我们有竞争力的价值链体系，在全球价值链体系中重新构造我们的经济结构和经济体系，创造更多的新财富。这样做的好处是显而易见的，可以更多地利用其他国家的资源如土地、劳动力、能源、矿产等来增加我们的生产；可以转移我国部分过剩产能到非洲、拉美国家，促进非洲、拉美国家的工业化进程并加快发展这些国家的基础设施产业；新兴市场国家也是很重要的消费和投资市场。

正如我们已经说过的那样，中国的企业都已经开始快速行动了，并已尝到了甜头。我认为通过进一步国际大开放格局的构建而促进我国经济结构与产业布局调整的时机已经到来，这是一个合作共赢的历史性机遇，我们必须抓住。

议题 8：人民币国际化和资本账户开放

主发言人：张幼文　潘英丽

张幼文：人民币国际化与资本项目可兑换已经成为中国对外开放的新主题。从本质上讲，这是国家长期整体发展战略中的政策工具与制度安排，不只是开放度的提高。国际化与可兑换只是这一战略在货币制度上的表现。因此，只有从开放型经济发展战略升级的要求出发，才能合理规划国际化与可兑换的进程。

第一，外资主导型出口发展模式下的汇率制度特征。

以引进外资实现出口高速发展是中国前 35 年发展战略的基本特征。外资流入与产品出口不是并列的两个战略，而是具有逻辑关系的开放型发展战略的两个环节，外资企业是中国出口的主力，因此发展模式可称为外资主导型的出口发展。这一战略同时解决了发展中的双缺口：外资流入与产品出口同时贡献于外汇供给，而外资流入既改善了资金供给，又因为使国内闲置生产要素被动员起来，实现了高速增长从而完成了资金积累。

有效推进这一战略需要汇率的低估扭曲政策相配合。低估扭曲对外资主导型的出口发展起到了双重激励，一是外资在国内的股比和购买力，二是出口收益。从外资在国家总资本形成中的比重与总出口中的比重中，可以看到低估扭曲在前35年即中国开放型发展第一阶段中的意义。这一战略的成就集中体现在今天沉淀的4万亿美元外汇储备上，也体现在高速提升的国内资金积累上。国内投资能力的提升与对外支付能力的沉淀主要来自这一外资主导型出口发展模式。

第二，资金外汇积累阶段的完成与战略转型的必要性。

当双缺口已经转变为双剩余时，这一战略转型的必要性也提出来了。低估汇率是这一战略的主要政策工具，因而汇率改革也就成为战略转型的关键。

以低估汇率引进外资和激励出口既是弥补双制品的必要政策，也是弥补旧制度缺陷的必要手段，因为其有助于补偿外资企业在中国发展的制度成本。然而这种汇率低估也带来了政策引致性扭曲，形成了对进一步发展有效资源配置障碍。首先，长期的低估汇率导致了进口与消费受到抑制，因为进口品价格居高；其次，外资的更高竞争力挤压了国内投资，因为引进外资同时也开放了国内市场；第三，有利于外资企业维持低工资水平，廉价劳动力的收入水平难以得到快速提高；第四，不利于对外投资发展，因为获得投资外汇的人民币成本提高。

经过数年的升值后，目前人民币汇率的扭曲已经基本消除，为汇率政策的转型准备了有利条件。但是，汇率水平逐步走向均衡并不等于政策转型自然完成，因为依然存在着重大的制度障碍。因此，改革才是人民币国际化与实现资本项目可兑换的根本条件。这些改革包括：(1) 利率市场化从而消除国内资金价格的扭曲，防止开放后的套利冲击；(2) 激励出口体制与政策的改革，从而使进出口均成为市场的选择而不是地方政府的选择；(3) 外资与内资公平竞争市场的形成，既消除不利外资的制度障碍，也消除对外资的超国民待遇。

第三，国际化与可兑换实现的路径与发展战略的目标。

当国际化与可兑换目标提出来以后研究工作广泛展开，实现路径已经得到了系统的讨论。从今天的会议主题和前文的分析看，我们仍然要从这两个问题与中国走向下一个发展阶段的战略需要出发进行分析。

首先，国际化与可兑换的根本目的是实现开放型经济资源配置的市场化。在可兑换与国际化两个目标上，可兑换是国际化的前提条件。只有当资本项目可兑换时，人民币才可能广泛地被国际市场所接受，资本市场才是国际化的，开放型经济的资源配置才可能是国际化的，货币的国际化才可能达到较高的水平。这将从根本上改变当前发展战略中以政策激励引导资源配置的状态，让一个开放的资本市场在要素向内流动中发挥决定性的作用。

其次，人民币国际化的起步重点是对外投资。近年来，在贸易项下人民币的使用被作为国际化的重点加以推进。事实上，双边货币兑换更多有利于的是与中国贸易的发展，而不是人民币的净流出。没有净流出，就不可能有在外部人民币的沉淀，从而不可能有国际市场上的流通与储备。并且外贸中人民币的使用特别是进口的使用将减少外汇的使用从而进一步增大储备加剧外汇资源浪费，更难改变过度外汇储备状态。

对外投资的推进已经成为中国经济的新增长点和战略重点。但是在目前的发展中，国有企业投资和产能转移是主要内容，甚至还有外逃资本，汇率制度在支持对外投资上并没有发挥积极作用，包括严格的外汇使用审批。取消审批便利外汇流出是促进对外投资的制度要求。重要的是这一制度安排关系到中国发展新阶段上的新战略，这一战略就是通过对外投资有效使用前一阶段上形成的外汇积累优势，开辟海外市场空间，迅速获得国际大企业的技术、品牌和市场网络等高级生产要素，开辟海外资源稳定供给，主动配置价值链，从而实现发展战略的升级。人民币的国际化将不是通过贸易逆差的途径，这在当前中国没有条件，而是通过对外投资和援助的途径，这将是一条不同于美国的货币国际化道路。

人民币国际化的进程将包括三个阶段。首先是初级阶段，从不可自由兑换到可自由兑换，其中包括类似于 QFII、QDII、沪港通等一些量化的控制措施从而减少冲击；资本市场开放的过程就是走向完全可兑换的过程。其次是中级阶段，在国际货币体系中具有一定的地位，成为最主要的几种储备货币之一，并形成在国际货币基金表决中的较大影响力。最后是高级阶段，在建立多元化储备体系中发挥主要货币的关键作用，但不是以取代美元霸权为目标，因为这仍将陷入一国货币作为世界货币的制度困境中。

从货币的国际地位发展战略上讲，中国要与其他新兴经济体合作，整体提升新兴经济体国家在国际货币体系中的地位，以此改变国际货币体系由发达国家特别是美国决定的格局，反映新兴经济体整体崛起的历史需要。

人民币的国际化将成为中国从发展中国家转变为中等发达国家的标志之一。人民币国际化将使市场国际化程度大大提升，资源配置完全市场化，而宏观调控能力也完全适应开放型市场经济的要求，这是在市场经济制度上走上高水平的标志。中国不可能突破“三元悖论”这一基本规律，但是巨大的市场规模可能减轻独立货币政策的难度和大规模资本流动的冲击。这也再一次证明国内市场化水平是人民币国际化的条件。

潘英丽：首先谈一下当前出口导向型经济的战略风险。加入WTO后我国贸易的目的地大部分是美国，这样一种贸易的地区结构背后隐藏着巨大的风险。前面我提到美国全球5%的人口消费了全球30%的份额，未来美国消费的份额肯定要往下走。第二，我同很多投行的华人学者持不同观点。他们认为每一次危机都会使美国和美元更强大，这次危机也不例外。他们的外推法有两个前提不能成立。一是与过去相比，美国GDP全球占比将持续下降，全球第一大经济体的位置很快将让给中国。二是过去美元是单极货币，各国央行除美元外别无选择。欧元虽然是全球第二大国际货币，但是欧洲在统一货币的同时未能实现财政的一体化，缺乏统一的国债市场，从而不能满足各国外汇储备需求。欧元基本上是自给自足的，这从欧元区整体对外贸易相对平衡的态势中可以看出。但是未来人民币实现国际化，是为全球提供了另一种选择，从单极向多极的过渡会给美元带来不稳定性。中国把体现人口红利的国民财富的重要部分以美国国债的形式持有，具有战略风险。

第二，本次全球金融危机在国际货币体系层面的原因在于全球经济的多极化和国际货币单极化之间的矛盾和冲突的不断加深。关于未来的国际货币体系的改革方向，中国和英国基本上倾向多极化。美国大部分学者集体保持沉默，避开这一话题，少数国际主义或理想主义的专家主张超主权。欧洲基本态度是更多地发挥 IMF 和 SDR 的作用，他们自己深受超主权单一货币的折磨，因此对全球超主权单一货币不敢奢望，他们是实用主义者，他们拥有 IMF 的最大份额，他们也需要 IMF 支配的 SDR。虽然欧洲央行本身可以充当欧洲金融体系的最后贷款人，但是他们期望 IMF 出资出力来限制“欧猪”五国。我认为，国际货币多极化是最现实可行的选择，这是正确的改革方向，它可以适应全球经济多极化的客观需要。

第三，我们提出人民币国际化的全球银行模式。美元是一个非常成功的案例，中国可以借鉴美国的成功经验，但是要克服它的局限性。我们把美国模式定义为全球银行模式，全球银行模式是通过发行国债筹集低成本的海外资金，相当于商业银行吸收存款的负债业务，通过国家信用提供的安全性和国债市场良好的流动性，这种资金来源就像活期存款那样，可以将成本控制在相对低的水平。然后通过企业和金融机构全球配置资源来获取高的投资回报。我们的课题研究测算出 1996—2010 年的 15 年中，美国贸易项下累结的赤字大约是 7 万亿美元，但是美元对外净负债仅增加了 2.3 万亿，也就是美国的对外净利差收入大概是 4.7 万亿。国际学者称其为“超级特权”。但是美国这家全球银行存在三个重大的缺陷：一是产业空心化，从而对可贸易产品的海外供给产生过度依赖，这种状况不能逆转的话，美国这家全球银行将会出现资不抵债，并面临挤兑。二是联邦政府的负债业务和私营部门的资产业务是分离的，政府很难分享企业海外获取的利润，这家银行的运转显然不可持续。三是美国主导的全球金融体系已经对世界经济的发展产生负面效应，频繁的危机、财富的跨地区转移、汇率的大幅度波动都不利实体经济发展。现行国际货币体系的制度安排已经失去了合法性基础。我们提出“前期稳健地创造人民币国际需求、后期激进释放人民币资产供给”两阶段推进策略。

前期主要通过本土的全面深化改革，增强发展的可持续性。同时可布局和发展海外离岸人民币市场。我提出了人民币输出的三个阶段：第一个阶段是通过开发贷款、对外援助和投资等方式积累海外净资产，也就是将国内的过剩产能置换成新兴市场经济国家的债权和资产。第二个阶段是海外资产和负债的同步增长时期，通过提升政府的公信力和国家信用，将国债市场做大做强并对外开放，实现人民币国债资产的海外供给，积累低成本对外负债；同时通过中资企业和金融机构全球配置资源，积累高收益海外资产。后者要求大幅度提升中资企业和金融机构有效配置全球资源的能力或国际竞争力。第三个阶段是人民币国际化的成熟期，就是海外净负债的积累。我们总结美国经验，其净负债主要用于五个方面，海外军事开支、居民过度消费、产业结构扭曲造成的对外过度依赖、占用海外资源以节约本土资源的使用、引进全球人才维持科技领先地位。净负债的积累本身可以没有问题，关键是负债的使用必须能够增强潜在增长能力和竞争力，也就是负债使用的整体收益率必须超过债务的利息率。这样负债就是适度的，不会失控。

第四，谈谈货币的自由兑换。我们提出了货币自由兑换的新内涵，并在此基础上提出“资本账户有限和定向的开放”。货币自由兑换一词原来是金本位下政府承诺纸币与黄金的自由兑换。1976年牙买加协定实行黄金非货币化后，再讨论货币自由兑换已没有意义了。但是我们从货币自由兑换是由黄金为纸币提供价值基础的本义出发，可以赋以适用于当代社会的四个新内涵。对信用货币的国内流通而言，货币自由兑换意味着：币值稳定和保护私产。对主权货币的国际化而言，除了前两个条件外，还有两个要求：一是国际货币发行国要有强大的可贸易产品生产和出口的能力。海外持有人拿着该国货币就可以买到该国生产的商品。二是这种货币在国际贸易、投资和金融交易中的计价、结算、支付和投资都非常便利或低成本。提高海外使用人民币的便利性可以有两种途径，一是发展离岸人民币市场，包括中资金融机构的全球化经营提供人民币融资和服务的便利。二是开发在岸市场。本土在岸市场一定是全球最大的人民币市场，因此本土市场的对外开放将为全球提供投融资和流动性管理等众多便利。考虑到国内金融体系严重扭曲的现状，全面开发在岸市场应该排在深化改革之后。货币自由兑换的实质是行政管制的退出，资本账户仍然需要通过法律和经济手段进行有效的管理。货币自由兑换或资本账户的开放实质是管理手段的转换。关于资本账户的开放度，我们考察了G20国家1980年以来开放度的变化。在IMF 2012年的《汇率安排和外汇管制年度报告》中，美国在11个项目中有7项有管制，是G7国家中管制最多的，英国是最开放的，只有直接投资1项有管制。加拿大有个研究全球经济自由度的研究院（Fraser Institute），他们评估G7国家资本项下的自由度，满分为10分，英国为8.2分，美国仅为4.8分。从美国经验可以看出，国际货币发行国必须实施更有效的资本账户管理。如果美国没有有效管理资本项下的投资活动，美国上世纪80年代就可能会沦为日本的打工者。美国是通过法律手段、反垄断、国家安全等方式避免最核心的领域为外资插足。借助法律和经济手段进行有效管理，具有程序上的合法性和国际通行性是资本账户开放的要义。我提出现阶段“资本账户的有限和定向开放”，有限是因为现在国内改革还没完成，所以我们的开放仍然需要通过QFII或者是RQFII这种有资格限制的准入。那么定向是什么意思？我们从美国主导的双边投资协定（BIT）谈判上得到灵感。BIT谈判是什么意思？就是双方在一些重大问题上达成一致并通过签订具有法律约束力的合约后双向开放各自的国内投资领域。可见，BIT就是美国主导的资本账户定向开放。我们完全可以向美国学习，开展由中国主导的双边投资或双边货币合作协定谈判，并对与中国开展货币合作的签约国开放本土国债市场，允许它们分享中国的高成长成果。

议题9：政府与市场关系的理论与政策框架

主发言人：张曙光　陆　铭

张曙光：我有几个观点要先明确地说一下。第一，政府和市场可以说是现代社会最基本的制度安排，也是经济发展的两个轮子，缺一不可。第二，改革开放30多年来政府在促进经济发展上确实做了很多好事。第三，我想再肯定一个前提：政府和市场是在互动中相互适应的，不管市场强还是弱，政府弱还是强，它们总还是处在一个相互适应和耦合的状况。所以从这些情况来看，我倒觉得毅夫他们的新结构经济学确实是有道理的，他称作的两个回合或两个阶段——一个是一切依赖政府，完全由政府来解决经济发展问题，一个又是一切依赖市场，完全由市场来解决经济发展问题——这两个观点确实都存在问题，所以他们的理论作了一个正反和，从经济思想史、理论思想史的发展来看是有道理的，站得住脚的。

要讨论的就是毅夫他们的提法：有效的市场和有为的政府，尤其是“有为的政府”。因为我与他们讨论的过程中，他们也有个变化，最早的提法是政府主导，现在变成有为政府。但对有为的政府还没有给出一个明确的界定。如果把这个问题放在中国现实的情况之下来看，我倒觉得有为政府的提法可能是不太恰当的。何为有为的政府？政府有为什么？政府怎么有为？应该就这几个问题做一个清楚的交代。但我读了《新结构经济学》，始终没有找到这样的说明。如果从中国的现实来看，什么是有为政府？就是政府主导经济发展，政府不光要制定发展战略，而且要控制大量的资源；不光是有大量的存量的国有企业，而且政府还要进行大量的投资；政府不光是一个权力机构，而且形成了地方政府企业化，政府官员总裁化。如果是这样一个有为政府，我觉得是有问题的。有为的政府还有一个说法，就是政府要控制经济命脉，要增加国有企业的控制力，要保证国家的经济安全。什么是命脉？命脉是一个生物学或医学名词，按照词典的解释，是“指人体的血脉经络，比喻关系极为重大的事物”。控制经济命脉就是政府要控制经济中极为重大的事情。

有为政府怎么有为？首先，政府要实行垄断；第二，政府要实行管制；第三，政府要主导投资；第四，政府要参与经济竞争。政府竞争的性质是什么？是不是就是市场竞争？不见得。政府竞争有市场竞争的一面，也有兄弟竞争的一面。既然是兄弟竞争，不仅有父爱主义，而且有兄弟亲情，现在很多地方政府所做的对口支援，就是兄弟竞争的一个典型事例。政府竞争最重要的还是权力竞争，权力竞争不光是向上的竞争，如争投资、争项目、跑步（部）前（钱）进，更重要的是向下的竞争，既可以给予辖区内的企业以优惠和补贴，也可以对外部的企业以歧视和限制。这里面有一个重要问题：政府竞争的收益和成本是什么？政府竞争的成本结构是：应该承担的成本、实际承担的成本和转嫁的成本，政府收益的是政府应该得到的收益、实际得到的收益和掠夺的收益。在现行体制下，政府凭借权力，转嫁成本和掠夺收益的事情是经常的和大量的，因而政府实际承担的成本总是小于应当承担的成本，而政府实际得到的收益一般大于应当得到的收益。

不仅如此，经济形势和市场状况是经常变化的，在一个较长时期内还会有较大的变化。现实证明，政府机构的特性决定了它不能很好地适应这种变化。政府提供的是公共产品和公共服务，但在不同的发展阶段和市场情况下，所需要的公共产品和公共服务的类型和数量也是不一样的。在改革的前一段时期，需要的主要是基础设施和投资资金，政府的确发挥了很好的作用，使得经济得到较好发展。但是到了现在，基础设施建得差不多了，资金情况也发生了变化，现在需要的是创新服务以及政府的限权改革和社会事业的发展，这些不仅与政府的利益有冲突，而且也不是政府的长项。从数量上看，除了城铁和地铁以外，其他基础设施基本饱和，有的甚至超前很多。所以市场状况是一个重要问题，当市场运行达到均衡时，还要增加投资和扩大生产，出现的就是产能过剩，效率下降。比如钢铁，正规钢厂的产量是11亿吨，而国内市场需求只有7.5亿吨；最近几年的投入产出比前些年高出一倍。这就是政府竞争的结果。正因为我们的政府太“有为”了，所以市场的作用就受到了很大的抑制。

我的意见是，“有为政府”不明确，不恰当，排除了约束政府不当行为的重要内容，还是用政府“顺势利导、合规而为”可能更好。“合规”既要合乎客观规律，也要合乎行为规则，这样可能对于政府的行为更有好处。在没有权力制衡以及社会监督和社会约束的情况下，有为的政府是要出问题的。因此，提出“顺势利导”和“合规而为”的政府行为方式是有重要意义的。

陆　铭：我觉得对于政府和市场关系问题的讨论，是我们这两天的讨论中最核心的问题。在我的发言中，我试图把政府和市场的关系问题，放在中国背景下。中国是一个发展中的大国，既具有发展中国家的城乡二元分割的特征，同时中国的面积和人口在世界上又是最大之一。所以，必须把政府和市场的关系放在发展的大国背景下讨论。当然，在政府维度上，政府行为包括地方政府的行为，也包括中央政府的行为。

时至今日，中国经济的成功不断被认为是国际资本和中国劳动力结合的成功。但这个观点本身就包含区域经济学和城市经济学的观点在里面，因为我们需要加一个状语，它是在城市的结合，并且主要是在东部的结合。所以这个对中国奇迹的理解，是可以转化为区域经济问题的。一旦转化为区域经济问题，或者是城市发展的问题，中国的资源配置本质上是一个个人和企业的选址问题。一旦是个人和企业的选址问题，就有选址的成本和收益，于是就转化成了城市化、人口布局和区域经济发展的问题。一个人为什么要到大城市去，为什么要到东部打工？有收益和成本的。即便我们今天知道北京有雾霾，但如果没有制度制约，有多少学生毕业之后会选择去北京？我的意思是雾霾、高房价都会进入个人的理性决策，对企业来讲就是劳动力成本和地价。这是市场经济规律决定的，在这个大的前提下我想讨论两个问题，第一个问题归结为统一效率和平衡这个“不可能的三角”。第二个问题，是我一年多来写文章的主题，即中国今天的经济正在出现“欧洲化”的倾向。

前面讲到，城市化和区域经济发展是个人和企业的理性选择，是选址问题。既然是这样，在统一的大国里，生产要素市场，包括资本、劳动、土地市场，应该按照市场价格，哪里效率高，去哪里配置。对于劳动力流动，尽管目前还有户籍制度的障碍，但展望10年，最多20年，户籍制度对劳动力流动的障碍迟早要取消，国家迟早会走向劳动力的自由流动。一旦这样，在我们刚刚讲到的个人和企业的成本收益决策，本身就决定了微观主体一定是追求效率的。一旦统一和效率这两条都成立了，生产要素市场高度市场化，加上个人和企业都在做成本收益的理性选择，我们一定能推出第三个结果——只要承认在城市化和区域经济发展里有所谓的“集聚效应”，或者说“规模经济效应”，从理论研究、经验研究、国际经验来说，中国未来一定是进一步加强集聚的。这样一来，中国一定在经济资源和人口空间分布上更加走向集聚，这个意义上“平衡”不可能实现。这里讲的“平衡”，是指在经济资源均匀分布意义上的平衡，这不可能实现。

既然存在“统一”、“效率”和“平衡”三者的冲突，发达国家怎么做的？它们追求的不是经济资源的均匀分布，而是人均收入和人均产出意义上的地区间平衡，也就是说在一些人口流出地，虽然人口在减少，但是人均收入在提高。如果你看西方国家走过的道路，基本上在人均GDP 5000—6000美元的水平上，是一个重要的拐点。过了这个拐点以后，这个国家区域间的人均GDP差距就走向缩小的过程。中国现在处在什么地方？就在这个阶段。从这个角度来推，人口的自由流动和空间的集聚，同区域间在人均意义上的平衡其实不矛盾，也就是说，理解统一、效率和平衡的矛盾关键在于怎么理解这个平衡。如果把平衡理解为区域间经济资源的均匀分布，就是矛盾的。如果理解为人均收入的均等化，经济学家会告诉我们，要素回报均等化，最后它一定是走向人均意义上的“均衡”，这是不矛盾的。

接下来我要讲的是，如果不尊重客观的经济规律，在刚刚讲的三个目标里面，一定要放弃一个。中国是一个统一的国家，这不会被放弃。效率和平衡里面，如果经济政策是要经济资源在空间分布的均匀化，那一定要放弃效率。2003年的时候，区域发展政策上出现一个非常大的拐点，我们在资本投入和建设用地指标投入这两个要素上，大量倾向了中西部。这个结果又导致劳动力流动的方向发生了很大的变化，尽管劳动力仍然继续向东部流动，但流动速度放缓了，使得在中国的东部出现了“民工荒”的问题，工资上涨的速度也变得更快了。一旦这样做了，从我刚刚讲的理论逻辑角度来说，一定会损失效率。

昨天我回答林毅夫老师的问题时讲到了我们的研究，借今天的发言机会，我再解释一下。我们用的数据是企业层面的数据，所以我接下来讲的所有数据都是从微观数据基础上去做的，不包含政府的基础设施投资所导致的对企业TFP的影响。我们的结论是，中国的TFP虽然一直在增长，但增长的速度在2003年以后有明显的放缓。我再重复一下我昨天讲的意思，如果用企业和企业间的TFP差距来度量配置效率，2003年前TFP的差距是缩小的，说明配置效率在改进。2003年以后，TFP的差距在企业和企业间扩大了。我们再把样本分成东部、中部和西部，可以看到，2003年后，在中部和西部有非常明显的企业和企业间的TFP差距扩大，而东部只有非常微弱的TFP的差距扩大。我们再按照企业所有制来分，可以看到国有企业间的TFP差距迅速扩大，非国有企业间几乎没有扩大。按照出口、非出口划分，出口企业之间的TFP差距没有受到2003年的影响，是持续下降的，而非出口的企业之间的 TFP 差距是在扩大的。当我们把大量的资源向内地配置的时候，其实资源配置的导向就是配置给国有部门，给地理欠优势的部门，并且是倾向于更多的非出口部门，因为它面临的竞争少。

我们还研究了开发区的政策。开发区作为支持区域经济发展的政策会有怎样的效果？今天的中国，每个县都有开发区，开发区遍地开花。我们最近研究了开发区政策对企业 TFP 的影响，发现同样的开发区政策，在东部地区是促进企业 TFP 提高，在中西部的省份是降低 TFP 的。为什么会出现这样的结果？这就要回答我们昨天的问题：政府的政策，或者扶持企业发展的政策，或者产业发展的政策，发挥效应是要有条件的，这个条件是什么？我们研究发现，东部有三个条件，会使政策效应为正。第一个条件是东部有市场集聚效应；第二个条件是东部企业多，企业和企业间相互竞争；第三个条件是东部企业中民营企业的比重更高，制度的环境相对比较好。这三个条件保证了同样的政策放在这个地方就是好的，如果没有这三个条件，而是反过来，没有市场规模、不面向出口、国有主导，就会出现政策的负效应。这和我刚刚讲的结果比较吻合。

第二个问题，为了追求区域间资源均匀分布意义上的平衡，导致了另外一个结果：催生了地方政府的债务。在市场的竞争条件下，地理条件是决定企业“自生能力”的重要因素。怎么办？靠政府投入。于是就有大量的地方政府借债。总体来讲，中国的债务除以 GDP 是上升的。但我们最近做了一个工作，把中国的省份也分成沿海和内地，可以看到内地省份在债务当中所占的比重是上升的，如果看省一级水平上的债务与 GDP 的比率，越穷的省份总体来讲债务 GDP 比率越高。这个现象的意思是什么？我前面预告了，我想讲中国经济在“欧洲化”，中国今天出现欠发达地区债务负担的比重指标更高，中国的欠发达地区就相当于欧洲的希腊，这背后的经济学逻辑与欧洲的主权债务危机逻辑是一模一样的。在中国内部，存在着统一的货币：人民币。但是地区和地区之间劳动生产率有巨大的差异，导致中国的汇率是由出口部门决定的，而这个汇率对欠发达地区来讲，它是过高的。但是，欠发达地区又不能单独让货币贬值。劳动力没有充分流动的情况下，欠发达地区还要给这些劳动力提供公共服务、就业岗位，要搞开发区建设，又不能单方面使人民币贬值，怎么办？要投入。投入首先来自中央财政转移，中央财政转移不足的情况下，就来自借债。更不要说中央的财政转移还要地方政府配套，配套的机制也会促使地方政府去借债筹资。再接下来还有一个逻辑，在中国特殊的央地关系里面，地方政府还有一个道德风险问题。越是欠发达的地方，能够拿到的中央转移支付越多，对中央政府的依赖越强。因为越是获得转移支付，越觉得可以借，再加上中国地方政府的官员任期只有三年左右，只管现在借，不管以后还。这些因素加起来，使中国的地方政府债务危机现状与整个区域经济发展的逻辑、市场化配置资源的逻辑，以及全球化进程中要提升中国整体竞争力的逻辑背道而驰——我把它称为中国经济的“欧洲化”倾向。讲清这个道理，中国未来政治上的统一毫无疑问，货币的统一也基本上是给定条件，生产要素市场未来一定会走向市场化。走出这个困境的唯一办法就是劳动力自由流动，加上其他的资源跟着劳动力资源流动的方向走。我们应该尽早认清这个规律，中国的经济在国际环境下向有竞争力的东部和回报比较高的地方，包括大城市（也包括内地的大城市）集聚的趋势，不会发生变化，而是会更进一步向前发展。规律如果认识清楚了，我觉得政策跟着来比较好。

政府和市场的关系从本质上来讲，政府要适应市场经济配置资源的规律，而不是和市场作对。

议题 10：深化改革的推动方式

主发言人：陈　钊

陈　钊：今天我们讨论深化改革，我想大部分人都会同意，我们真正需要讨论的是怎么在体制机制上设置一个很好的制度，来深化改革，这也是我对顶层设计应有之义的理解。考虑到政府在经济社会发展中所扮演的重要角色，我想谈谈怎么在机制体制建设上规范政府的行为，特别是地方政府的行为。用一句话来概括，我事实上是想讨论怎么对中央地方的治理模式进行一些改革。我认为应该把现有的地方政府为增长而竞争的模式，转化成为和谐而竞争的模式。

首先，我们简单回顾一下改革的经验，可以说中国改革的成功离不开政治上的集权和经济上的分权。因为有政治上的集权，所以我们能够制定统一的发展战略，且能够制定一些区域间的协调政策。而这个抓手，就是中央对地方人事的任免权。经济意义上的分权，也被认为成功调动了地方政府的积极性。周黎安等学者进行了相应的经验研究，提出了所谓的 GDP 锦标赛，简单来讲就是让地方政府“为增长而竞争”。大家也注意到，为增长而竞争这种模式带来的代价，即片面追求 GDP 所产生的一系列问题。我们政府也尝试做了一些制度上的调整，比如说提出要有节能减排的目标，比如说提出要有民生发展的指标考核，比如说尝试把GDP变成绿色GDP。这些做法都不能算成功。当提出节能减排的时候，地方政府会通过拉闸限电来完成节能减排的指标。我想说的是，不管GDP也好，节能减排指标也好，所有的这种客观指标，归根结底都是一种变相的“GDP”，都会导致地方政府的行为有所偏颇。即使是民生类指标，如果用造了多少廉租房、经济适用房来考核地方政府，仍然会有问题。造得是不是有效率？分配给了谁？在城市里的区位布局是否合理？这些都是问题。特别是在中国这样一个地区发展差异较大的大国，不同地区对同一指标要求其实也是不一样的。所以，在对地方政府的评价中，引入本地化的评价很重要，并且必须包含主观指标。

增长不是我们的终极目标。我们就要问，终级目标是什么？我们现在总想要“保8”，要发展GDP，这些又都是为了什么？我觉得这是一个更加根本的问题。我们发展经济、提高GDP，都是为了让老百姓满意，让人民生活幸福。所以老百姓的满意度和幸福感才是最终极的目标，不同地区的老百姓有不同的要求，有本地化的信息在里面。考虑到这个，我觉得应该变目前“为增长而竞争”的模式为“为和谐而竞争”。也就是说，在对地方政府的考核、任免中，应该引入地方老百姓、也就是地方政府所服务的公众，他们的满意度指标。这些主观指标充分利用本地化的信息，是经济发展、社会发展追求的终极指标。我这里所说的“为和谐而竞争”的中央地方治理模型，事实上也是在现有的政治集权、经济分权的模式下进行考虑的，因而并不是要改变现有的基本制度框架。这一安排同样充分发挥地方的自主权，只不过这时地方政府不只是对上负责，还要对当地老百姓的满意负责。于是，政府就会更充分地考虑，即使是进行基础设施投资，是建高楼大厦还是城市的下水道？同样是产业政策，是做高大上的高新技术企业，还是因地制宜、发挥比较优势？同样是民生问题，是把廉租房建在缺乏公共服务配套的市郊，还是合理考虑低收入者的就业可达性与生活便利？我觉得，只要制度一变，政府的做法和行为是会扭转的。又比如说，我们现在讨论自贸区，中央说上海要进行试验，要使制度可复制。但是，上海自贸区的经验其他地方是不是完全可以照搬？不一定。因为环境变了，制度变了，服务对象变了，最佳的实践可能也需要改变，这都是需要地方根据自己的实际情况摸索的。所以我觉得给定这些信息的复杂性，地方的自主权是非常重要的。

此外，我也想说，我们讲“为和谐而竞争”，并不是要否定前期“为增长而竞争”的模式，因为在经济发展的初期，温饱问题是最重要的。温饱问题是客观的，而且人和人之间都是一样的，这个指标也容易衡量，所以当时我们可以采用“为增长而竞争”的中央地方治理模型。但是温饱问题解决了，现在要的是小康与和谐，和谐是主观的，人和人之间是有不同诉求的，是难以用客观指标来全面衡量的。所以，我们就自然而然地要从“为增长而竞争”过渡到“为和谐而竞争”，这也是自然的、内生的制度变迁的过程。这里面当然会有一个承诺问题，假设我们更多引入地方公众的满意度来选择地方领导人，如果选出一个领导人，地方很满意，中央不满意，那怎么办？这是一个承诺问题。这里我想说的是，只要我们的中央政府是代表全国人民利益的，这其实也不失为这个制度的一个亮点。因为有些地方的行为，可能当地的老百姓很满意，但是它是以牺牲邻省老百姓的利益为代价的，比如污染排放。这时中央可以利用集权的优势来处理这类跨地区的负外部性。这样也形成了地方对中央的约束，其中有中央与地方政府的权力互动。所以我觉得，这是比较有益的探索。

评　论

林毅夫：张曙光老师对我们的研究比较熟悉，他提的问题我觉得非常重要。首先，我觉得这次讨论和过去比有了很大的进步，在过去一般只强调市场的作用，现在认为在一个经济发展转型过程中，既需要有市场，也需要有政府。在这点上和过去的讨论已经有所不同。

市场的作用学界的了解是比较清楚的。一般教科书里已有详细的介绍，我们一般也接受。但是对政府的作用，就像张曙光老师讲的，我国的经济转型是从一个政府主导的、没有市场的经济状态，变成一个比较完善的市场经济体系。在这个过程中，学界更多的是从负面角度来看政府的作用，强调政府退出的多，对政府的作用什么是"合适的"研究得比较少。

我在《新结构经济学》里提出"有效市场"和"有为政府"，其边界是相当清楚的。我常强调，经济发展过程中，要有市场也要有政府，政府的作用是"过犹不及，不及犹过"。那么"过犹不及，不及犹过"的标准是什么？其实是有效市场。如果政府的干预太多，一定会降低市场配置资源的效率，这是"过"了，结果和"不及"是一样的。如果政府的作用没有到位，市场也很难有效，因为市场有失灵的地方。如果政府不去克服市场失灵，这样的市场也不会是有效的市场。这个标准我在《新结构经济学》增订版的序言里做了阐述。我们知道，经济发展是一个技术产业结构不断变迁的过程，政府应该对先行者有外部性的补偿，发达国家是这么做的，即专利。发展中国家也必须想出一个办法，对先行者所创造的外部性有所补偿，这是政府克服市场失灵，让市场有效的一个举措。

其次，在产业不断升级的过程中，要完善相应的硬的基础设施和软的基础设施（即制度安排）。软硬基础设施的完善需要克服许多协调的问题。很多领域，因为它的投资或收益的时间非常长，或者根本不可能有私人回报，所以不仅是协调不同领域的企业投资的问题，有时是必须由政府直接来供给这方面的完善。我在《新结构经济学》和《中国的奇迹》这两本书里所谈到的有为的政府，主要是限定在这两个领域：外部性的补偿和软硬基础设施的完善。完善的过程中，有的是协调不同投资主体的行为，有的则是必须政府自己提供。

上述讨论的是在理想状况下的市场和政府的作用，但是在现实生活当中，还必须考虑转型的过程和反周期的状况。在从计划经济向市场经济转型的过程中，出发点是有很多扭曲的存在并不是从一个理想状态进入到另外一个理想的状态。以我国的转型为例，在转型初期有大量的、违反比较优势的国有企业存在。这些国有企业有违反比较优势的战略性负担和养老冗员等社会性负担。有不少国有企业和国防安全有关，不能不要。在这样的状况下，政府的作用就会超出前面所讲的“外部性补偿”和在软硬基础设施完善上所扮演的角色的功能。不能把理想的状况和转型的状况搞混。此外，经济的发展也不是从一个理想的稳态到另外一个理想的稳态。在经济发展过程中，会有很多外部的冲击，比如2008年的国际金融危机，造成我国的对外出口突然间减少了。在这样的情况下，如果没有政府的反周期干预，可能造成经济下滑幅度太大，引发金融和社会问题。

我们在《中国的奇迹》里认为双轨制、渐进的转型会比主流的休克疗法好，既能维持稳定，也能在转型过程中取得快速增长，而快速增长会给改革“计划轨”创造条件。《新结构经济学》里谈的反周期政策，和传统主流宏观经济学里的反周期政策也不太一样。传统的凯恩斯主义或者是理性预期学派的宏观经济学中，周期理论没有和发展理论结合在一起；但是从新结构经济学的角度来看反周期政策，则可以把周期理论和发展理论结合在一起，尤其是在讨论政府的作用时。例如，在经济发展的过程中，政府必须对处于瓶颈状况的基础设施进行投资以消除瓶颈。把消除瓶颈的基础设施投资作为政府的反周期刺激措施是一石两鸟，我把这种反周期政策称为“超越凯恩斯主义”。

政府的这种刺激不是一般意义的凯恩斯主义，它是把反周期的干预和发展结合在一起，在发生危机时整个需求下滑，政府要么发失业救济，要么用投资的方式来启动需求、创造就业。后者在短期是稳增长，完成后可以提高经济增长率。在2008年全球金融危机发生后，我开始提出这个想法时，国际上响应者寥寥。我很高兴，国际货币基金组织在这个月刚刚发布的《世界经济展望》里把这个政策作为全球经济走出当前危机的一个建议，认为现在是投资基础设施最好的机会。

在讨论政府作用的界限时，首先要探讨清楚理想状况下的作用是什么。很简单，外部性补偿和协调或提供软硬基础设施的完善，这是有为政府的作用范围。能这样就可以克服“过”或者“不及”的问题。然后，再讨论转型和反周期的问题，为了维持经济系统的稳定，政府在这两种状况下的作用会大于前者。

潘英丽：刚才陈钊的观点我补充一下。关于主观标准、和谐竞争有一个局限性。实际上增值税就是GDP税，“和谐竞争”没法解决以GDP为目标的发展模式。为什么？“巧妇难为无米之炊”，政府怎么让本地老百姓满意？没钱，不搞GDP就没有钱，就没有税收收入。变换地方政府的考核指标，其实应该调整我们的税收结构。增值税有没有可能变成消费税？如果这里人气很旺、人口导入，税收就增加。为什么人口导入？宜居，老百姓满意度提高，这里形成一个正的激励机制。如果税制不调整，照样要追求GDP。

陈　钊：我说“为和谐而竞争”，并不是要否定GDP。如果GDP对于地方的老百姓满意度是很重要的，在“为和谐而竞争”的模式下，地方政府当然会给更多的权重用在GDP上。这个权重有多大？每个地方不一样，地方政府自己会选择。我们为增长而竞争，就是把过多的权重给了GDP，而不管地方的实际情况。因此，为和谐而竞争与发展经济并不矛盾。

结束语

陈　昕

经过两天的讨论，会议就要结束了。两天来，大家围绕中国经济的发展和改革、中国经济学科的建设，展开了深入交流，通过开诚布公的切磋，实现了不同学术观点之间有效的交流，达到了消除误解、明确分歧、扩大共识的目的，同时进一步明确了下一步需要研究的问题，从而为中国经济学界在更高水平上完成新一轮既有理论超越，又能推动中国改革与发展的跨越作出了努力。

在会议结束的时候，我想说的是，这样的学术讨论还会继续下去，这是学术和社会进步的要求。今年正好是第一次世界大战爆发一百周年，它不仅是一场影响了现代历史进程的战争，而且是一个激发了中国思想启蒙的契机，战争、革命引发了1910年代中国的一场“思想战”。争论中形成了以陈独秀、李大钊为代表的激进主义思潮，以胡适等为代表的自由主义思潮，和以杜亚泉为代表的保守主义思潮，他们之间的“思想战”把对中国道路的思考从对欧洲文明的学习以及东西方文化差异的比较，扩展为对欧洲危机的认识，以及在这一认识的基础上对中国未来的探寻。2008年肇始于美国进而席卷全球的金融危机，也使中国的学术界包括经济学界开始将中国面临的挑战及其应对与欧美的危机联系起来进行分析，致力于提出面向未来、面向世界的新范畴。这些年来经济学界的论辩是否为新一场“思想战”爆发的前奏，我们还不好说，但我们希望能有一场新的“思想战”来为21世纪的中国道路和人类和平奠定基石。

今年1月，我在为“当代经济学系列丛书”撰写新的主编寄语时写道：“为了进一步推动中国经济学的发展，我们将继续引进翻译出版国际上经济学的最新研究成果，加强中国经济学家与世界各国经济学家之间的交流；同时，我们更鼓励中国经济学家创建自己的理论体系，在自主的理论框架内消化和吸收世界上最优秀的理论成果，并把它放到中国经济改革发展的实践中进行筛选和检验，进而寻找属于中国的又面向未来世界的经济制度和经济理论，使中国经济学真正立足于世界经济学之林。”

让我们一起为之而努力。

跋

陈　昕

关于这本书，有几件事需要交待说明一下。

一是书名。这本学术会议的实录图书，最终定名为"'中国奇迹'20 年"，并不是说中国的经济奇迹只有 20 年的时间，众所周知，中国经济的高速增长从 1979 年算起历时 36 年了。起这个书名是为了纪念"中国奇迹"这一概念的提出整整 20 年了。1994 年，林毅夫、蔡昉、李周第一次提出了"中国奇迹"的概念，并出版了他们合著的《中国的奇迹：发展战略与经济改革》一书。当时"中国奇迹"这一概念并不怎么被认同，很多人认为提之过早，如今却已经成为大多数人的共识。中国经济学家深邃的洞察力确实值得纪念。

二是会议。20 年前《中国的奇迹：发展战略与经济改革》的出版，我倾注了很大的热情，也深深地为书中的理论和逻辑所折服。20 年来，中国总体的改革路径与这本书中的讨论基本一致，这使我产生了重新出版此书的想法，并建议林毅夫等为该书新一版撰写长序，向学界和读者介绍该书的写作背景、主要理论观点及最新研究成果。为了配合该书新一版的出版，我们在上海浦东临港地区滴水湖畔召开了名为"《中国的奇迹：发展战略与经济改革》新一版座谈会暨中国经济的改革与发展研讨会”的学术会议，也称之为滴水湖会议。来自全国的30多位经济学家会聚一堂，整整讨论了两天，连晚上也不休息。会议的安排除了讨论和评价《中国的奇迹：发展战略与经济改革》一书外，还针对当前中国改革与发展的重大问题设计了十个专题，组织经济学家逐一进行深度对话切磋。这本书中收录的文字大都是根据会议发言录音整理而成的，并送发言者审定确认。张维迎、樊纲、史晋川、罗必良、周振华、石磊等原本是要出席会议的，但因临时有事而未能出席，甚为遗憾。樊纲向会议提供了书面发言，我们也收入书中。

三是代序。在策划组织会议的前后，我又重新阅读了林毅夫的所有著作，产生了评价其发展经济学理论的冲动。这篇名为“林毅夫与他的发展经济学理论”的文章写好后，我觉得与这本实录的内容还算吻合，何况这次会议的主题在很大程度上就是评价林毅夫他们的理论贡献的，故斗胆将其置于卷首，代为序言，敬请各位经济学家理解。

四是不足。作为组织者，在我们看来会议开得是相当成功的，但是也有不足，主要表现在时间过短与议题过多的矛盾上。这次会议在讨论环节设计了十个专题，原本是要开三天的会，后来因不少同志提出无法坚持这么长的时间，只得将会议压缩为两天。由此产生的问题就是讨论还不够充分，尤其是后几个议题。此外，会议讨论程序的设计也过于规范，以至多多少少影响了学者之间论点的碰撞和思想火花的迸发。

五是感谢。首先要感谢那么多的经济学家在百忙之中来到上海临港，集中两天时间讨论中国经济改革与发展的重大问题，并提供了如此之多的真知灼见，这才有了出版这本会议实录的可能。还要感谢上海临港地区管委会党组书记、常务副主任陈鸣波同志，党组副书记、副主任袁胜明同志，他们为会议的召开提供了诸多帮助。没有临港地区管委会同志们的热情服务，会议是不会开得如此成功的。

2014年12月1日

图书在版编目(CIP)数据

"中国奇迹"20年：滴水湖会议实录/陈昕主编.
—上海：格致出版社：上海人民出版社，2014
ISBN 978-7-5432-2468-1

Ⅰ.①中… Ⅱ.①陈… Ⅲ.①中国经济-经济发展战略-研究②中国经济-经济体制改革-研究 Ⅳ.①F12

中国版本图书馆CIP数据核字(2014)第287917号

责任编辑 忻雁翔
封面设计 王晓阳
美术编辑 路 静

"中国奇迹"20年——滴水湖会议实录

陈 昕 主编

出 版 世纪出版股份有限公司 格致出版社 世纪出版集团 上海人民出版社 (200001 上海福建中路193号 www.ewen.co) 格致出版 编辑部热线 021-63914988 市场部热线 021-63914081 www.hibooks.cn	印 刷 上海市印刷十厂有限公司 开 本 787×1092 1/16 印 张 17.75 插 页 4 字 数 248,000 版 次 2015年1月第1版 印 次 2015年1月第1次印刷
发 行 上海世纪出版股份有限公司发行中心	

ISBN 978-7-5432-2468-1/F·800 定价：48.00元